KB160504

나의 첫 아이패드 다이어리

오늘부터 내 손도 금손? 굿노트와 프로크리에이트 사용법부터 다이어리 꾸미기까지

나의 첫 아이패드 다이어리

샤키, 밤톨, DT굿노트 지음

오늘부터 내 손도 금손?
굿노트와 프로크리에이트 사용법부터 다이어리 꾸미기까지

●

버킷리스트를 이루다

군대에 입대하여 훈련병으로 훈련을 받던 22살, 갑자기 책을 쓰고 싶다는 생각을 하게 되었습니다. 당시에는 책의 주제나 계획은 전혀 없었고, 그저 집필을 하고 싶었습니다. 그래서 군대 입대를 기점으로 제 자서전을 써본다고 훈련병 수첩에 끄적였다가 고된 훈련과 소재 고갈로 책은 아무나 쓰는 것이 아니구나 생각하며 중단한 채 버킷리스트에 올려놨습니다. 이후로 책을 쓰고 싶다는 생각을 이따금씩했지만, 특별한 계기 없이 계속 버킷리스트에 리스트로만 있었습니다.

이후로 세월이 흘러 강산이 여러 번 바뀐 2020년 초, 아이패드를 소재로 한 10년간의 제 노하우와 최대한 초보자 입장에서 이해하기 쉽게 책을 쓰기 시작했습니다. 이 책을 집필하면서 막힘없이 진행하는 저를 보고 놀라웠고, 책을 쓸 수 있을 만큼 아이패드에 대한 지식과 노하우가 축적되어 있음에 한 번 더 놀랐습니다. 그간 여러 번의 집필 시도에도 불구하고 매번 실패했던, 아이패드라는 기기 하나로 버킷리스트에 머물뻔한 제 꿈을 이룰 수 있게 되어 한편으로는 신기하고 한편으로는 애플에 고맙기도 합니다.

아이패드는 누군가에게는 학습에, 업무에, 꿈을 이루게 도움을 주는 고마운 기기임에 틀림없습니다. 아이패드를 사용하기에 앞서 우리가 알아야 할 부분들이 많습니다. 그러나 시중에는 가려운 부분을 시원하게 긁어주는 도서가 아직 없기에 불편한 부분이 많습니다.

이 책은 이러한 이유로 시작되었습니다. 아이패드를 사용함에 있어 해소되지 않은 문제들을 이 책을 통해 조금이나마 알려드리고자, 최대한 처음 접해보는 시각으로 집필했습니다. 이 책을 통해 지금까지 아이패드를 유튜브, 넷플릭스 시청에만 사용하던 기기에서 업무나 일상 생활, 학습에 도움이 되는 보다 효율적인 기기로 그 영역을 확장시키는 계기가 되었으면 합니다.

이 책을 쓰기까지 밑거름인 유튜브를 할 수 있게 오랫동안 저를 이해해주고 물심양면으로 도움을 준 아내 그리고 평일과 휴일에 유튜브 촬영과 집필 작업으로 많이 놀아주지 못한 둘째 딸과 벌써 어른처럼 집안의 든든한 기둥이 되어준 큰딸에게 감사와 미안함을 전합니다. 또한 이 자리를 빌어 어렸을 때 미국으로 가서 고생 많이 하신 부모님께 표현은 못하지만 늘 감사드리고 사랑한다고 말씀드리고 싶습니다. 갓난아기 때 부모와 형제를 미국에 보내고 홀로 떨어져 할머니와 삼촌 손에 키워진 하나뿐인 동생에게도 사랑한다고 말하고 싶습니다. 얼마 전 세상을 떠난 자랑스럽고 존경스러운 베트남전 참전용사인 장인어른과 홀로 시어머니를 모시고 계신 장모님께 감사의 말씀드립니다. 마지막으로, 아이패드를 개발하여 저의 꿈을 이룰 수 있게 해준 스티브 잡스와 저의 유튜브 채널을 시청하고 구독해주시는 구독자분들 그리고 이 책이 세상에 나올 수 있도록 함께 작업해준 DT굿노트님과 밤톨님 그리고 비제이퍼블릭에 감사드립니다.

샤키 드림

●
혼자였다면 완성하지 못했을 책

디지털 서식을 만드는 일에 그리고 그 서식으로 누군가의 삶이 더 효율적으로 관리되고 아이패드를 잘 활용하는 데 이 책이 도움이 되면 좋겠습니다. 나아가 이 책이 페이퍼리스(paperless)를 통해 지구를 지키는 삶으로 변화에 동참하는 작은 시작이 된다면 참으로 의미있는 일인 것 같습니다. 책을 쓰면서 만난 고마운 분들이 많습니다. 샤키 님, 아굿다 방장님, 그 외에도 고마우신 함께 아이패드 다이어리를 사용해온 작가님들과 함께 집필하게 된 책입니다.

제가 알고 있는 지식을 자랑하기보다, 제가 처음 아이패드를 샀을 때를 회상하며 이 책을 읽을 독자분들이 소화하기 쉽도록 차근차근 설명하려고 했습니다. 처음 사면 어렵게 느껴지는 아이패드, 특히 윈도우 환경에서 애플의 맥 환경으로 넘어오면 파일을 열거나 저장하는 기본적인 방법부터 어렵고 어색하실 겁니다. 이 책을 통해서 굿노트를 기반으로 아이패드와 더욱 친근해지기를 바랍니다.

DT굿노트 드림

온전한 디지털 라이프를 즐기다

아이패드를 구매한 이후부터 제 삶은 한결 더 가볍고 편리해졌습니다. 에코백을 포기하고 전공책을 담던 무거운 책가방도, 아침 일찍 나와 줄을 서서 강의안을 프린트하던 일상도 모두 아이패드 하나로 바뀌었습니다. 페이퍼리스라는 작은 변화는 제 삶 속에 스며들어 온전한 디지털 라이프를 즐길 수 있게 만들었습니다.

원고를 집필하면서 평범한 대학생에 불과한 제가 독자들께 어떤 것을 전할 수 있을지 고민했습니다. 하지만 평범하기에 누구보다 독자 여러분의 입장에서 생각할 수 있었고, 대학 생활을 하면서 아이패드를 어떻게 활용했는지에 초점을 맞추면서 보다 진솔한 이야기를 전달할 수 있었습니다.

취미로 시작한 디지털 다이어리를 꾸미기 시작했을 때, 알았을까요? '우지우'라는 개인을 넘어 오픈채팅과 밤톨이라는 브랜드를 운영해나갈 것을 말이죠. 혼자였다면 이루지 못할 일들이었습니다. 숱한 고민을 함께 해준 라미님, 저와 함께 '아굿다'를 이끌어나가는 소중한 분들께 이 책과 함께 감사의 마음을 전하고 싶습니다. 집필을 통해 새로운 도전과 의미있는 경험을 할 수 있어 기뻤습니다. 그럼 지금부터 스마트한 아이패드 다이어리의 첫 발걸음을 내딛어 볼까요? 우리, 함께!

밤톨 드림

저자 소개 ────

샤키

1987년, 첫 PC를 선물로 받은 때부터 전자기기에 대한 관심이 다른 사람들
보다 높아져 자연스럽게 얼리어답터가 되어 버렸고, 그 노하우를 바탕으로
한 유튜브 '샤키코리아' 채널을 직장 생활과 병행하며 운영하고 있다. 사진과 영상 또한
취미로 두고 있어 IT와의 조합을 이룬 다양한 장르의 전자제품을 소개하는 콘텐츠들을
제작하고 있으며, 경기도 GSEEK 온라인 평생학습 서비스 외 다수의 외부 출강도 병행
하고 있다.

밤톨

이화여자대학교 법학일반대학원에서 법학을 전공 중이다. 학업을 위해 구
매한 아이패드를 더 잘 활용할 수 있는 방법을 모색하다 아이패드 다꾸에 입
문하여 현재는 디지털 스티커 제작자로 활동하고 있다. 굿노트 카테고리 1위의 오픈채
팅 커뮤니티 '아굿다'를 운영하고 있다. '아이패드 굿노트 다이어리 공유방(아굿다)'에서
굿노트 관련 질문과 정보를 공유하며 노하우를 쌓았고 '아이패드 콘셉트 다꾸 크루(아
컨다)'에서는 크루들과 매주 다른 콘셉트의 다이어리를 꾸미며 소통하고 있다.

DT굿노트

이화여자대학교 디자인대학원에서 광고브랜딩을 공부하였다. 브랜딩을 공
부하면서 나만의 브랜드를 가지고 싶었기에 어린 시절 문구 덕후의 기질을
살려 디지털 문구 브랜드 'DT굿노트'를 운영하고 있다. 언론사의 신규 IT 사업을 맡으면
서 기업의 아이패드 업무 활용 강의를 나가기도 하고, 유튜브 채널을 운영하여 아이패드
사용자들과 소통하면서 마이비스킷이라는 취미 플랫폼에서도 온라인 강의를 하고 있다.

IT 크리에이터 추천사 ─────

저 자신을 포함해 아이패드를 구입하고도 콘텐츠 소비형 머신으로만 사용하는 경우가 많았는데 자세한 설명과 함께 생산적으로 활용할 수 있는 방법을 단계적으로 알려줘 많은 도움이 되었습니다.

JM(유튜버)

언택트 사회에서 아이패드는 이제 빼놓을 수 없는 도구입니다. 다만 갈고 닦지 않으면 아무리 좋은 연장도 무뎌질 수밖에 없지요. 아이패드는 특히나 잘 쓰는 사람일수록 활용이 다릅니다! 열정이 넘치시는 샤키 님, 밤톨 님, DT굿노트 님의 풍부한 실전 경험과 고수의 노하우들이 책을 통해서 많은 분들에게 전달되기를 기원합니다!

방구석 리뷰룸(유튜버)

아이패드는 이 시대의 큰 흐름입니다. 오죽했으면 요즘 젊은이들 사이에 아이패드를 갖고 싶은 마음이 지나쳐서 '아이패드병'이라는 말까지 나왔을까요? 그만큼 어느덧 아이패드는 학생과 크리에이터들에게 필수품으로 자리 잡았습니다. 이 책은 큰 시대의 흐름에 먼저 올랐던 저자들의 열정이 담겨 있습니다. 그래서 이 책을 읽기 전과 후로 여러분의 아이패드 활용법은 완전히 달라질 것입니다. 모든 아이패드 입문자들에게 이 책을 권합니다.

원잇(유튜버)

아이패드 사용자라면, 아이패드병을 가지고 계신 분이라면 누구나 알고 계실 샤키코리아 님, 밤톨 님, DT굿노트 님 세 분이 함께 모였다는 것만으로도 이 책은 머스트 해브 아이템이라고 생각합니다. 아이패드 그리고 그와 관련된 액세서리 구매부터 큰맘 먹고 산 기기를 최대치로 활용할 수 있는 방법까지 소개해 줌은 물론이고, 특히나 대중적으로 많이 이용되고 있는 굿노트만 설명하는 게 아닌 상대적으로 잘 알려지지 않은 노트 앱들을 사용 목적에 따라 나누어서 설명한 부분이 독자 여러분께 큰 도움이 될 것 같습니다.

더불어 직업상 그림을 그리거나 디자인하는 사람들만 사용해야 할 것만 같은 프로크리에이트의 핵심적인 사용법, 프레젠테이션을 하는 데에만 사용하는 줄 알았던 애플 기본 앱인 키노트로 디지털 노트를 직접 만들어보는 챕터까지 꼼꼼하고 자세한 설명과 예시를 보자니, 그간 세 분이 이 책의 출간을 위해 큰 노력과 시간을 투자하셨다는 게 느껴집니다. 유튜브와 그 외 SNS를 통해서 간단한 용도로만 아이패드를 사용하셨던 독자분들께 이 책을 통해서 더욱 자세하고 깊이 있는, 말 그대로 정말 꿀팁을 많이 얻어 가시길 바라며 공동 집필하신 세 분께 응원과 존경의 박수를 보냅니다.

헤일리데이즈(유튜버 및 디지털 서식 쇼핑몰 haileydayz.com 대표)

당신은 아이패드를 정말 스마트하게 사용하고 있나요? 이 책에는 아이패드를 누구보다 스마트하게 활용하고 계신 세 명의 저자분들이 엄선한 알짜배기 정보들이 가득 담겨 있습니다. 정말 많은 시간 발품 팔고 공부해야만 알 수 있는 소중한 꿀팁들과 자료들이 가득해 읽는 내내 고마운 마음이 들었습니다. 나에게 꼭 맞는 아이패드 기기를 찾고 있는 초보자 분들부터 공부, 취미, 일, 심지어 수익화까지 아이패드를 300% 활용하며 생산성을 극대화하고 싶은 분들까지, 이 책과 함께하는 모든 분들이 큰맘 먹고 구매한 아이패드의 뽕을 뽑을 수 있을 것입니다.

김매림(유튜버 및 디지털 서식 쇼핑몰 tordy.co.kr 대표)

꽤 오랜 기간 아이패드를 보유하고 있었으면서도, 주로 논문이나 문서 뷰어로써의 기능 이외에는 별다른 생산성을 갖지 못했습니다. 하지만 이 책 덕분에 일정 관리뿐만 아니라 To do 목록과 다이어리 등 다양한 방법으로 아이패드를 일상적으로 이용할 수 있게 되었습니다. 개인적으로 디자인 감각이 부족하여 걱정되었는데, 이미 잘 꾸며진 예제나 무료로 이용 가능한 다이어리 속지가 제공되는 곳에 대한 정보도 굉장히 유익했습니다.

박재유(LG전자 선임연구원)

아이패드로 회사 내에서는 문서나 관련 영상을 보고 집에서는 그림을 그리며 나름대로 유용하게 사용하고 있지만, 여전히 일기는 종이 수첩에 씁니다. 그러다 보니 일기를 쓸 수 있는 장소도 한정적이고, 내용이 길어지면 팔도 아프고, 보안도 신경 쓰이는 등 이런저런 불편한 점이 많았습니다. 아이패드를 활용해보려고 여러 번 시도했지만, 매번 그것 또한 썩 자연스럽지 못하고 편하지 못해서 다시 종이 수첩으로 옮겨가곤 했습니다. 조금 더 편하게 일기를 쓰고 가까이 두고 안전하게 보관할 수 있는 방법이 있을까 싶던 차에 '나의 첫 아이패드 다이어리'를 만나게 되었습니다.

책과 함께 아이패드로 연습을 해보면서 새삼 아이패드에 이렇게 다양한 기능이 있었다는 것에 놀랐고 신기했습니다. 무엇보다 다이어리를 예쁘게 꾸미는데 진심인 저로써는 여러 가지 속지, 펜, 스티커, 포스트잇 등을 내 방식대로 만들 수 있다는 게 좋았습니다. 그것도 공짜로! 나만의 스타일 가득한 다이어리를 만들어내면서 어린 시절 반짝이 펜, 마스킹 테이프 들고서 일기장을 꾸미던 순간들이 떠올라 웃음짓기도 했습니다. '나의 첫 아이패드 다이어리' 덕분에 이제 일기도 제 가방 속에 늘 함께 할 수 있게 된 것뿐만 아니라 종이 수첩보다도 훨씬 더 예쁘게 꾸밀 수 있게 되었습니다. '나의 첫 아이패드 다이어리', 아이패드로 다이어리를 맘껏 활용하고 싶으신 분들께 추천드리고 싶습니다!

송민정(회사원)

개인적으로 군시절 행정병으로 근무하면서 업무 진행 사항을 확인하고 기록하기 위해 다이어리를 작성하기 시작해서 대학을 졸업하고 사회에 나와 직장생활을 하기까지 10여년이 넘은 시간이 흘렀습니다. 그동안 대학 노트부터 시작해서 일반 다이어리를 거쳐 프랭클린 플래너에 이르기까지 다양한 다이어리를 사용해왔습니다. 그런데 몇년이 지나 보니 이전의 기록들을 담은 바인더들이 남았지만 필요할 때 원하는 결과를 찾기도 어렵고, 또 두꺼운 바인더가 많아지니 공간도 많이 차지하더군요.

그래서 얼마 전부터 아이패드를 활용할 방법이 없나 고민하며 이것저것 많이 테스트해보고 있었던 차에 우연히 좋은 기회를 얻어 이 책을 미리 읽어볼 수 있었습니다. 책 초반에 굿노트 앱과 애플 키노트를 이용해서 다이어리를 만드는 방법이 소개되어 있는데, 왜 저는 그동안 완성된 앱을 사용하려고만 했지, 스스로 원하는 템플릿을 만들어 볼 생각은 안해봤을까 하는 반성이 들었습니다. 또한 저같은 디자인 문외한들도 쉽게 따라할 수 있도록 친절하게 하나하나 사용 방법을 설명해놓은 점이 무척 좋았습니다. 플래너뿐만 아니라 가계부, 식단 기록 등 템플릿 만드는 방법이 잘 설명되어 있어, 이를 잘 활용하면 준수한 플래너나 다이어리를 하나 가질 수 있게 됩니다.

또한 저자의 깊은 내공이 느껴지는 다양한 앱 소개를 통해 아이패드의 활용도를 한층 높일 수 있었습니다. 저같은 경우 책을 읽고 난 후 간단하게 한 줄 평 정도 개인 블로그에 정리하고 말았는데, 이 책에 소개된 저자님의 마인드맵을 이용하여 아이디어를 정리할 수 있는 방법과 그것에 찰떡같이 맞는 앱을 소개해 놓은 것이 아주 유용했습니다. 넷플릭스나 유튜브 전용 머신으로 전락한 아이패드의 활용성을 더욱 높이고 싶으신 분들, 그리고 일반 노트나 다이어리, 플래너를 사용하면서 불편을 느껴서 디지털화해보고 싶은 분들께 이 책을 추천합니다.

이한민(소프트웨어 개발자)

이 책은 어떻게 하면 조금더 아이패드를 잘 사용할 수 있을지를 고민하시는 분, '아이패드병'은 치료했지만 본전 생각이 나시는 분들에게 도움이 되는 책이라 생각합니다. 보통 아이패드를 잘 사용하기 위해 유튜브 및 블로그를 검색하게 됩니다. 그러다가 이것저것 어플을 설치하며 하나씩 배워가는데, 이 책은 그 수고로움을 덜어주는 책이었습니다. 아이패드 활용의 필수 어플인 굿노트에 대해 상세히 알려주고 있으며, 키노트를 사용하여 서식 만드는 방법 또한 알려주고 있습니다. 그리고 필요한 사이트 및 템플릿에 대한 내용도 포함하고 있습니다. 아이패드 활용에 대한 검색을 하다 보면 어떤 키워드가 필요한지 알기가 어렵고 어느새 아이패드는 유튜브나 넷플릭스 전용 머신이 되어 있습니다. 이 책을 통해서 여러분도 키워드를 찾는 수고로움과 중복되는 정보를 벗어나 아이패드 활용의 빠른 길을 찾을 수 있을거라 생각합니다.

황재원(소프트웨어 개발자)

목차

PART 4 굿노트와 함께 쓰자, 프로크리에이트

PART 5 실생활에서 아이패드를 활용하는 꿀팁

PART 6 굿노트만 사용해야 할까? 목적에 따라 더 나은 다른 노트앱 소개

PART 7 책을 마치며

PART

1

아이패드를 산
당신은
이미
트렌드세터!

아이패드와의 만남

'아이패드병'이라는 말을 아시나요? 아이패드를 사야 낫는다는 병명입니다. 이런 농담이 있을 만큼 아이패드는 많은 사람이 가지고 싶어하고, 열광하는 아이템이 되었습니다. 하지만 막상 장만하고 나니, 어떻게 사용해야 할지 몰라 막막해집니다. 아이패드의 활용법과 사용 방법을 찾아서 인터넷이나 가짜 정보만을 찾아 헤매며 돌아다녔다면, 이 책을 통해 제대로 된 아이패드를 사용해온, '찐' 사용 베테랑들의 활용 팁을 얻게 되실 겁니다.

내 삶에 없어서는 안될 아이패드

필자의 삶은 아이패드를 만나고 180도 바뀌었습니다. 우리 생활 속에 깊숙히 침투해버린 아이패드! 생활 속에서 아이패드 활용 방법과 나아가 아이패드와 애플 펜슬의 활용도를 높여주는 필기 앱을 통한 다이어리 사용법, 만드는 방법을 소개합니다. 이 책을 다 읽은 후 더욱 아이패드와 친해져 자유자재로 다루길 바랍니다. 아이패드 구입 후 뭘 하면 좋을까요? 책을 통해 <그림 1-1>처럼 세 줄 빙고를 맞추는 방법을 알게 되실 겁니다.

아이패드 악세서리를 사기	종이필름을 붙이기	굿노트앱을 설치하기
아이패드로 공부하기	굿노트 다이어리 속지를 만들기	프로크리에이트 앱으로 스티커 만들기
내가 읽는 모든 책을 아이패드에 넣기	내가 만든 서식을 판매해보기	다른 아이패드 사용자와 소통하기

〈그림 1-1〉 아이패드와 친해지기

아이패드,
잘 산 걸까?

CHAPTER

01

샤키

1-1 아이패드의 종류

아이패드가 처음 출시된 2010년 당시에는 9.7인치의 한 가지 크기밖에 없었죠. 10년이 흐른
지금은 상황이 어떨까요?

- 아이패드 미니
- 아이패드
- 아이패드 에어
- 아이패드 프로

현재는 4개의 라인업으로 구성되어 있으며, 용량부터 와이파이 모델과 셀룰러 모델까지 그
종류를 합치면 어떤 제품을 구매해야 할지 선뜻 결정하지 못할 지경에 이르게 됩니다. 실제
로 유튜브를 운영하면서 종종 받는 질문 중 하나가 바로 이것입니다. "어떤 아이패드를 사야
하나요?"

이제 아이패드 구매 시 겪는 결정장애에 조금이나마 도움이 되는 해결 방법을 알려드리겠습니다. 하나씩 차근차근 살펴보고 본인에게 적합한 아이패드를 골라보세요.

1-2 종류별 아이패드 비교

1-2-1 아이패드 미니

〈그림 1-2〉 아이패드 미니

아이패드 미니는 아이패드 라인 중에 제일 크기가 작습니다. 2015년 9월 아이패드 미니 4 이후 아이패드 미니 신제품 출시를 하지 않아서, 미니는 이제 단종이라고 생각하고 있던 중 2019년 3월에 아이패드 미니 5를 조용히 출시했습니다. 아이패드 미니는 7.9인치(대각선)의 와이드 컬러 디스플레이에 라미네이팅 처리와 반사 방지 코팅이 되어 있고, 2048×1536 (326ppi)의 해상도와 500니트의 최대 밝기로 야외에서도 무리 없이 사용이 가능합니다. 물리적 홈 버튼을 사용하여 얼굴 인식을 통한 페이스 아이디를 사용하지 않는 터치 아이디로 아이패드를 잠금 해지합니다.

A12 바이오닉 칩과 M12 보조 프로세서가 탑재가 되어 4K 동영상 편집 및 최신 고사양 게임을 이용하는 데 있어 무리가 없으며, 카메라는 후면 800만 화소의 f2.8를 전면 700만 화소로 사용하여 매우 준수한 사진과 영상을 촬영할 수 있습니다.

특히 아이패드 미니 5의 제일 큰 변화는 애플 펜슬을 사용할 수 있다는 점입니다. 애플 펜슬을 탑재함으로써 아이패드 미니에서도 그림 그리기나 필기를 더 쉽게 할 수 있는 장점이 생겼습니다. 아이패드 미니5는 남성이 한 손으로 들고 이동할 수 있는 크기이며, 무게가 300g/308g(와이파이/와이파이+셀룰러)밖에 되지 않아 가볍게 들고 다닐 수 있습니다.

다만, 아쉬운 점은 베젤의 크기가 미니 4와 동일하다는 것입니다. 베젤 크기를 좀 줄여서 화면 디스플레이를 조금 넓게 해줬으면 어땠을까 하는 생각이 듭니다. 또 한 가지 아쉬운 점은 USB-C 타입 단자가 아닌 라이트닝 단자를 이용한다는 것인데, 메모리나 외부 디스플레이로 화면을 송출할 때 애플 전용 어댑터가 필요하다는 점입니다. 더욱이 이 애플 전용 어댑터의 가격이 매우 높다는 것이 치명적입니다. 그리고 스피커가 하단에만 2개가 있어서 유튜브나 넷플릭스에서 영화나 동영상을 시청할 때 사운드 부분에서 아쉬움이 남습니다. 마지막으로, 고속 충전을 지원해주지 않는다는 점입니다. 아이패드가 워낙 배터리 효율이 좋으니 이 점은 단점이라고 할 수 없지만, 고속 충전이 없다는 건 아쉽습니다.

필자도 아이패드 미니 5 셀룰러 버전을 구입하여, 특히 운전할 때 내비게이션으로 사용하고 있습니다.

〈그림 1-3〉 아이패드 미니 5를 내비게이션으로 사용

1-2-2 아이패드

〈그림 1-4〉 아이패드 8세대

아이패드는 2010년에 스티브 잡스가 직접 출시를 발표했습니다. 그런데 이 발표 직후 아이패드는 단지 커다란 아이폰에 불과하다고 말하며, 많은 매체에서 아이패드를 조롱하는 글과 사진 그리고 동영상들이 올라왔습니다. 하지만 막상 아이패드가 출시된 후 그런 조롱의 글보다는 아이패드 혁신 등의 긍정적인 기사들이 많이 나왔습니다.

우리나라에도 재미있는 에피소드가 있었죠. 아이패드가 출시되었을 때 문화체육관광부에서 아이패드를 수입하지 못하게 했습니다. 그런데 정작, 당시 장관이 브리핑할 때 아이패드를 이용해 원고를 발표하여 수많은 네티즌에게 질타를 받았던 사건입니다. 사용하지 못하게 하면서 장관은 왜 사용하냐는 거센 항의에 결국 아이패드 수입이 가능하게 되었습니다. 필자는 당시 국내 수입 금지 시기에 사용해보고 싶어서 직접 캐나다에서 공수했던 기억이 있습니다. 그 아이패드는 지금도 집에 보관하고 있습니다.

아이패드는 10년의 역사를 이어왔으며, 한국 날짜로 2020년 9월 16일에 아이패드 8세대를 출시했습니다. 화면은 전작과 동일한 10.2인치 2160×1620(264ppi)의 해상도와 후면 800만 화소의 카메라를 사용하고 라이트닝 케이블로 충전이 가능합니다. 안드로이드 태블릿의 저가 공세를 겨냥하여 프로세서로 A12 바이오닉 칩을 탑재, 용량은 최고 128GB로 제한을 두고 디스플레이는 라미네이팅 처리를 하지 않아 화면은 아이패드 미니 5보다 크지만 가격은 더 저렴하게 판매를 하고 있습니다. 아이패드 미니와 같이 하단에 2개의 스피커가 있습니다.

저렴한 가격임에도 애플 펜슬 1세대와 스마트 키보드를 사용할 수 있다는 장점이 있습니다. 이러한 이유로 학교에서 교육용으로 많이 사용되고 있습니다.

1-2-3 아이패드 에어

〈그림 1-5〉 아이패드 에어

아이패드 에어는 저가 라인으로 변한 아이패드의 상위 버전으로 개발된 모델로 아이패드 8세대와 같이 2020년 9월 16일에 아이패드 에어 4세대를 발표했습니다. Neural 엔진을 탑재한 A14 Bionic 칩을 사용, 화면 크기는 전작 대비 0.4인치 늘어난 10.9인치 2360 × 1640 (264ppi) 해상도에 레티나 디스플레이 및 True Tone을 지원하여 아이패드와의 등급차를 뒀지만, 이번 4세대는 아이패드 프로와의 격차를 좁혔습니다. 용량은 최대 256GB까지 가능하며, 전면 라미네이팅 처리된 디스플레이로 애플 펜슬을 사용할 때 디스플레이 바로 위에 쓰는 듯한 느낌을 줍니다.

이번 아이패드 에어 4세대는 프로 라인에서만 사용할 수 있는 매직 키보드와 애플 펜슬 2세대를 사용합니다. 카메라는 1,200만 화소의 후면 카메라 700만 화소의 전면 카메라 그리고 이번에 변경된 USB-C 단자로 충전을 합니다. 스테레오 스피커를 탑재하였으며 페이스 아이디를 사용하지 않고 상단 버튼의 Touch ID 센서를 이용하여 잠금을 풉니다.

이전 아이패드 에어는 아이패드와 비교했다면, 이번 아이패드 에어 4세대는 프로 라인과 비교를 해야 하는 위치로 메이저 업그레이드가 되었습니다. 120Hz 프로모션, 트루톤 플래시, 트루뎁스 카메라, 인물 사진 모드 그리고 LiDAR가 필요하지 않다면 아이패드 프로 11인치보다 아이패드 에어 4세대를 구입하는 것이 더 나은 선택이라고 할 수 있습니다.

1-2-4 아이패드 프로

〈그림 1-6〉 아이패드 프로 11인치와 12.9인치

아이패드에서 최상위 기종으로 처음 공개된 것이 바로 아이패드 프로 12.9인치였습니다. 현재는 12.9인치는 4세대까지 판매가 되고 있고, 11인치는 2세대 모델이 있습니다. 아이패드 프로는 앞에서 언급했듯, 2가지 크기가 있습니다. 두 제품 모두 프로라는 이름 때문에 일반적으로 화면 크기인 11인치, 12.9인치로 부릅니다. 화면은 11인치가 2388×1668(264ppi)의 해상도를, 12.9인치는 2732×2048(264ppi)의 해상도를 가지고 있습니다. 최대 밝기는 600니트로 아이패드 중에서는 제일 밝으며, USB-C 단자를 사용하여 확장성이 다른 아이패드보다 좋습니다. 또한, 애플 펜슬 2세대를 사용하여 충전을 아이패드에 부착해서 하는 방식입니다. 스마트 키보드 폴리오 외에도 아이패드용 매직 키보드를 출시하여 아이패드의 기능을 더욱 컴퓨터처럼 사용할 수 있도록 트랙 패드를 탑재했습니다.

아이패드 프로는 다른 아이패드 라인업과 다르게 페이스 아이디를 탑재하고 물리적 홈버튼을 없애 베젤을 최소화하여 기기 크기는 키우지 않으면서, 화면이 커졌습니다. 프로가 좋기는 하지만, 이름만큼 가격이 만만치 않습니다. 이를테면, 아이패드 프로 12.9인치 4세대는 용량이 1TB까지 나오는데, 와이파이+셀룰러 모델로 선택하면 공식 홈페이지에서 214만 9천 원에 판매하고 있습니다. 또한 12.9인치의 스마트 키보드는 거의 45만 원에 달하는 정가로, 펜슬과 키보드 등 풀옵션으로 구매한다면 가격이 일반 직장인 한 달 급여라고 해도 무방할 것입니다.

1-3 Wi-Fi vs Wi-Fi + Cellular ▶

아이패드는 크기도 다르지만, 선택에 있어 결정을 어렵게 하는 부분이 바로 Wi-Fi 전용 모델과 Wi-Fi + Cellular 두 종류의 모델이 있다는 것입니다. 그래서 애플 공식 홈페이지에서도 제품 선택 시 둘 중에 하나를 선택하여 구매해야 합니다. 이제, 이 두 제품의 차이점이 뭔지 알아보도록 하겠습니다.

| Wi-Fi 버전 |

와이파이 버전은 말 그대로 와이파이 신호가 있어야 인터넷과 연결이 되는 기기입니다. 쉽게 말하자면, 집에 무선 공유기를 통해 인터넷 접속을 하거나, Wi-Fi Zone이나 휴대폰 핫스팟으로 셀룰러 신호를 받아야 인터넷을 할 수 있습니다. 통신 모듈이 없어서 Wi-Fi + Cellular 모델보다 10만 원 정도 저렴하기는 하지만, 아이패드를 들고 다니며 사용하는 분들은 외부에서 와이파이를 수시로 연결해줘야 하는 불편함이 있습니다.

| Wi-Fi + Cellular 버전 |

아이패드 셀룰러 버전은 와이파이 전용 모델에 없는 통신 모듈이 탑재되어 아이패드 가격이 조금 높습니다. 다만, 요즘 휴대폰 요금제 중에 데이터 무제한 요금제를 사용하는 분들이 많은데, 무제한 요금제를 사용하는 분들은 데이터 쉐어링이라는 서비스를 이용하여 추가 데이터 유심을 발급받아 아이패드에 장착하면 본인의 데이터 양에 따라 아이패드에도 그 데이터를 같이 사용할 수 있는 서비스입니다(현재 알뜰폰은 아직 데이터 쉐어링을 지원하지 않고 있습니다).

월정액은 없으며, 최초 유심 비용만 1회 청구됩니다. 유심 비용은 통신사별로 다르니, 가입한 통신사에 문의하면 됩니다. 필자의 경우 데이터 쉐어링만 100GB를 사용할 수 있는 5G 프리미엄 요금제를 사용하고 있는데, 2대의 아이패드에 모두 데이터 쉐어링 유심을 장착하여 아이패드에서 데이터를 무료로 사용하고 있습니다.

1-4 나에게 제일 적합한 아이패드는? ▶

아이패드 크기별 스펙과 특징 그리고 와이파이 버전과 셀룰러 버전에 대해 알아보았습니다. 그렇다면 내게 제일 잘 맞는 아이패드는 무엇일까요? 다음에 소개하는 내용은 필자의 의견으로, 10여 년간 아이패드를 사용하면서 느끼고 유튜브를 운영하면서 질문을 받고 댓글로 유저분들의 의견을 종합하여 작성한 것이니, 선택에 참고만 하기를 바랍니다. 본인에게 제일 맞다고 생각되는 기기에 대해 충분히 조사한 다음 구매를 권합니다.

1-4-1 아이패드 미니 5: 화면이 작고 휴대성이 좋은 기기

- 종이책 대신 전자책으로 독서를 많이 하는 분
- 무게의 부담 없이 휴대를 원하는 분

- 동영상 시청 시 휴대폰의 화면이 조금 답답하다고 느끼는 분
- 한 손으로 들어 사용을 원하는 분
- 게임을 즐기는 분

1-4-2 아이패드 8세대: 입문용으로 좋은 기기

- 아이패드 입문을 원하는 일반인
- 저렴하지만 애플 펜슬과 스마트 키보드까지 사용하길 원하는 분
- 저렴한 가격으로 필기를 많이 하고 그림을 많이 그리거나 다이어리 꾸미기를 하려는 분
- 공부의 목적으로 사용하고자 하는 학생
- 상위 버전의 아이패드를 구매하기 전에 나에게 맞는 기기인지 확인하고자 하는 분

1-4-3 아이패드 에어: Touch ID를 지원하는 고성능 기기

- 아이패드 프로의 활용이 낮은 기능들을 뺀 뛰어난 성능의 아이패드를 사용하기 원하는 분
- 그림을 많이 그리거나 손 글씨를 많이 쓰면서도 휴대성을 중요시하는 분
- 아이패드 프로가 아니지만 매직 키보드와 애플 펜슬 2세대를 사용하고 싶은 분

1-4-4 아이패드 프로: 플래그십의 고성능 사양을 원한다면 구매해야 하는 기기

- 영상 편집, 사진 편집 등 무거운 작업을 하는 분
- 고성능 아이패드를 원하는 분
- 애플 펜슬 2와 스마트 키보드를 사용하고자 하는 분
- 두 가지 앱을 동시에 한 화면에 띄우는 기능인 스플릿뷰가 필요한 학생이나 직장인(12.9 인치)

1-4-5 Wi-Fi vs Wi-Fi + Cellular?

와이파이 버전은 이런 분들에게 추천드립니다.

- 집에서만 사용하고 밖에는 거의 들고 다니지 않는 분
- 셀룰러 버전과의 가격 차이면 그 돈으로 다른 액세서리를 사겠다고 하는 분
- 조금은 불편해도 가격 때문에 외부에서 핫스팟이나 무료 와이파이 찾는 일이 많이 귀찮지 않다고 생각하는 분
- 외출을 해도 언제 어디서나 내가 활동하는 반경에선 와이파이가 잡힌다는 분

셀룰러 버전은 이런 분들에게 추천드립니다.

- 외부 활동이 잦고 인터넷을 자주 사용하는 분
- 외부에서 매번 와이파이 잡기 귀찮은 분
- 아이패드로 카톡, 메일과 같이 실시간으로 인터넷에 접속되어 있어야 사용할 수 있는 앱을 사용하는 분

iPad Pro   New iPad Air   New iPad   iPad mini

〈그림 1-7〉 아이패드 라인업

지금까지 아이패드 종류에 대해 알아봤습니다. 애플 공식 홈페이지에서도 아이패드를 비교할 수 있으니 애플 공식 홈페이지에 들어가서서 원하는 아이패드를 동시에 3대를 비교해보세요.

1-5 아이패드 액세서리, 어떤 게 있고 뭘 사야 하나요? ▶

1-5-1 애플 펜슬

최근에 출시된 아이패드는 모두 애플 펜슬을 지원합니다. 그래서 어떤 아이패드에서도 애플 펜슬을 이용할 수 있습니다. 다만, 모델에 따라 애플 펜슬은 1세대와 2세대로 나뉩니다. 2세대는 프로 라인과 최근 에어에도 사용되기 시작했으며, 나머지 미니와 아이패드 모델들은 1세대 펜슬만 사용 가능합니다.

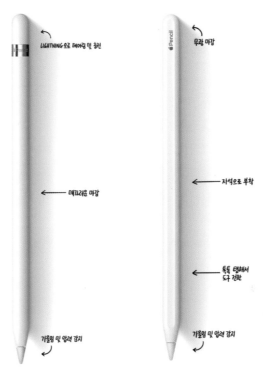

〈그림 1-8〉 애플 펜슬 1세대와 2세대

1세대와 2세대 펜슬의 제일 큰 차이는 충전 방식, 아이패드 부착 가능 여부, 터치로 추가 기능 여부 이렇게 3가지입니다.

| 애플 펜슬 1세대 |

애플 펜슬 1세대는 상단 부분에 보호캡을 열고 아이패드 라이트닝 단자에 꽂아서 충전하는 방식입니다. 최초 애플 펜슬과 아이패드 간 페어링도 라이트닝 단자에 꽂아서 페어링하는 방식을 채택하고 있습니다.

〈그림 1-9〉 애플 펜슬 1세대 충전 단자

보호캡이 마그넷으로 되어 있지만 쉽게 빠지기 때문에 보호캡을 잃어버리는 경우가 종종 발생합니다. 그래서 펜슬과 보호캡을 잃어버리지 않게 해주는 액세서리도 있습니다.

| 애플 펜슬 2세대 |

애플 펜슬 2세대의 페어링과 충전은 아이패드 측면에 펜슬을 부착하면 됩니다. 애플 펜슬 1세대에 없는 기능 중 하나가 터치로 조작하는 방식입니다. 더블 탭하여 펜 기능에서 지우개 기능으로 변환이나 이전 실행 취소 등 사용자가 원하는 기능으로 설정할 수 있습니다. 참고로, 필자는 보통 더블 탭하면 이전 모드로 돌아가기, 즉 펜과 지우개를 넘나들 수 있게 설정해놓았습니다.

| 애플 펜슬용 액세서리 |

국내 업체들의 대단한 점이 '이런 것까지 만들어?'라는 생각이 들 정도로 다양한 제품을 출시하고 있다는 것입니다. 고가의 애플 제품이라 아이폰과 아이패드에 케이스를 씌우듯이 애플 펜슬에 옷을 입히거나 케이스 안에 넣고 쓰거나 펜슬 펜촉에 보호캡 케이스를 판매하는 등의 여러 액세서리가 많습니다. 애플 펜슬 관련 액세서리 몇 가지를 살펴보겠습니다.

애플 펜슬 스킨

애플 펜슬은 결코 저렴한 편이 아닙니다. 따라서 애플 펜슬을 휴대할 때 안전하게 보호하기 위한 액세서리로 애플 펜슬 스킨이 있습니다. 애플 펜슬의 액세서리 중 '랩씨'라는 상표의 제품이 있는데, 스티커 형식으로 되어 애플 펜슬에 붙여서 사용할 수 있습니다. 아무래도 그냥 가지고 다니는 것보다는 제품 보호 용도와 더불어 다양한 디자인으로 나만의 애플 펜슬을 갖는다는 기분으로 떼어내기도 쉬워서 주기적으로 교체할 수 있습니다.

〈그림 1-10〉 랩씨 애플 펜슬 스킨

애플 펜슬 케이스

애플 펜슬 케이스는 말 그대로 애플 펜슬을 케이스에 넣어서 사용하는 겁니다. 제일 큰 목적은 고가의 애플 펜슬을 보호하기 위해서입니다. 애플 펜슬 케이스는 여러 회사에서 개발하여 다양한 형태의 제품들이 출시되어 있습니다. 애플 펜슬을 보호하는 장점은 있지만, 두께가 굵어지는 단점이 있습니다.

〈그림 1-11〉 랩씨 애플 펜슬 케이스

애플 펜슬 펜촉

아이패드 자체에 혹은 보호 글라스에 애플 펜슬을 사용하면 유리에 플라스틱을 갖다 대어 글씨를 쓰는 방식이기 때문에 굉장히 소리가 크고 필기감이 좋지 않습니다. 그래서 이를 해결하고자 종이 질감 필름을 사용하는데, 이는 필름 표면을 거칠게 만들어 펜슬 촉과 필름지 사이의 마찰을 이용하여 종이에 쓰는 듯한 느낌을 만듭니다. 다만, 종이 질감 필름의 단점은 해상력이 좋지 않다는 것입니다. 그래서 깨끗한 화면을 볼 수 없다는 큰 단점이 있죠. 이를 해결하고자 개발한 것이 애플 펜슬 펜촉입니다. 아이패드에는 일반 보호 글라스를 사용하고 애플 펜슬에 펜촉을 끼워 마찰을 일으켜 종이 질감의 느낌을 주는 것입니다. 랩씨는 국내 업체의 제품이라 A/S나 문제가 있으면 바로 해결이 가능하다는 장점이 있습니다.

〈그림 1-12〉 랩씨 애플 펜슬 펜촉

또한 국내 유저들의 요구에 귀를 잘 기울여 제품 개발을 했기에 우리나라 사람들이 좋아하는 필기감으로 제품을 만들었다고 합니다. 필기감은 주관적인 것이라 어떤 제품이 좋다고 말하기는 어렵지만, 필자는 이 제품에 만족하면서 사용하고 있습니다. 이 외에도 국내에서 판매 중인 'PZOZ', '아이펠리', '요보미'도 있으니 취향에 맞게 구매하시면 됩니다.

애플 펜슬을 대체할 수 있는 펜슬

애플 펜슬이 이렇게 고가이다 보니 저렴한 가격으로 애플 펜슬을 대체하여 사용하려는 분들이 많습니다. 대표적인 제품 가운데 유명한 것이 '짭펜슬', '로지텍 크레용', 'Adonit'의 제품들입니다.

짭펜슬은 애플 펜슬의 '모조품'을 가리켜 사용하는 단어입니다. 정품 애플 펜슬의 최대 10분의 1 가격으로 구매 가능합니다. 물론 기능면에서는 다소 떨어지지만, 그래도 글씨 쓰는 데는 큰 불편함이 없어서 고가의 애플 펜슬 대신 사용하는 분들이 많이 늘고 있습니다.

크레용은 로지텍에서 개발했으며, 이 제품 또한 애플 펜슬의 높은 가격 때문에 저렴한 제품을 찾는 사람들에게 인기가 있습니다.

〈그림 1-13〉 로지텍 크레용

스타일러스 펜 전문 업체인 Adonit에서는 다양한 형태의 펜을 출시하고 있습니다. 필자도 이 회사의 제품 2개를 사용하고 있는데 만족하면서 쓰는 중입니다. 블루투스 연결 방식부터 블루투스와 비연결 방식 등 다양한 제품들을 개발하여 꾸준히 출시하고 있는 회사입니다. Adonit 제품의 장점은 아이패드뿐만 아니라, 종류에 따라 아이폰에도 사용이 가능하며 다른 안드로이드 태블릿과 휴대폰에서도 사용 가능합니다.

〈그림 1-14〉 Adonit 펜 이미지

다만, Adonit의 단점은 국내 공식 판매처가 없어서 해외 배송으로 주문해야 한다는 점 그리고 A/S를 맡기려면 해외로 발송해야 한다는 점입니다. 직구 가능하신 공식 홈페이지에서 구매하시고, 어렵다면 구매 대행을 통하면 됩니다.

그렇다면 모든 사람에게 애플 펜슬이 필요한가? 그렇지 않습니다. 앞으로 굿노트로 다이어리 꾸미기 내용을 다루겠지만 필기를 자주 하거나 그림을 그리는 등 펜슬을 많이 이용하시는 분들에겐 필수이지만, 손글씨보다는 타이핑을 더 선호하거나 딱히 펜슬이 있어도 잘 사용하지 않는 분들은 구매할 필요가 없습니다.

1-5-2 키보드

애플에서 아이패드용으로 판매하고 있는 키보드는 여러 가지가 있습니다. 아이패드 에어 3세대, 8세대, 10.5인치형 프로용 스마트 키보드 아이패드 프로 11인치(1세대와 2세대)와 12.9인치용(3세대와 4세대) 스마트 키보드 폴리오, 가장 최근에 나온 아이패드 프로 11인치 (1세대와 2세대)와 12.9인치용(3세대와 4세대) 매직 키보드가 있습니다. 아이패드 에어 4세대도 매직 키보드를 사용할 수 있습니다. 유일하게 애플에서 아이패드용 키보드를 지원하지 않는 모델은 아이패드 미니 시리즈입니다.

〈그림 1-15〉 스마트 키보드, 스마트 키보드 폴리오, 매직 키보드

아이패드별로 자석식 커넥터가 있어 쉽게 탈착되고 아이패드에서 전원을 끌어와 사용하기 때문에 별도의 배터리가 들어 있지 않아 슬림하며 아이패드 보호 기능도 있습니다.

2020년 4월에 출시된 아이패드 프로용 매직 키보드는 스마트 키보드와 스마트 키보드 폴리오와는 다르게 원하는 대로 각도를 조정할 수 있고 백라이트가 지원되며, 트랙 패드가 추가되어 노트북의 느낌을 원하시는 분들에게 좋은 케이스라고 생각됩니다.

다만, 단점으로는 높은 가격과 무거운 무게입니다. 필자는 이 책의 상당 부분을 아이패드 프로 12.9인치와 지금 설명하는 매직 키보드를 이용하여 집필했습니다. 타이핑 시 노트북의 키감과 트랙 패드를 이용하고 싶다면 매직 키보드를, 타이핑은 하지만 얇고 슬림한 걸 선호한다면 스마트 키보드 종류를 눈여겨보는 것이 좋을 듯합니다.

하지만 애플에서 판매 중인 키보드는 대부분 가격대가 높습니다. '이렇게 비싼 키보드를 구매해서 사용할 필요가 있을까?'라고 생각할 수 있습니다. 그래서 이러한 고가의 애플 키보드가 부담이 되는 분들은 별도의 블루투스 키보드를 사용합니다. 필자의 경우 책상에서 고정식으로 사용하는 '로지텍 크래프트' 키보드를 사용하고 있습니다. 필자에게 맞는 키보드를 찾으려고 지금까지 20여 개의 키보드를 구매해서 사용해본 결과, 이 제품이 가장 잘 맞아 두 개를 구매하여 집과 직장에서 모두 사용하고 있습니다. 백라이트를 지원하고 키보드 좌측 상단의 아날로그식 다이얼로 여러 상황에서 세밀한 조정을 할 수 있으며, 제일 좋은 점은 키보드의 소음이 적고 키감이 적당히 부드러워 손목에 피로를 많이 주지 않으며 3대의 디바이스를 연결할 수 있는 멀티 페어링을 지원한다는 것입니다. 그래서 현재 저의 '최애' 키보드로 사용하고 있습니다.

최근 아이디어를 앞세운 기능성 키보드들이 여럿 출시되고 있습니다. '모키보'라는 회사가 대표적인데, 모키보의 가장 큰 특징은 키보드가 키보드이면서 동시에 트랙 패드의 기능을 한다는 것입니다. 즉, 키보드 위에 손가락으로 트랙 패드처럼 사용할 수 있도록 개발되었습니다. 특히, 현재까지 여러 제품이 출시되었고, 차기 제품은 2021년 상반기에 출시를 앞두고 있습니다. <그림 1-16>의 이미지는 프로토타입 제품 이미지입니다. 아이패드 케이스에 모키보 키보드를 탑재하여 휴대하기도 편하게 제작이 되었으니, 매직 키보드의 대체로 충분하다고 생각이 됩니다.

모키보 외에도 외국에서 개발되는 아이패드 케이스들이 많이 판매되고 있습니다. 필자도 작년에 크라우드 펀딩으로 투자를 해서 약 9개월을 기다려 제품을 받은 적이 있습니다. 이 제품은 키보드 케이스에 HDMI, USB 포트와 3.5파이 이어폰 잭까지 있는 케이스입니다. 이와 같이 이 책에서 모두 열거하기 힘들 정도로 아이패드 키보드 관련 액세서리들이 많으니 구매 전에 충분한 검토와 여러 리뷰를 참고하여 본인에게 맞는 제품을 찾는 것이 바람직하다고 생각합니다.

〈그림 1-16〉 모키보 키보드 케이스

1-5-3 마우스

매직 키보드가 발표되고 발매 시기에 맞춰서 iOS의 마우스 기능을 상당히 개선하여 이제는 블루투스 마우스를 이용한 아이패드 사용이 상당히 편리해졌습니다. 애플의 매직 마우스가 있지만 호불호가 갈리는 제품입니다(개인적으로 매직 마우스를 사용하면 팔목에 통증이 느껴져서 사용을 하지 않고 있습니다). 이를 대신해서 사용하고 있는 마우스는 현재 로지텍의 'MX MASTER' 1개, 'MX MASTER2' 2개 그리고 'MX MASTER3' 1개, 이렇게 총 4개를 사용하고 있습니다. 하지만 아이패드 프로의 매직 키보드를 사용하면서 별도의 마우스를 사용하지 않고 매직 키보드의 트랙 패드를 사용하고 있습니다.

필자는 아이패드에 딱 맞는 마우스는 없다고 생각하며, 본인이 편하게 사용할 수 있는 마우스를 찾아 사용하는 것이 제일 좋다고 생각합니다. 최근 블루투스 마우스 중 멀티 페어링이 가능한 마우스들이 많으니 PC에서 사용하다가, 필요 시 아이패드에 페어링하여 사용하는 것도 좋은 방법이라고 생각합니다.

1-5-4 매직 트랙 패드

아이패드 프로용 매직 키보드가 발매되면서 한편으로 매직 트랙 패드의 판매량도 덩달아 올라갔습니다. 아이패드 프로 매직 키보드에 트랙 패드가 적용되면서 아이패드에서 트랙 패드를 맥북과 비슷하게 사용할 수 있게 iOS를 업데이트했습니다. 그래서 맥 컴퓨터에서나 사용했던 트랙 패드를 아이패드에서 사용할 수 있게 되자 판매량이 늘어났던 거죠. 매직 키보드에 트랙 패드가 있기는 하지만, 매직 트랙 패드의 가격이 너무 고가이기에 구매가 망설여지는 분들이 대안으로 트랙 패드를 구매해서 사용하고 있습니다. 매직 트랙 패드가 넓어서 휴대하기에는 불편하지만, 사용하는 데는 오히려 더 좋은 것 같습니다. 손가락으로 사용해도 되지만 필자는 요즘 터치보다는 대부분 트랙 패드를 사용하고 있습니다. 이때 좋은 점은 아이패드 화면에 지문이 많이 묻지 않는다는 것입니다.

〈그림 1-17〉 매직 트랙 패드

1-5-5 스탠드

스탠드형 케이스를 사용하지 않는 이상 장시간 문서 작업이나 동영상 시청을 할 경우 거치를 하는 것이 편리합니다. 단시간 사용할 경우라면 아이패드 프로용 매직 키보드만으로 충분하지만, 장시간 아이패드를 사용해야 할 경우 눈높이가 낮아 거북목 방지를 위해 스탠드를 사용합니다.

필자는 여러 가지 스탠드를 구입하여 그중에 필자
에게 제일 적합하다고 생각한 제품 2가지를 상황
에 따라 사용합니다. 두 제품 모두 '바이퍼럭스'의
클래버타키온 제품인데 하나는 거치하여 노트북
대신 사용할 때 스탠드에 거치하고 블루투스 키보
드와 마우스를 연결하여 사용합니다.

제품의 특징 중 제일 돋보이는 것으로 높낮이가 조
절되어 장시간 앉아 있을 때 높이를 올려 서 있는
상태에서도 사용이 가능한 기능도 있습니다.

〈그림 1-18〉 클레버 이지뷰 리프트형 거치대

두 번째 스탠드는 아이패드에 손글씨를 오랫동안 적어야 할 때나 필기할 때 사용합니다. 아
이패드 프로 3세대와 4세대는 휘어짐 문제가 있어서 힘을 주었을 때 휘어지지 않게 중간을
받쳐줍니다. 물론 각도 조절이 가능해서 손글씨를 쓰지 않을 때에도 높이를 조절하여 일반
스탠드처럼 사용할 수 있습니다.

〈그림 1-19〉 클레버 이지뷰 접이식 거치대

1-5-6 충전기와 충전 케이블

아이패드를 구매하면 충전기와 충전 케이블을 주는데, 왜 충전기와 충전 케이블에 대해 말할까요? 아이패드는 가격이 꽤 비싼 데도 불구하고, 애플에서는 고속으로 충전할 수 있는 충전기와 케이블을 제공하지 않습니다. 아이패드는 최대 10시간의 사용 시간을 지원하기 때문에 사용 시간만큼이나 충전 시간도 오래 걸립니다. 따라서 바쁜 현대인들에게 고속 충전은 이제 기본이 되었습니다. 필자도 고속 충전기와 충전 케이블을 사용합니다. 다양한 제품이 있지만 '바이퍼럭스'의 충전 케이블과 충전기를 사용합니다. 고속 충전기는 충전 시간을 획기적으로 줄일 수 있습니다. 최근 바이퍼럭스에서 접지가 가능한 충전기를 출시하여 안정성 면에서 뛰어난 제품을 선보이고 있습니다. 접지가 가능한 충전기는 아이패드에도 좋지만 노트북에 사용하면 효과가 더욱 좋습니다.

〈그림 1-20〉 클레버 타키온 접지형 충전기, 케이블

1-5-7 케이스

휴대폰이나 태블릿을 구입한 다음 제일 먼저 하는 것이 케이스와 액정 보호 강화 유리 구매일 겁니다. 그 가운데 케이스는 정말 많습니다. 케이스, 키보드, 트랙 패드가 하나로 합쳐진 애플 아이패드용 매직 키보드를 비롯해서 다양한 회사에서 다양한 제품을 출시하고 있습니다. 케이스를 아예 사용하지 않는 분들도 있는데 애플 제품은 신주단지 모시듯 다뤄야 하는 것이 보증 수리 기간 내 고장 수리를 받으러 갔다면, 이때 애플 엔지니어가 보통 제일 먼

저 보는 게 고장 증상이 아니라 외관입니다. 외관에 흠집이나 찌그러짐 등의 상처가 있을 경우 소비자 과실에 의해 고장났다고 하여 무상으로 받을 수 있음에도 유상 청구를 합니다. 그러니 가능한 케이스를 사용하고 조심스럽게 사용해야 애플 A/S를 받을 경우 불이익을 당하지 않습니다. 필자는 '랩씨'의 제품을 사용합니다. 제일 큰 이유는 파스텔 색감 때문입니다. 아래에 보이는 2가지 색상이 필자가 좋아하는 케이스입니다. 거치 방식에 따라 높낮이를 설정할 수 있으며, 펜슬을 보호해준다는 장점이 있습니다.

〈그림 1-21〉 랩씨 아이패드 케이스

1-5-8 액정 보호 강화 유리 및 종이 질감 필름

액정에 상처를 방지하기 위해 액정 보호 강화 유리 필름을 대부분 사용하는 분이 많을 겁니다. 최신 휴대폰이나 태블릿 액정은 강도가 높은 유리를 사용하여 표면에 상처가 잘 나지 않습니다.

그래도 필자는 개인적으로 액정 보호 강화 유리 필름을 부착합니다. 앞에서 언급한 애플의 A/S를 생각한다면 강화 유리 필름 사용을 추천합니다.

글씨를 많이 쓰는 사람들이 찾는 것이 종이 질감 필름입니다. 필자도 모든 패드에 종이 질감 필름을 사용하고 있는데 종이 질감 필름의 장점은 말 그대로, 아이패드에 글씨를 썼을 때 유리에 플라스틱 모형 펜슬로 글씨를 쓰는 느낌이 아니라 종이 위에 글씨를 쓰는 것과 흡사한 느낌을 준다는 것입니다.

필자는 종이 질감 필름을 사용하기 전에 종이 질감 필름에 대해 부정적이었습니다. 얼마나 효과가 날까 의심스러웠던 거죠. 하지만 지인의 패드에서 종이 질감 필름을 사용해봤는데, 정말이지 신세계였습니다. 그래서 이후로는 모든 아이패드에 종이 질감 필름을 부착하여 사용 중입니다. 여러 가지 종류의 종이 질감 필름이 있습니다만, 필자는 '힐링쉴드'를 사용하다가 '랩씨' 제품으로 바꾸었습니다. 아무래도 종이 질감은 표면이 꺼칠꺼칠한 부분이 사용하면서 점차 닳기 때문에 주기적인 교체가 필요한 면이 있어서입니다. 이것이 싫으면 일반 강화 유리에 애플 펜슬 팁을 사용하는 방법도 한 가지 대안입니다. 이 또한 랩씨에서 제작한 애플 펜슬 팁이 있는데, 이걸 사용하게 되면 강화 유리에 필기감을 다소 높일 수 있습니다.

〈그림 1-22〉 랩씨 종이 질감 필름

1-5-9 USB-C 허브

아이패드 프로 시리즈는 아이패드 에어 4세대와 함께 라이트닝 단자 대신 USB-C 단자를 사용합니다. 그래서 USB-C 허브를 이용하여 아이패드에 다양한 확장성을 더할 수 있습니다.

USB-C 허브가 지원하는 포트에 따라 사용 범위가 달라지는데, 다음과 같이 추가로 확장 기능을 사용할 수 있습니다.

- 랜포트: 와이파이 안되는 곳에서 유선랜을 사용하여 인터넷 사용
- Ø 3.5 이어폰 단자: 이어폰 단자가 없는 아이패드 프로에 유선 이어폰을 이용하여 사용하고 싶을 때
- USB-A 포트: 마이크, USB 메모리, 외장 하드 등을 사용할 때
- SD 및 마이크로 SD 슬롯: 카메라, 휴대폰의 사진을 아이패드에 옮기거나 아이패드에 있는 내용을 옮길 때
- VGA 와 HDMI: 외부 모니터에 아이패드를 미러링하거나 연결하고 싶을 때

앞에서 언급한 모든 기능을 하나의 USB-C 허브에 찾는 것이 조금 힘들 수 있습니다. 고정식으로 되어 있어서 외부 전원을 이용하는 크기가 큰 제품이 있는데, 휴대용으로 사용하려면 기능별로 나뉘기 때문에 필자도 여러 개의 USB-C 허브를 가지고 다닙니다.

〈그림 1-23〉 Baseus 멀티 허브

1-6 아이패드 구매처별 장단점은?

국내에서 아이패드 새 제품을 구매하는 여러 방법이 있지만, 대표적인 4가지 방법만 언급하겠습니다.

1-6-1 애플 공식 스토어(온라인, 오프라인)

애플 공식 스토어에서 구매하면 제일 좋은 것이 묻지마 반품입니다. 즉 구매 후 15일 이전에 제품과 구성품에 손상이 없을 경우 무조건 반품이 가능한 애플의 정책입니다. 비단 아이패드뿐만 아니라 애플에서 판매하는 모든 제품에 대해서는 15일 이내 반품이 가능하니 구매하실 때 참고하세요. 초기 불량일 때 신경 쓰지 않고 반품이나 교환이 가능하다는 장점이 있습니다.

애플 공식 스토어에서 구매할 때의 단점은 모두 정가로 구매해야 한다는 점입니다. 학생은 할인을 받을 수 있지만 오히려 온라인 쇼핑몰이 더 저렴한 경우가 있습니다. 애플에서 판매하는 리퍼비시 제품도 있지만, 가격 면에서 큰 메리트가 없어 보입니다.

1-6-2 오픈마켓

다음으로 구매할 수 있는 방법이 오픈 마켓을 통해서입니다. 오픈 마켓에서 제공하는 신용카드 할인을 이용하면 애플 공식 스토어에서 구매하는 것보다 조금 저렴하게 구매할 수 있습니다. 제품에 따라 애플 학생 할인을 받을 때보다도 더 저렴하게 구매할 수 있습니다. 또 하나의 장점은 가격이 상대적으로 높은 제품들은 무이자 할부가 애플 공식 스토어보다 길다는 점입니다. 애플 스토어는 필자의 경험으로 무이자 6개월까지였는데, 오픈마켓은 보통 신용카드에 따라 다르지만 50만 원 이상은 12개월, 100만 원 이상은 20~24개월까지 해주는 마켓들도 있으니 금액이 부담되는 분들은 할부로 구매 가능한 선택 사항이 있어서 좋을 듯합니다.

단점이라면 초기 불량일 경우 바로 교환이나 환불이 가능하지 않고 애플 서비스나 애플 서비스를 대행하는 곳에서 고장 확인증을 받아야 교환이나 환불을 받을 수 있다는 점입니다.

1-6-3 소셜 네트워크를 통한 직거래

네이버 카페 중에 '중고나라'나 애플 제품을 다루는 대표 카페 '아사모', '맥쓰사' 그리고 직거래 '당근마켓' 등의 중고 장터를 이용하면 미개봉 제품을 현금으로 저렴하게 구매할 수도 있습니다.

할부보다는 일시불, 카드보다는 현금을 선호하는 분들께 제안하는 방법인데, 어차피 애플 제품은 개봉 후 처음 등록하는 순간부터 서비스가 시작되는 제품이므로 합법적인 방식이라면 오히려 미개봉 신품을 구매하는 것이 앞의 2가지 방법보다 더욱 저렴하게 구매하는 방법이 아닌가 합니다.

1-6-4 통신사에서 구매

국내 메이저 통신 3사에서도 아이패드를 판매하고 있습니다. 보통은 신제품이 나온 직후에 판촉을 많이 하는데, 필자도 지금 사용하고 있는 아이패드 프로 3세대 12.9인치 셀룰러 버전을 통신사를 통해서 구매했습니다. 셀룰러 요금제 가입을 하고 매달 일정 사용료와 기기 할부값을 지불하는 약정을 하여 구매했습니다. 제가 이렇게 구매한 이유는 바로 통신사에서 발행한 신용카드 할인 혜택 때문입니다.

신용카드 월 일정 금액을 사용하면 할인해주는 방식으로, 필자도 특정 통신사와 연계된 신용카드를 사용하여 월별 일정 금액을 사용하면 청구 할인을 해줍니다. 결과적으로, 아이패드 프로 3세대 12.9인치 256GB 셀룰러 버전을 정가 대비 60만 원 저렴하게 구매했습니다. 그러나 통신사를 통해서 구매할 수 있는 시기가 1년 내내 있는 건 아닙니다. 보통은 신제품 출시 후 일정 재고가 모두 소진되면 구매할 수 없으니, 아이패드 신제품 발표 직후 통신사에 문의하면 됩니다.

이렇게 해서 아이패드의 종류와 액세서리 그리고 구매하는 방법에 대해 알아봤습니다. 위에 언급한 액세서리들은 필자가 실제로 사용하는 기준으로 말씀드렸습니다. 구매 전 충분히 검색하고, 본인에게 가장 잘 맞는 기기와 액세서리들을 구입할 것을 추천합니다.

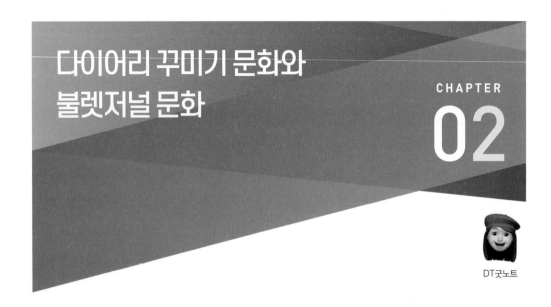

다이어리 꾸미기 문화와
불렛저널 문화

CHAPTER
02

DT굿노트

아이패드를 장만했다는 것은 이미 새로운 페이퍼리스 삶에 발을 들여 놓은 것과 같습니다. 하지만 기존의 아날로그적인 삶과는 많이 어색합니다. 페이퍼리스 삶에 시너지를 더해줄 애플 펜슬로 아이패드 필기와 나만의 첫 아이패드 다이어리를 같이 사용해보세요. 애플 펜슬이야말로 디지털 시대에 녹인 아날로그 방식으로, 디지털의 제한된 면을 벗어나 아날로그적인 필기 방식으로 자신의 생각과 느낌을 풀어낼 수 있게 돕습니다.

다이어리를 사용하는 목적은 두 가지가 있습니다. 첫 번째는 일정과 업무를 효율적으로 만들어주기 위한 목적이고, 두 번째는 취미 생활로서의 다이어리를 꾸미는 용도입니다.

2-1 불렛저널이란? 자기만의 기호로 일정 관리 효율화 ▶

〈그림 1-24〉 불렛저널

불렛저널(Bullet Journal)은 디지털 제품 디자이너 라이더 캐롤(Ryder Carroll)이 고안했습니다. 어렸을 때부터 앓던 주의력 결핍장애를 극복하기 위해서 만든 노트가 불렛저널이라고합니다. '불렛'은 자신만의 기호로 만드는 일정 관리 방법입니다. 불렛저널 다이어리를 쓰려면 더 바빠질 것이라고 생각하지만, 연구 결과에 따르면 우리 머리는 하루에도 5만 가지 이상의 생각을 하면서, 관리해야 할 생각이 훨씬 더 많기 때문에 해야 할 일이 많다고 느끼는것이라고 합니다. 그래서 불렛저널을 통해 체계적으로 삶과 머릿속 생각을 관리하고 정리하여 더욱더 생산성을 높이는 것입니다.

2-2 세계는 지금 '다꾸' 열풍, 다이어리 꾸미기 문화

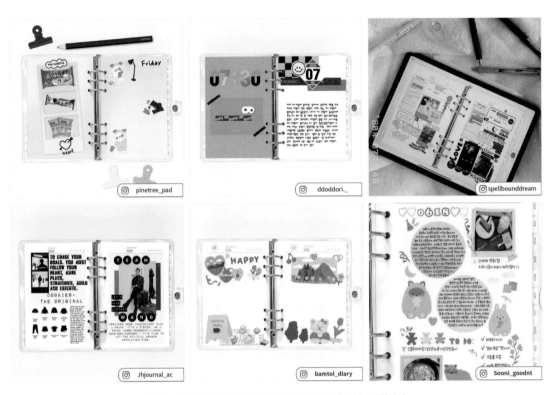

〈그림 1-25〉 DT굿노트의 투명 6공 다이어리로 꾸민 '다꾸' 다이어리

'Plan with me'라는 키워드를 검색하면 전 세계의 '다꾸' 문화를 알 수 있습니다. 인스타그램에서도 다꾸나 아이패드다꾸라는 해시태그를 검색하면 엄청나게 다양한 '다꾸'를 확인할 수 있습니다. '다꾸'는 다이어리 꾸미기의 줄임말입니다. 필자도 다꾸가 취미입니다. 이는 어떠한 결과를 성취하거나 목적을 달성하기 위해서 하는 일이 아닙니다. 과정 자체가 즐거운 일을 취미로 삼아 그 자체를 힐링으로 즐깁니다. 스티커를 덕지덕지 붙이면서 글을 써내려 가며 몰입하는 과정은 경쟁하던 삶에서 벗어나 정신적인 쉼이 됩니다. 또한 자신의 감정을 차분히 돌아보는 시간도 생기고 기존의 삶을 유지할 수 있게 해주는 원동력이 됩니다.

〈그림 1-26〉 애플스토어 전경

왜 이토록 애플의 신상품만 출시하면 모두 열광을 할까요? 그 이유는 애플 브랜딩의 힘입니다. 애플 브랜딩은 단순함을 추구합니다. 여러 가지 옵션을 깔아두고 사용자가 무엇을 해야 할지 고민하게 만드는 것이 아니라, 단 한 가지 최고의 방법만을 사용자에게 제시합니다. 이를 보여주는 것이 최초의 아이폰에 달려있던 홈 버튼이죠. 홈 버튼 하나로 아이폰을 다룰 수 있었습니다.

또한 잡스가 추구했던 디자인에 대한 완벽함입니다. 잡스는 컴퓨터 안쪽마저도 디자이너에게 의뢰하여 안보이는 곳까지 디자인했다고 합니다. 1988년 출시된 애플의 첫 아이맥(iMac)은 디자인이 먼저, 그 디자인에 기능을 맞춰가는 형태였다고 합니다. 잡스의 신임을 받던 디자인 책임자 조너선 아이브는 제품의 소재와 기능을 이해하고 소비자가 제품을 사용하며 어떤 생각을 하는지 소비자의 경험 그 자체를 디자인하는 철학을 가졌다고 합니다. 소비자의 경험 스토리를 먼저 생각하고 그에 맞는 디자인을 고안해 편의성을 높였다고 합니다. 그렇기에 경쟁 업체 상품보다 비싼 가격임에도 계속 잘 팔리고, 신상품이 출시되면 세계의 이목을 받는 것이 아닐까 합니다.

PART

2

삶을
더욱 효율적으로
만들어줄
아이패드

디지털 다이어리의 장점

CHAPTER

01

DT굿노트

페이퍼리스 삶을 관리해줄 다이어리가 아이패드 안으로 들어왔습니다! 왜 아이패드로 다이어리를 쓰는지 알아보겠습니다.

| 페이퍼리스 |

정말 페이퍼리스의 시대가 올까요? 우리는 이제 신문의 발행 부수는 점점 줄고 인터넷으로, 앱으로 뉴스를 봅니다. 부동산 계약서, 은행 업무, 각종 계약서들이 전자 업무로 대체되고 있으며, 은행의 종이 통장은 점차 사라지고 앱으로 은행 볼 일을 보고 있죠. 페이퍼리스 삶은 우리 생각보다 더 깊숙이 일상으로 파고들고 있습니다.

아날로그의 삶에서 디지털 삶으로 무사히 넘어갈 수 있도록 애플 펜슬이 도와주고 있습니다. 우리는 심지어 아날로그 방식의 필기 스타일 그대로 디지털 필기를 할 수도 있습니다. 또한 환경 보호 문제는 판데믹 이후 더는 남의 문제가 아닌 우리 삶에 직접적인 영향을 주는 문제로 다가오고 있습니다. 나의 라이프 스타일이 지구를 살리고 우리 미래에 착한 영향을 주는 선택을 해야 하는 이유입니다.

| 휴대성 |

여기저기 흩어져 있던 메모와 노트들, 일 년 치 분량의 다이어리, 요즘 읽고 있는 책 모두 아이패드에 넣어보세요. 가방이 한결 가벼워집니다. 나아가, 그림 그리는 앱을 사용한다면 스케치북과 물감 도구들이 모두 들어간 아이패드 하나만 들고 다녀도 언제 어디서든 그림을 그릴 수 있습니다.

| 디지털 파일 보관 |

그동안 써왔던 추억이 담긴 일기장이나 다이어리를 어떻게 보관하나요? 아이패드를 이용해서 연도별로 파일을 백업하세요. 나의 추억이 디지털 파일로 영구적으로 보관됩니다. 잠금 기능까지 가능한 백업 드라이브를 사용한다면 나만의 비밀이 안전하게 보관됩니다.

| 쉬운 수정과 삭제, 스티커 크기 조정 |

종이 다이어리를 사용하다 보면, 한 달 일정을 모두 적어놓았다가 변경되거나 취소되는 일정 때문에 다이어리 안이 지저분해집니다. 하지만 디지털 다이어리에서는 수정, 삭제가 깔끔하게 가능합니다. 백지인 다이어리에 실수할까 봐 어디서부터 어떻게 손을 대야 할지 고민이었다면, 아이패드의 손쉬운 수정과 삭제 기능이 매우 유용할 겁니다.

| 직접 제작하는 스티커와 서식 |

다이어리를 아무리 찾아도 이미 만들어져서 판매되는 종이 다이어리들이 각각의 라이프 스타일에는 맞지 않아서 늘 뭔가 부족함을 느끼게 마련입니다. 그러나 디지털 다이어리는 내가 직접 구성하고, 내 취향과 라이프 스타일에 따라 항목을 만들고 관리해나갈 수 있습니다.

| 오늘 찍은 사진을 손쉽게 다이어리 속으로 |

일정 관리와 계획을 위해서 다이어리를 적기도 하지만, 우리는 하루의 기록을 남길 목적으로도 다이어리를 사용합니다. 이때 휴대전화로 찍은 사진을 바로 아이패드 디지털 다이어리 속으로 불러올 수 있습니다. 특히 아이폰 유저라면, 아이패드와의 연동으로 아이폰에서 복사하기를 한 후 아이패드에서 붙여넣기로 바로 불러올 수 있습니다.

| 실물 다꾸보다 저렴한 취미 비용 |

취미 생활로 다꾸를 할 경우, 마스킹 테이프와 스티커 비용이 만만찮게 들어가기도 합니다. 가위와 풀, 종류별로 모아둔 펜은 이제 굿바이! 아이패드 디지털 다이어리에서는 무료로 공유되는 스티커들이 많습니다. 한 번 구입해두면 복사해서 무제한 사용할 수 있기에 훨씬 경제적입니다.

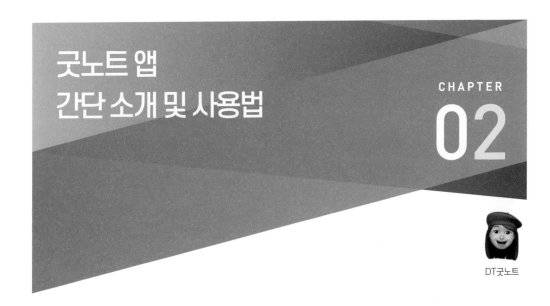

굿노트 앱
간단 소개 및 사용법

CHAPTER

02

DT굿노트

지금부터 아이패드에서 유료 생산성 앱 순위 1위인 굿노트 앱의 사용법에 대해 살펴보겠습니다. 여러 가지 기능이 많지만, 노트 필기와 아이패드 다이어리를 작성하는 데 꼭 필요한 기능들 위주로 설명합니다.

굿노트 5를 기준으로 설명하며, 굿노트 버전은 5.6.15 기준입니다. 아이패드와 굿노트 앱을 구입했는데 어떻게 시작해야 할지 막막하다면? 이 책의 안내에 따라 차근차근 진행해보십시오. 앱에 대해 알아야 유료 결제한 굿노트 앱을 더욱 잘 활용할 수 있습니다.

새 문서 만들기, PDF 불러오기 ▶

| 새 문서 만들기 |

굿노트에서 새로운 노트를 생성한다면, 우측의 [+] 노트 아이콘 클릭 후, [노트북]을 클릭하여
새로운 문서를 생성합니다.

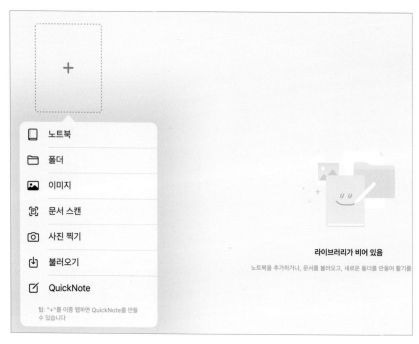

〈그림 2-1〉 굿노트에서 새로운 문서 불러오기

기존의 굿노트 앱 자체가 가지고 있는 노트 양식을 불러오실 수도 있습니다. 기존의 굿노트
앱에는 가로형, 세로형, 모눈, 줄노트 등 다양한 용지를 선택하고, 불러올 수 있습니다.

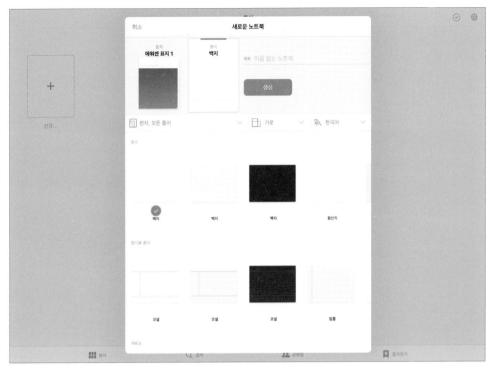

〈그림 2-2〉 굿노트에 있는 기본 가로, 세로의 다양한 용지들

PDF 파일 불러오기 ▶

기본 용지 이외에 다른 용지를 불러오고 싶다면 이미지로 불러올 수 있습니다. 물론 PDF 파일을 불러올 수 있습니다. 사파리 브라우저나 파일 앱 등에서 PDF 파일을 불러오는 방법을 알아보겠습니다.

| PDF 파일을 아이패드에 넣는 방법 |

유튜브에서 아이패드 필기 앱 관련 영상을 업로드하면 가장 많이 받는 질문이, "아이패드에 PDF 파일을 어떻게 옮기나요?"입니다. 아이패드의 OS가 폐쇄적이어서 자료 이동이 애플 기기를 처음 사용하는 분들에게는 어려울 수 있지만, 원리만 이해하면 쉽습니다. 쉽게 넣을 수 있는 방법을 설명하겠습니다.

먼저, 애플 ID가 있어야 합니다. 모르는 분들은 검색 사이트나 유튜브를 통해 검색하면 많은 자료가 있으니 참고하여 만드세요. 만들었다면 계정에 아이클라우드 5GB 용량이 무료로 제공됩니다. 아이클라우드는 애플에서 제공하는 클라우드 서비스로 드롭박스, 구글 드라이브, 네이버 클라우드와 같은 개념이라고 생각하면 됩니다. 대부분 자료를 넣어서 사용하는 앱은 아이클라우드에서 자료를 불러올 수 있습니다. 이후 책에서 소개할 모든 앱들도 전부 아이클라우드에서 자료를 불러내는 방법으로 설명하겠습니다.

| 윈도우 사용자 |

대다수 사용자들이 맥보다는 윈도우를 사용할 것으로 생각됩니다. PC에서 파일을 옮기는 것이 제일 쉽기 때문에 PC를 기준으로 설명하겠습니다. 먼저 www.icloud.com에 접속하여 본인이 사용하고 있는 아이패드와 동일한 계정으로 로그인합니다.

로그인을 했으면 다음의 사진처럼 메일, 연락처, 캘린더, 사진 등과 같은 여러 메뉴를 확인할 수 있습니다. [iCloud Drive]를 선택합니다.

〈그림 2-3〉 아이패드에 PDF 파일 넣는 방법(1)

이제 여러분의 iCloud에 접속이 되었습니다. 여기서 중앙 상단에 폴더 생성을 클릭하여 폴더를 만들고, 취향에 따라 폴더 안에 추가 폴더를 만들거나 바로 파일을 넣어서 PDF 또는 ePub 파일을 보관하면 됩니다. 필자의 경우 도큐멘트 폴더 안에 자료를 넣어서 보관합니다.

〈그림 2-4〉 아이패드에 PDF 파일 넣는 방법(2)

| 맥 사용자 |

iCloud는 애플의 서비스로, 맥 Finder 메뉴에 iCloud Drive라고 자동으로 설치됩니다. iCloud Drive 내에 원하는 폴더를 생성하고 안에 파일을 넣어서 관리하면 됩니다.

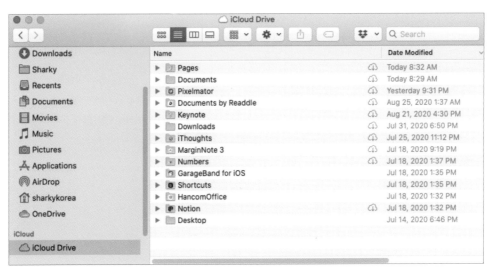

〈그림 2-5〉 아이패드에 PDF 파일 넣는 방법(3)

| 사파리 브라우저에서 인터넷에 있는 PDF 파일 불러오기 |

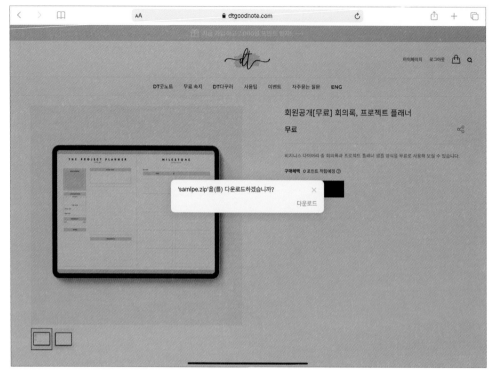

〈그림 2-6〉 사파리 브라우저에서 PDF가 다운로드

인터넷에서 PDF 파일 자료를 다운로드할 때 파일을 굿노트로 불러오는 방법을 설명하겠습니다.

TIP 무료 속지가 있는 곳

www.dtgoodnote.com 사이트에 접속하면, [무료 속지] 코너가 있습니다. 저자가 제공하는 무료 속지들과 블로거들의 무료 속지들을 모아두었습니다. 아이패드 사파리 브라우저를 통해 접속하여 무료로 여러 굿노트 서식들을 다운로드할 수 있습니다.

〈그림 2-7〉 사파리 브라우저 우측 상단의 화살표를 클릭하면 확인할 수 있는 다운로드 상태

사파리 브라우저에서 PDF 파일을 다운로드하고, 우측 상단 다운로드 아이콘을 누르면 다운로드 상태를 확인할 수 있습니다.

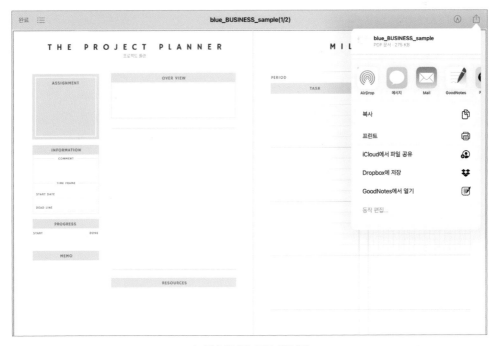

〈그림 2-8〉 굿노트로 내보내기

다운로드 완료 후 클릭하면 그 문서를 내보내기 아이콘(박스 안 화살표가 하늘로 향한 모양)을 클릭하여 굿노트로 복사해줍니다. 그러면 굿노트로 PDF 파일을 불러올 수 있습니다.

| HWP 파일을 PDF 파일로 불러오기 |

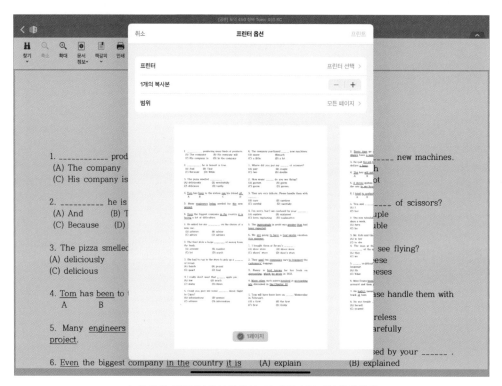

〈그림 2-9〉 뷰어에서 문서 확대 시 뜨는 '굿노트로 내보내기' 화면

HWP 파일을 문서 뷰어 앱으로 열어줍니다. 인쇄하기를 클릭하고 PDF로 인쇄한 것을 두 손가락을 사용하는 제스쳐로 확대합니다. 그런 다음, '굿노트로 복사하기'를 하면 굿노트에 HWP 파일을 불러올 수 있습니다.

| 파일 앱에 있는 PDF 파일을 불러오기 |

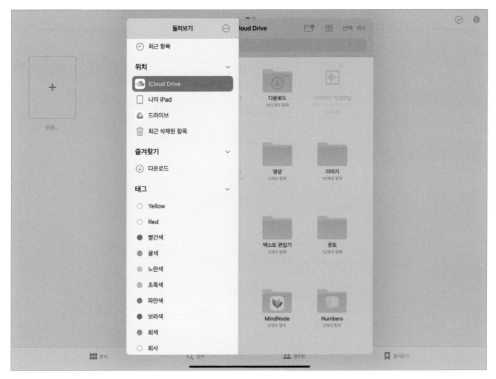

〈그림 2-10〉 굿노트에서 파일 앱에 있는 PDF 파일 불러오기

아이맥이나 맥북을 같이 사용하고 있을 경우, 컴퓨터에서 파일 앱에 사용하고자 하는 PDF 를 저장하면 아이패드의 파일 앱에도 연동됩니다. 그러면 파일 앱 안에 있는 PDF를 굿노트 앱으로 불러올 수 있습니다. 파일 앱에서 PDF 파일을 열어 [내보내기]를 클릭하면 굿노트에 서 열 수 있습니다.

또는 굿노트 앱에서 [불러오기]를 선택하여 아이패드 내에 있는 문서나 아이클라우드 또는 구글 드라이브 등의 문서들을 불러올 수도 있습니다.

볼펜 설정, 굵기 설정 ▶

〈그림 2-11〉 펜 종류 설정하기

굿노트에서 펜 모양 아이콘을 클릭 후 우측의 더 자세한 사항을 클릭하면 볼펜 굵기와 볼펜 색들을 설정할 수 있습니다. 볼펜과 만년필 등의 펜 종류도 고를 수 있습니다. 펜으로 선을 그을 때, 곧은 선을 긋고 싶다면 선을 그은 후 지그시 누르고 있으면 그에 맞는 직선으로 변환됩니다. 그래프나 공식 등을 그릴 때 유용하게 사용할 수 있습니다. 그리고 펜으로 도형이나 선을 그릴 때 그대로 놓지 않고 드래그해서 모양을 변형시킬 수 있습니다.

펜 설정에서 [유지하기 스냅] 설정을 활성화한 다음 그리면, 각 선이 이어져 하나의 도형으로 그려집니다.

┃ 굵기 설정하는 법 ┃

용지의 크기에 따라 적당한 굵기는 다양하나, 굿노트 앱에 내장된 속지를 기준으로 4mm가 적당합니다.

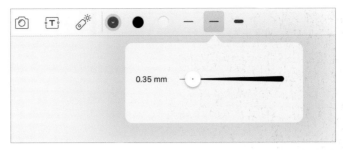

〈그림 2-12〉 펜 굵기 설정 예시

| 색상 설정하는 법 |

굿노트 4에서는 색상을 개별적으로 설정하는 것이 불가능하나, 굿노트 5에서는 컬러값을 입력하면 설정이 가능합니다. 컬러를 선택하는 창의 [프리셋]에서 컬러 코드를 입력합니다.

굿노트에서 사용할 수 있는 컬러 코드에 대해 알려드리겠습니다. 일반 펜으로 그은 경우 그고유 컬러가 나오지만, 형광펜으로 그은 경우 살짝 옅은 투명감이 있는 색으로 그어집니다.

〈그림 2-13〉 색상 설정 방법

컬러코드를 직접 사용자화하여 사용할 수 있습니다. 컬러코드는 #000000 숫자 6자리를 입력해서 컬러값을 설정합니다. 컬러코드는 구글 웹 사이트(google.com) 또는 핀터레스트(pinterest.com)에서 "colorcode"라고 검색 시 다양한 컬러값을 찾을 수 있습니다. 다음 컬러코드를 추천합니다.

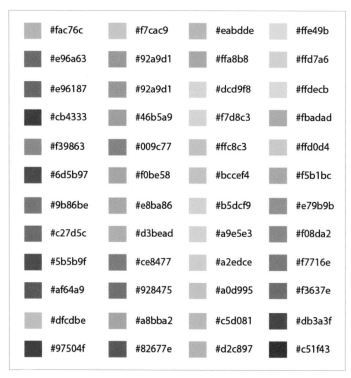

〈그림 2-14〉 컬러 코드값을 사용자화 색상으로 입력하여 사용

#fac76c	#f7cac9	#eabdde	#ffe49b
#e96a63	#92a9d1	#ffa8b8	#ffd7a6
#e96187	#92a9d1	#dcd9f8	#ffdecb
#cb4333	#46b5a9	#f7d8c3	#fbadad
#f39863	#009c77	#ffc8c3	#ffd0d4
#6d5b97	#f0be58	#bccef4	#f5b1bc
#9b86be	#e8ba86	#b5dcf9	#e79b9b
#c27d5c	#d3bead	#a9e5e3	#f08da2
#5b5b9f	#ce8477	#a2edce	#f7716e
#af64a9	#928475	#a0d995	#f3637e
#dfcdbe	#a8bba2	#c5d081	#db3a3f
#97504f	#82677e	#d2c897	#c51f43

| 텍스트 입력 |

굿노트 앱에서 텍스트 박스의 아이콘을 클릭하면 텍스트 박스 상자가 생성됩니다. 그리고 글자 폰트나 크기 등의 기본값을 사용자가 설정할 수 있습니다. 이렇게 되면 기본 서체 이외에 사용자가 아이패드에 서체를 설치하여 굿노트에서 사용할 수 있습니다.

〈그림 2-15〉 텍스트 입력

별도의 서체를 설치하는 앱(예: ifont)을 이용하여 설치 후 아이패드 설정 앱에서 프로파일에서 폰트를 설치해주면, 굿노트에도 나타납니다. 올가미 툴을 이용해서 한번에 텍스트 박스를 삭제할 수 있습니다. 올가미 툴에 대한 내용은 뒷부분 '올가미 툴 사용하기' 편에서 자세히 다루겠습니다.

페이지 추가하기 ▶

〈그림 2-16〉 페이지 추가

굿노트 앱의 마지막 페이지에서 한 번 더 드래그하여 쭈욱 페이지를 넘기는 제스쳐를 하면 페이지 추가할 수 있다는 문구가 표시됩니다. 그러면 마지막 페이지가 복사되어 다음 페이지에 생성됩니다. 그 외에도 페이지를 추가할 수 있는 방법이 있습니다. 우측 상단의 [+] 아이콘을 클릭하면 페이지를 추가하는 옵션이 나옵니다. [현재 템플릿 복사]를 이용하여 붙여넣기하는 방법입니다.

〈그림 2-17〉 현재 템플릿 추가

현재 템플릿을 추가하는 기능으로 페이지를 추가할 수 있습니다.

〈그림 2-18〉 페이지 복사

굿노트 앱 안에서 원하는 페이지를 관계성 없는 다른 서식에 붙여넣기할 수 있습니다. 원하는 페이지를 우측 상단의 […] 더 보기 아이콘을 클릭하여 [페이지 복사]를 클릭한 후 원하는 서식에다 [붙여넣기]할 수 있습니다.

〈그림 2-19〉 페이지 붙여넣기

다른 페이지를 추가하고 싶은 경우, 다른 페이지를 복사하여 원하는 곳에 붙여넣기합니다.

TIP **표지 변경**

다이어리 표지를 변경하는 경우, 예쁜 이미지 사진을 굿노트 앱에서 불러와 복사한 후 원하는 다이어리 파일 앞 표지에 가서 [페이지 붙여넣기]하면 표지를 변경할 수 있습니다.

페이지 순서 바꾸기

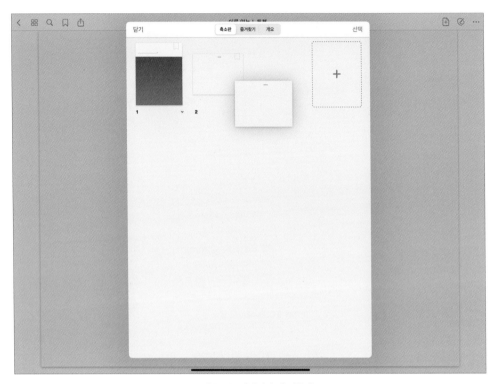

〈그림 2-20〉 페이지 순서 바꾸기

페이지 간의 순서를 바꾸고 싶을 때 노트를 오픈한 상태에서 좌측 상단의 바둑판 같은 아이콘을 클릭하면 전체 페이지가 보입니다. 그 상태에서 이동하고자 하는 페이지를 애플 펜슬로 선택한 후, 드래그해서 옮길 수 있습니다.

이미지 추가하기(스티커 사용법)

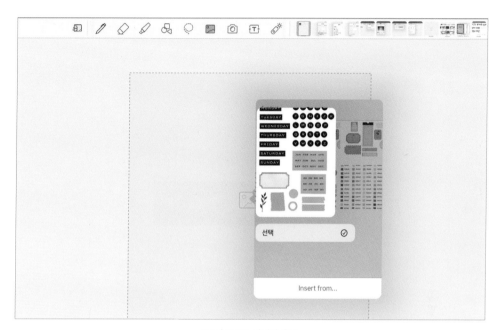

〈그림 2-21〉 이미지 추가

굿노트에서는 이미지를 삽입하는 기능을 이용하여 스티커처럼 활용할 수 있습니다. 먼저, 이미지를 굿노트 서식 위에 삽입하려면 이미지 아이콘을 클릭합니다.

이미지를 문서 위로 불러온 후 윗부분의 삼각형을 누르면 이미지를 자를 수 있습니다. 사각형으로 여백을 자르거나, 자유롭게 여백을 자를 수 있도록 선택할 수 있습니다.

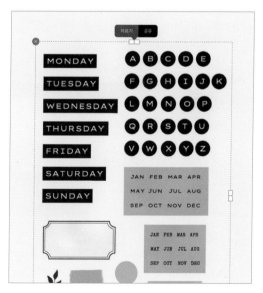

〈그림 2-22〉 서식 위에 이미지 삽입

이미지를 올가미 툴로 복사해서 옮기기

〈그림 2-23〉 이미지를 올가미 툴로 복사

올가미 툴을 사용할 때는 올가미 툴로 선택하고자 하는 대상체가 활성화되어 있어야 합니다. 즉, 이미지를 인식시키고 싶으면 이미지 활성화 버튼이 켜진 상태여야 합니다.

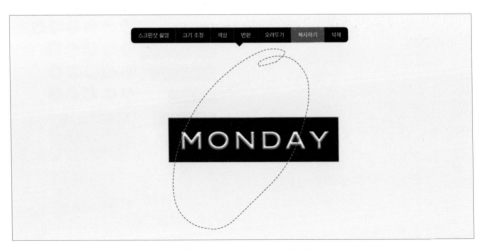

〈그림 2-24〉 이미지 활성화 버튼 켜기

굿노트에서는 이미지를 삽입해 둔 후, 즐겨쓰는 이미지라면 복사하기와 붙여넣기를 통해 쉽게 옮길 수 있습니다. 그래서 자주 쓰는 스티커들을 모아두고 복사해서 붙여넣기로 사용하면 편리합니다.

올가미 아이콘을 누르면 [올가미 도구]라는 팝업창이 뜹니다. 이곳에서 이미지가 켜져 있어야 이미지를 인식할 수 있습니다. 켜진 상태에서 애플 펜슬로 묶음을 그리듯이 내가 원하는 이미지 영역을 감싸줍니다.

〈그림 2-25〉 이미지 복사하기

감싸준 후 애플 펜슬로 클릭하면 나오는 말풍선에서 [복사하기]를 눌러 복사합니다. 그런 다음 이미지를 붙이고 싶은 영역에 가서 올가미 툴인 상태로 클릭을 해서 붙여넣기해주면 이미지가 복사되어 붙여넣기가 됩니다.

도형 그리기 ▶

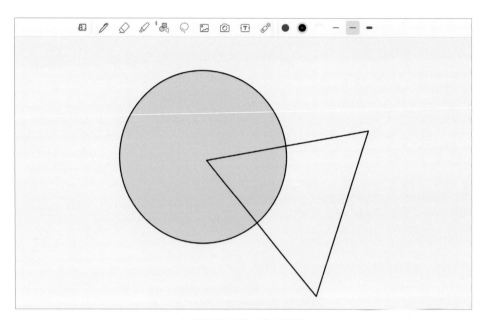

<그림 2-26> 도형 그리기 아이콘

굿노트에서 밑줄을 긋거나 도형을 그어야 할 때는 상단의 도형 아이콘을 클릭 후 선으로 그은 다음 잠시 꾸욱 누르고 있으면 굿노트 자체적으로 그에 비슷한 모양으로 직선이나 도형을 만들어줍니다. 그래서 깔끔하게 선을 그을 수 있습니다. 도형을 그린 후 뒤로 가기를 하면 안에 채워진 내용이 삭제되고 선만 남습니다.

올가미 툴 사용하기 ▶

올가미 툴은 원하는 영역을 묶음으로 선택해서 조정할 수 있는 기능입니다. 크기를 조정하거나 색상을 변경하거나 복사 또는 붙여넣기 할 수 있어 매우 유용합니다. 올가미 아이콘을 클릭 후 선택하고 싶은 영역이 이미지인지 필기 부분인지를 선택해주어야 그 부분이 선택됩니다. 드래그하여 원하는 영역을 선택하면 그 부분이 선택됩니다.

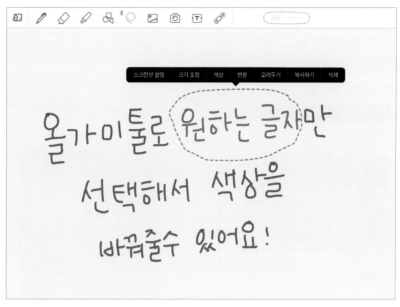

〈그림 2-27〉 올가미 툴로 필기를 선택하여 색상을 변경하는 경우

필기한 부분을 올가미 툴에서 선택하고 올가미 툴이 켜진 상태에서 필기한 부분을 드래그하여 묶어줍니다. 꾹 누르고 있으면 말풍선이 뜹니다. 거기에 색상 부분을 클릭하여 원하는 색상으로 변경해줍니다.

그 외 굿노트 활용팁 ▶

| 두 번 톡톡 클릭하기 |

애플 펜슬 2를 사용할 때에만 있는 기능으로 펜슬을 톡톡 치는 제스쳐를 취하면 지우개로 변경되어 필기를 하면서 바로 지울 수 있습니다.

| 메모 앱과의 연동 |

메모 앱에 애플 펜슬로 필기한 것도 복사해서 굿노트 앱으로 불러올 수 있습니다.

| 아이폰과의 연동 |

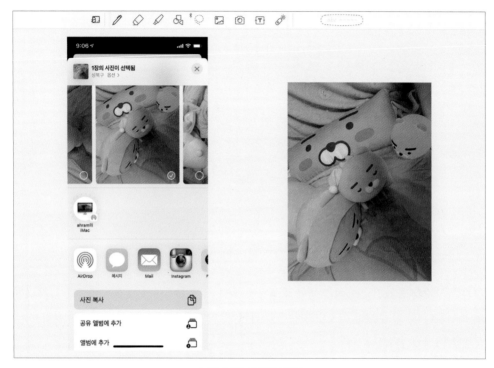

〈그림 2-28〉 아이폰과 연동

아이폰에 저장된 사진을 내보내기 아이콘을 클릭하여 복사하기 한 후, 아이패드 굿노트에서
붙여넣기 하면 사진을 그대로 불러올 수 있습니다.

| 굿노트 앱의 개요 기능 활용하기 |

하이퍼링크로 서식에서 페이지 이동이 편리했습니다. 하이퍼링크 기능이 없는 PDF 파일의
경우, 개요 기능을 이용하면 굿노트에서도 내가 이동하고 싶은 페이지로 갈 수 있습니다. 전

체 페이지를 볼 수 있는 곳에서 개요에 추가하여 사용할 수 있습니다.

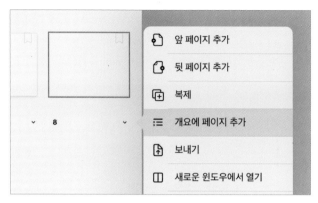

〈그림 2-29〉 개요 기능 활용

| 플래시 카드 템플릿 |

〈그림 2-30〉 플래시 카드 템플릿

학습할 때 유용한 템플릿입니다. 굿노트 자체 기능입니다. 굿노트 앱에서 새로운 문서를 열 때 A7(iPhone) 비율 크기를 세로형으로 선택하고 용지 선택을 뒤로 넘기면 플래시 카드가 나타납니다. 그 플래시 카드를 선택하고 자문자답으로 Question & Answer에 시험 문제나 오답노트를 작성해줍니다.

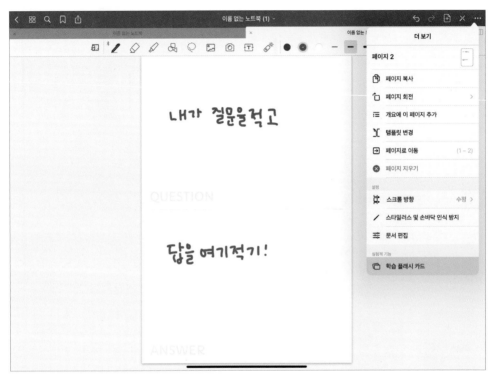

〈그림 2-31〉 Question & Answer

우측 상단 […] 더 보기 아이콘을 클릭하고 [학습 플래시 카드]를 선택하면, Answer가 가려진 채로 Question 부분만 나옵니다. 특히, 아이폰 비율이라 아이패드에서 필기를 해둔 다음 아이폰 굿노트 앱에서 자투리 시간에 활용하면 유용합니다.

| 공유 노트 |

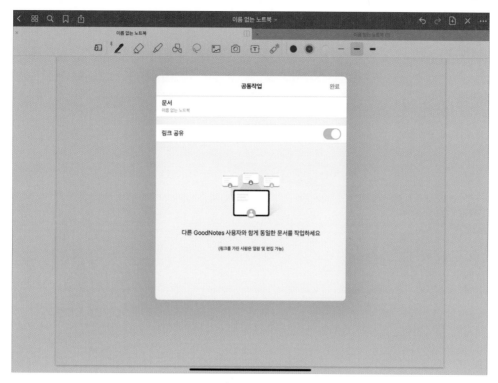

〈그림 2-32〉 공유 노트

내보내기 기능 중 문서를 아이클라우드에 연동하여 굿노트를 쓰는 친구와 함께 필기할 수 있습니다. 예를 들어, 같이 수업을 듣는 친구라면 수업 필기도 함께할 수 있습니다. 같이 쓰는 일기장으로도 활용하면 좋을 듯합니다.

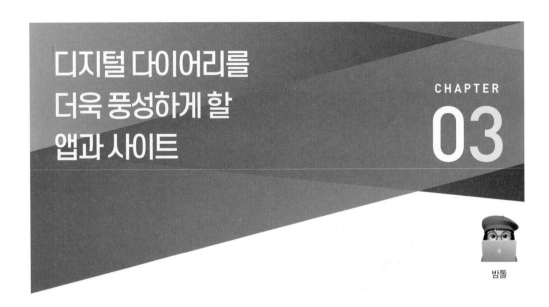

디지털 다이어리를
더욱 풍성하게 할
앱과 사이트

CHAPTER
03

밤톨

디지털 다이어리의 장점은 내가 원하는 사진을 바로 다이어리로 옮길 수 있다는 것입니다. 뿐만 아니라, 인터넷에서 공유되고 있는 수많은 스티커를 무료로 다운로드할 수도 있죠. 이 번 장에서는 패드어리(아이패드 다이어리)를 더욱 풍성하게 해줄 앱과 추천 웹 사이트를 살 펴보겠습니다.

쉽게 구매할 수 있는 실물 스티커와 다르게 다이어리를 꾸밀 스티커는 어디서 다운로드할 수 있을까요? 처음 디지털 다이어리를 입문할 때 그림을 직접 그려 스티커를 만드는 건 자신이 없고, 스티커를 구하자니 어디서 구해야 하는지 막막한 경우가 많습니다. 물론 포털 사이트 와 구글링을 통해 이미지를 저장하고 외곽선을 따는 방법도 있지만, 이미지를 스티커로 활용 하기란 쉽지 않습니다. 사각형 이미지를 그대로 쓰다 보면 다이어리 면적을 많이 차지하기 도 하고 만족스러운 완성물을 얻지 못할 수도 있기 때문이죠.

아이패드로 외곽선을 따는 방법으로는 굿노트 내 Freehand 기능, 키노트의 인스턴트 알파 기능을 이용하거나 여러 가지 앱을 사용하여 할 수 있습니다. 외곽선을 따는 방법에는 여러 가지가 있지만, 번거롭기도 하고 배경색이 다양하게 이루어진 이미지의 경우에는 완벽하게 외곽선을 따기 어렵기 때문에 어딘가 어색해보일 수도 있습니다. 다이어리를 꾸밀 때 스티커로 활용하기 위해선 내가 원하는 이미지를 제외하고 나머지의 배경이 투명해야겠죠? 우리가 아는 이미지 사진은 대부분 '.jpg'로 이루어져 있지만 배경이 투명한 스티커를 '.png' 이미지라고 합니다.

이번 장에서는 퀄리티가 높고 예쁜 스티커를 얻을 수 있는 앱과 웹 사이트를 소개해드리겠습니다. 더 이상 다이어리 스티커를 찾아 인터넷 파도 속에서 헤매지 마세요. 다이어리 꾸밀 때 손쉽게 배경이 투명한 디지털 스티커를 다운로드할 수 있는 웹 사이트부터, 유용한 앱을 소개하겠습니다.

3-1 앱 ▶

3-1-1 애플이 만든 앱, 키노트(Keynote) 100% 활용하기

첫 번째로 소개드릴 앱은 애플의 파워포인트라고 불리우는 키노트입니다. 이 앱은 애플이 제작한 프리젠테이션 제작 앱으로 아이패드를 처음 구매하면 기본적으로 깔려 있어요. 프리젠테이션 제작뿐만 아니라 애니메이션, 간단한 사진 편집까지 가능합니다. 프리젠테이션 앱으로 스티커를 만들 수 있다니 조금은 생소할 수도 있지만, 이러한 키노트의 '도형' 기능과 '인스턴트 알파' 기능을 유용하게 활용해 스티커를 만들어보겠습니다.

| 원형 도형 스티커 만들기 |

키노트 실행 후 버튼을 눌러 맨 처음에 보이는 '흰색' 테마를 선택하겠습니다. 기본적으로 보이는 2개의 텍스트 상자를 터치해서 삭제하여 아무것도 없는 상태로 만들어줍니다. 여기서 오른쪽 상단의 버튼을 누르면 여러 가지 도형을 추가할 수 있습니다.

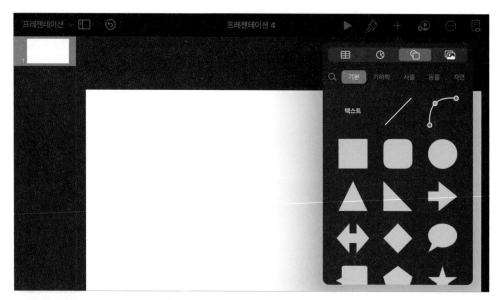

〈그림 2-33〉 키노트 실행 후 [+] 버튼 눌러 도형 선택

오늘은 간단한 원형 스티커를 만들 것이므로 원형 도형을 클릭한 다음, 오른쪽 상단 아이콘을 클릭합니다. 이곳에서 원형 도형의 스타일을 변경할 수 있는데 [채우기 - 색상]에서 원하는 색으로 변경하면 단색 원형 스티커가 완성됩니다.

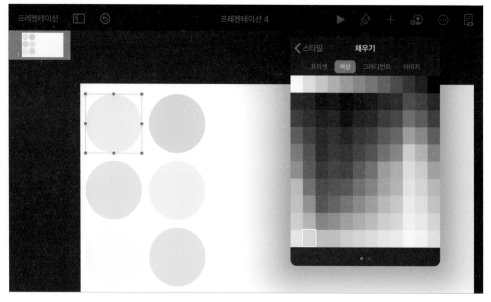

〈그림 2-34〉 원형 단색 스티커 만들기

취향과 필요에 따라 불투명도를 조절해주세요. 개인적으로 불투명도를 약간 조절하는 것을 추천드리며, 불투명도는 60~70%가 제일 자연스럽습니다. 이번엔 응용을 해서 이미지 원형 스티커를 만들어보겠습니다. 방법은 간단합니다. 기존과 동일하게 [채우기 – 이미지 – 이미지 변경]을 클릭해 미리 다운로드한 이미지를 삽입하세요.

〈그림 2-35〉 이미지 삽입해 패턴 스티커 만들기

필자는 포인트가 될 만한 패턴 스티커를 만들고 싶어 화려한 색감의 이미지를 선택했습니다. 이 방법으로 패턴 이미지뿐만 아니라 직접 찍은 사진으로도 간단하게 스티커를 만들 수 있습니다. 여기서 끝내도 되지만 살짝 더 응용을 하면 원하는 패턴이 적용되지 않을 때에는 '타일' 혹은 '늘이기'를 통해 조절할 수 있습니다.

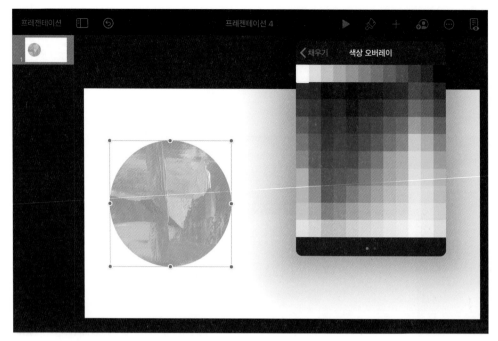

〈그림 2-36〉 오버레이를 통해 색감 조정

색감을 변경하고 싶다면 [색상 오버레이 – 채우기]를 통해서 이미지의 색감을 변경할 수도 있습니다. 오버레이 같은 경우 흰색 또는 검정색을 선택하고 원하는 색감이 나올 때까지 불투명도를 조절해가면서 완성하면 됩니다.

| 메모지 만들기 |

이번에는 사각형 도형을 생성해 메모지를 만들어볼게요. 기존에 도형을 생성했던 것처럼 사각형 도형을 생성합니다. 필자는 직사각형보다는 둥근 모서리가 좋아 둥근 모서리의 사각형을 선택했습니다. 취향에 따라 사각형 도형에 단색 메모지 혹은 원하는 이미지를 삽입해주세요.

〈그림 2-37〉 사각형 메모지 이미지 삽입

원본 자체의 느낌이 좋다면 그대로 사용해도 되고, 불투명도를 원하면 [스타일 – 불투명도]를 조정해주세요. 이미지의 색감이 진해 글자가 잘 보이지 않는다면 앞에서 설명한 [이미지 – 색상 오버레이]를 활용해 이미지 색감을 조정해도 좋습니다.

필자가 사용한 이미지는 색감이 강해 이 안에 글을 쓰기엔 부적합하기 때문에 기존 메모지 안에 도형을 추가해 더 글을 쓰기 좋도록 만들어보겠습니다. 메모지로 사용한 사각형 도형을 한 번 더 생성한 후 색상은 흰색 또는 검정색으로 만들어주세요.

〈그림 2-38〉 도형 추가 후 색상과 불투명도 조정

색깔을 조정한 메모지를 기존의 메모지 위로 움직여 보면 노란색 안내선이 중앙선을 맞춰줍니다. 이제 원하는 만큼 불투명도를 조절하면 완성입니다. 이렇게 해서 같은 사진을 이용한 다른 느낌의 메모지 2개가 완성되었습니다. 여기서 잠깐! 키노트 상에 보이는 이미지로는 2개가 완전히 합쳐진 것으로 보이지만, 이 둘은 각각의 사진이기 때문에 2개의 이미지를 하나의 이미지로 병합해주겠습니다.

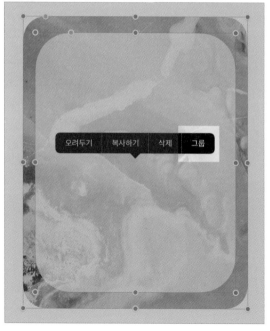

〈그림 2-39〉 메모지 그룹화

방법은 어렵지 않아요. 빈 화면의 아무 곳이나 터치해 [전체 선택 - 그룹]을 선택하면 하나의 이미지로 병합됩니다. 이때 화면에 여러 개의 이미지가 있다면 모두 그룹화되니 여러 개의 이미지가 있는 경우에는 손가락 터치를 이용해 부분 선택 후 그룹화하는 것을 잊지 마세요.

| 저장하여 사용하기 |

이제 우리가 만든 스티커를 png 이미지로 내보내 굿노트에서 스티커처럼 활용하는 일만 남았습니다.

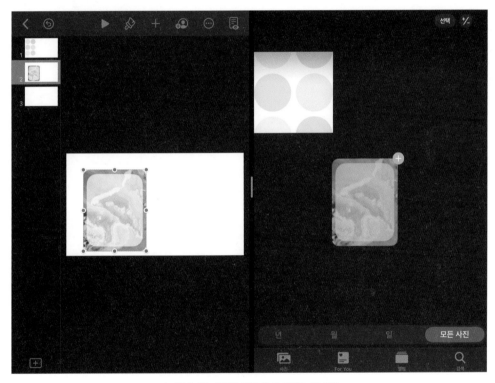

〈그림 2-40〉 스플릿 뷰를 통한 드래그 앤 드롭

첫 번째 방법은 내보내고 싶은 이미지를 터치하여 복사하기를 선택 후 굿노트에서 붙여넣기하면 됩니다. 두 번째 방법은 키노트와 앨범을 스플릿 뷰(듀얼 스크린)로 동시에 띄우고 키노트의 이미지를 앨범에 끌어당겨줍니다. 단순 '복사 및 붙여넣기'를 한다면 다시 쓸 때마다 키노트를 오가야 한다는 단점이 있지만, 앨범에 이미지로 저장하면 원할 때마다 편하게 사진으로 불러올 수 있겠죠? <그림 2-40>과 같이 앨범에 초록색 [+] 버튼이 보일 때 손을 떼주면 앨범에 스티커가 들어간 것입니다. 이제 굿노트에서 사진으로 불러와 스티커로 활용하시면 됩니다.

만든 스티커를 저장하여 굿노트로 불러와 보겠습니다. 방법에 따라 붙여넣기 혹은 사진으로 불러오면 됩니다.

〈그림 2-41〉 키노트 스티커로 다꾸하기

직접 만들어본 스티커로 다이어리를 꾸며보았습니다. 본래의 사각형 이미지보다 다이어리의 면적을 덜 차지하면서 감각적인 다이어리를 완성할 수 있습니다. 직접 만든 스티커로 다이어리를 꾸미면 더 의미 있겠죠? 무척 간단하고 쉬운 방법이니 알아두면 앞으로 다꾸에 큰 도움이 될 겁니다.

| 인스턴트 알파 사용하여 외곽선 따기 |

키노트의 가장 유용한 기능인 외곽선을 따는 방법에 대해 알아보겠습니다. 배경이 있는 jpg 이미지에서 손쉽게 배경을 제거해 굿노트에서 스티커로 활용할 수 있습니다.

〈그림 2-42〉 인스턴트 알파로 배경 지우기

키노트에 외곽선을 따고 싶은 이미지를 불러옵니다. 이때 배경이 단조로운 이미지, 흰색 배경 이미지, 선이 깔끔한 이미지들을 사용하기를 추천드립니다. 배경색이 많거나 선이 복잡한 이미지들은 인스턴트 알파 작업을 할 때 선이 깔끔하게 따지지 않거나 원하는 이미지까지 사라질 수도 있기 때문입니다.

원하는 사진이 선택된 상태에서 오른쪽 상단에 모양 아이콘을 클릭합니다. 그 후 [이미지 -
인스턴트 알파]를 클릭해 주세요. 인스턴트 알파가 실행되고 선택한 색상을 드래그하면 배경
을 투명하게 지울 수 있습니다.

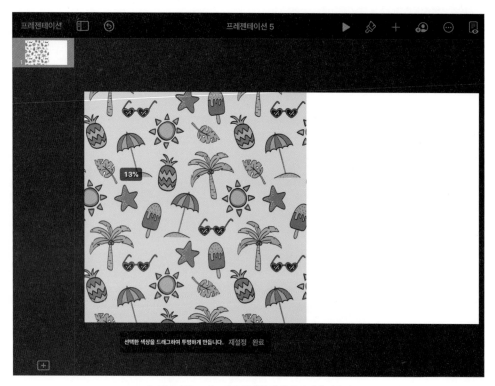

〈그림 2-43〉 드래그하여 선택한 색상 투명하게 만들기

이렇게 민트색으로 표시된 부분의 배경이 지워집니다. 조금씩 드래그해가면서 원하는 이미
지가 잘 보존되도록 퍼센트를 조정해 주세요. 원하는 만큼 배경이 투명하게 만들어지면 복
사 후 굿노트에서 붙여넣기합니다.

〈그림 2-44〉 굿노트에서 프리핸드로 스티커 사용하기

굿노트에 붙여넣기한 사진을 클릭 후 '자르기 - Freehand' 기능을 사용하여 사용하고 싶은 이미지를 잘라주세요.

〈그림 2-45〉 인스턴트 알파 다꾸

이제 완성되었습니다! 스티커로 사용하고 싶었던 이미지를 키노트의 인스턴트 알파를 통해 배경이 투명한 스티커로 만들고 다이어리에 붙이면 뿌듯함도 배가 됩니다.

3-1-2 무료 템플릿을 활용해서 다꾸하기

| Over |

이번에는 Over 앱에 대해서 알아보겠습니다. Over에서는 템플릿 양식을 제공하고 있어서 간단한 포스터나 잡지를 만들 때도 유용하게 쓰일 뿐만 아니라, 이미 완성된 템플릿을 제공하고 있어서 감성적인 포스터를 손쉽게 만들 수 있는 앱입니다.

〈그림 2-46〉 Over App

먼저, 앱스토어에서 Over 앱을 다운로드한 후 앱을 실행시킵니다. 첫 화면 하단에 있는 'Templates' 버튼을 누르면 다양한 크기와 레이아웃의 템플릿을 확인할 수 있습니다. Over 앱에는 유료 구독권을 결제해야 사용할 수 있는 템플릿이 있으므로 왼쪽 상단에 'Free'라고 표시된 템플릿을 선택하거나, 검색창에 'Free'라고 검색하면 무료 템플릿만 골라볼 수 있습니다.

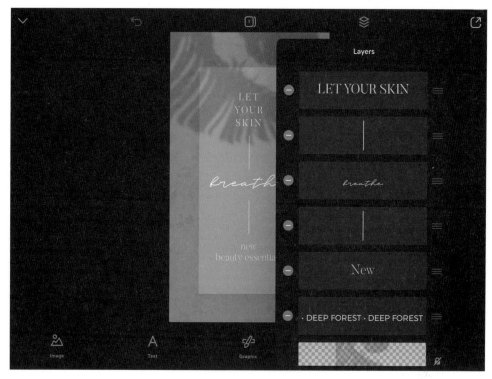

〈그림 2-47〉 배경 레이어 지우고 스티커로 활용

원하는 템플릿을 고르셨나요? Over 앱의 제일 큰 장점은 이미 완성된 템플릿의 문구나 배경, 색상 등을 자유롭게 수정하고 위치까지 변경시켜 각자의 입맛에 맞는 이미지를 만들 수 있다는 것입니다. 우리는 이 템플릿 속 구성된 png 이미지를 사용할 겁니다.

오른쪽 상단 공유 버튼 옆에 레이어 버튼을 누르면 템플릿을 구성하고 있는 이미지를 볼 수 있습니다. 우리가 스티커로 사용할 이미지를 제외하고 모두 삭제한 후 레이어의 맨 밑 '배경'을 선택해 주세요. 배경을 선택하면 색을 바꿀 수 있는데 오늘 우리는 배경이 투명한 스티커로 만들 것이므로, 하단에 OFF 버튼을 클릭해 배경을 투명하게 만들어주겠습니다. 배경이 회색 격자 무늬로 변했다면 배경이 투명한 상태가 된 것입니다.

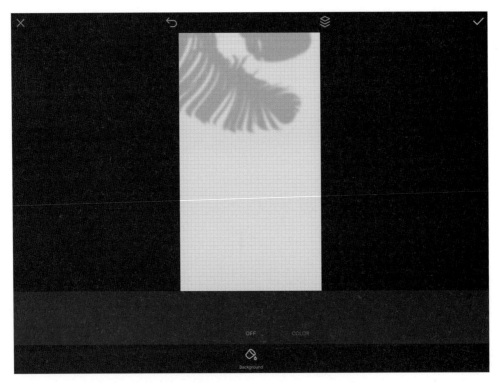

〈그림 2-48〉 스티커로 사용할 레이어를 제외하고 모두 지우기

이제 모두 끝났습니다. 오른쪽 상단 '공유' 아이콘을 눌러 이미지를 'SAVE'하면 앨범에 저장됩니다. 이제 굿노트를 실행시켜 사진으로 불러와 각자 원하는 대로 다이어리를 꾸며주세요. 간단하면서도 퀄리티 있는 스티커를 맘껏 활용할 수 있어서 유용한 앱입니다.

지금은 다루지 않지만, Over 앱에서 투명 배경을 실행해 여러 가지 텍스트 이미지를 만들 수 있으니 다이어리 제목이나 날짜를 쓸 때 유용하게 활용해보세요. 굿노트와 다르게 텍스트의 색상은 물론 자간, 그림자, 불투명도까지 사용자가 지정할 수 있기 때문에 더욱 매력적인 다이어리를 연출할 수 있어요.

참고로 다양한 폰트들을 무료로 사용할 수 있지만 모두 영문 전용 폰트이기 때문에 한글 폰트를 사용하고 싶다면 따로 깔아야 합니다. 아이패드에 폰트를 설치하는 방법은 다음 장에서 알아보겠습니다.

| Canva |

〈그림 2-49〉 Canva App

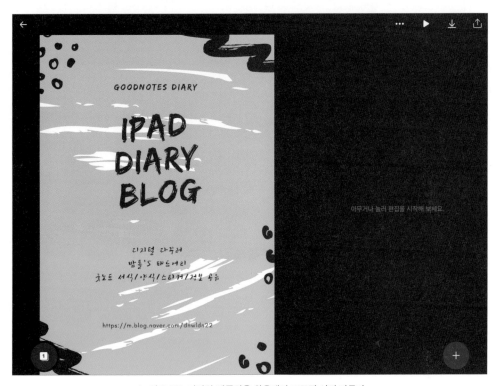

〈그림 2-50〉 다양한 템플릿을 활용해서 프로필 사진 만들기

앞서 설명한 Over 앱과 유사한 무료 템플릿을 이용할 수 있는 앱을 2가지 더 소개하겠습니다. 첫 번째로 소개할 앱은 'Canva'입니다. 6만 개 이상의 템플릿을 사용할 수 있고 애니메이션 템플릿부터 SNS 업로드용 크기에 따라 나눠져 있어 사용이 편리합니다.

필자는 이 앱으로 블로그 프로필 사진을 만들었습니다. 사진 콜라주도 가능하여 감각 있는 콜라주 이미지를 만들거나 명함이나 간단한 프리젠테이션도 제작할 수 있는 유용한 앱입니다. 필요에 따라 다양한 활용성을 기대할 수 있는 앱이니 한 번쯤 사용해보기를 추천합니다.

| Seen |

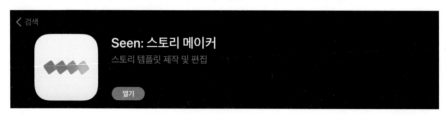

〈그림 2-51〉 Seen App

두 번째로 소개드릴 앱은 'Seen'이라는 애플리케이션입니다. 이 앱 또한 Over, Canva와 마찬가지로 템플릿을 편집할 수 있는 애플리케이션 입니다. 다만, 이 앱은 세로 버전만을 지원합니다. 'Canva'가 크기별로 템플릿을 선택할 수 있는 카테고리가 있었다면 'Seen'은 주제 및 콘셉트별로 카테고리가 이루어져 있습니다. 오른쪽 상단에 있는 왕관 아이콘은 유료이기 때문에 검색창에 'free'라고 검색하면 무료 템플릿만 모아볼 수 있습니다. 필자는 무료 템플릿을 그대로 저장해 굿노트 속지로 불러와 다이어리를 꾸몄습니다. 늘 사용하던 다이어리 속지 대신 색다른 속지를 사용하고 싶을 때 유용한 앱입니다.

〈그림 2-52〉 템플릿을 저장하여 다이어리 배경으로 활용

3-1-3 수십만 가지의 스티커는 모두 나의 것, 픽스아트(PicsArt)

〈그림 2-53〉 픽스아트 App

다음으로 소개할 앱은 바로 픽스아트입니다. 픽스아트는 사진 보정과 편집으로도 굉장히 유명한 앱으로, 수년간 앱스토어 사진 카테고리에서 꾸준히 상위권을 유지하고 있죠. 픽스아트에서 사진 편집 이외에도 스티커를 다운로드할 수 있습니다. 방법은 쉽습니다. 먼저 픽스아트 앱을 실행 후 [+] 버튼을 누릅니다. 하단을 보면 '배경과 무료 포토' 카테고리가 있는데, 이 이미지들을 스티커 또는 다이어리 배경으로 활용할 수 있습니다. 우리에게 필요한 것은 배경이 투명한 스티커를 다운로드하는 것이므로, 맨 하단 '컬러 배경'에 회색 격자 무늬 이미지를 클릭합니다. 이 격자 이미지는 투명 배경을 말합니다. 격자 이미지를 선택 후 편집 창 하단에 '스티커'를 클릭해 주세요.

클릭하면 셀 수 없는 많은 스티커가 나오는데, 이 중에 '왕관' 표시는 유료 스티커를 의미하므로 무료 이미지를 사용할 경우 기호에 따라 왕관 이미지가 없는 스티커를 선택해 주세요. 픽스아트의 최대 장점은 스티커의 종류가 다양하고 검색을 통해 카테고리별로 스티커를 볼 수 있기 때문에 픽스아트 앱만을 이용해서 다이어리를 꾸밀 수 있습니다. 원하는 스티커를 선택하면 스티커의 크기를 조정할 수 있는데 이대로 내보낸 후 저장하여 사용해도 되지만, 크기를 조정해 5~6개의 스티커를 사진 한 장에 저장하는 것을 추천합니다. 스티커의 불투명도와 효과, 그림자 등 여러 옵션이 있어 필요에 맞게 조정해 가면서 사용하면 됩니다. 저장을 원할 땐 '사진 다운로드'를 선택 후 '굿노트 실행 - 사진 불러오기'를 통해 스티커로 활용할 수 있습니다. 실사 이미지뿐만 아니라 텍스트, 일러스트, 캐릭터 등 여러 카테고리가 있으니 '오늘 어떤 스티커를 쓸까' 고민된다면 픽스아트를 사용해보는 건 어떨까요?

3-1-4 영감과 아이디어가 필요할 때, 핀터레스트

〈그림 2-54〉 핀터레스트 App

핀터레스트는 이미지와 영감을 얻을 수 있는 앱으로, 해외에서도 정말 유명한 앱입니다. 물론 웹 사이트로도 접근이 가능하지만 아이패드에서 사용하기에는 앱이 더 편리합니다. 필요한 이미지가 있을 때에는 구글링을 통해 이미지를 얻는 것처럼 핀터레스트는 이미지를 보고 다운로드할 수 있는 앱이라고 생각하면 됩니다. 검색을 통해 원하는 콘셉트의 이미지를 바로 찾아볼 수 있고, 다운로드할 수 있습니다.

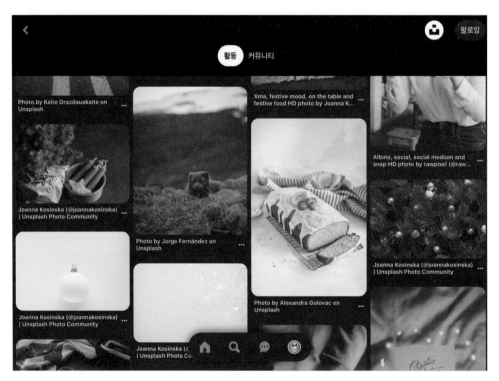

〈그림 2-55〉 보드를 생성하여 폴더별로 이미지 보관

마음에 드는 이미지를 찾았을 때는 나의 보드를 생성해 폴더별로 이미지를 보관할 수 있어서 나중에 찾아볼 때에 편리합니다. 굳이 앨범에 사진을 저장하지 않더라도 핀터레스트 보드를 통해서 이미지를 보관할 수 있다는 점이 매력적이죠. 영감과 아이디어의 원천이 되는 핀터레스트를 우리는 어떤 식으로 활용할 수 있을까요?

1. 스티커로 사용할만한 이미지를 저장해 놓고 키노트의 인스턴트 알파를 이용해 스티커로 사용합니다.
2. 다이어리 배경이나 굿노트 표지 사진을 저장하여 활용할 수 있습니다.
3. 취향에 맞는 사진을 저장하여 먼슬리의 빈 칸을 채워 감성적인 포토 다이어리를 완성할 수 있습니다.
4. 핸드폰과 아이패드 배경화면을 다운로드할 수 있습니다.
5. 색상코드를 검색해 굿노트에서 색상코드를 입력해 사용하거나 사진을 다운로드하여 프로크리에이트의 팔레트를 만들 수 있습니다.
6. 패턴 이미지가 많아 키노트를 통해 마스킹 테이프를 만들 수 있습니다.
7. 노타빌리티에서 다꾸를 할 때 'gif' 이미지를 저장해 움짤 다꾸를 꾸밀 수 있습니다.

이렇듯 핀터레스트에서는 사진을 다운로드할 수 있을 뿐 아니라 디지털 스티커와 색상코드, 드로잉 도안 등을 얻을 수 있습니다. 다이어리의 콘셉트가 떠오르지 않을 땐 핀터레스트를 통해 아이디어를 얻어보는 것은 어떨까요? 분명 여러분의 패드어리를 더욱 풍성하게 만들어 줄 겁니다.

3-1-5 원하는 폰트를 패드 속으로, ifont

키노트와 Over, 굿노트에서 텍스트 기능을 쓰다 보면 아쉬운 점이 있습니다. 예쁜 영문 폰트는 예쁜데 많은데 한글 폰트는 하나도 없다는 것입니다. 한글 폰트를 다운로드하면 프로크리에이트와 Over 앱으로는 바로 내보낼 수 있는 공유 버튼이 있는데, 이상하게 '키노트'와 '굿노트'로 폰트를 보내는 기능은 없습니다. 이런 상황 때문에 매우 당황하는 경우가 많죠. 해당 기능을 제공하는 여러 앱들이 있지만, 이번 절에서는 'ifont'라는 앱을 중심으로 설명하겠습니다. 이번에는 'ifont' 앱을 이용해 원하는 플랫폼으로 폰트를 보내는 방법을 알려드리겠습니다. 'ifont' 앱을 다운로드 받아주신 다음 원하는 폰트를 다운로드해 주세요.

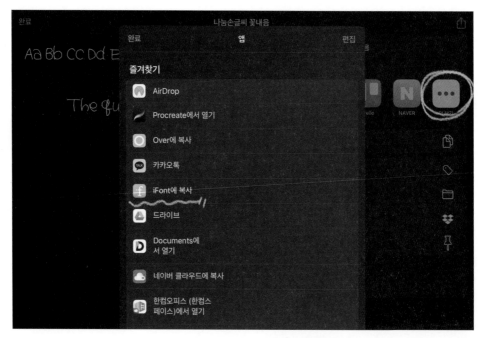

〈그림 2-56〉 폰트 다운로드 후 ifont로 공유

'공유 버튼 - ifont에 복사' 후 ifont 앱을 실행시키면 왼쪽에 다운로드한 폰트를 'INSTALL'할 수 있는 버튼이 있습니다. 버튼을 누른 뒤 프로파일을 다운로드한다는 안내 문구에 '허용'을 클릭해주세요. 허용하면 프로파일이 다운로드했다는 알림창이 뜹니다.

닫기 버튼을 누른 뒤 '설정' 앱을 실행합니다. '설정' 앱 왼쪽 프로필 밑에 '프로파일이 다운로드됨'이라는 문구가 뜹니다. 설치 버튼을 누르신 후 아이패드 설정 암호 4자리 혹은 6자리를 입력합니다. 프로파일을 설치했다는 문구가 뜨면 완료된 것입니다.

〈그림 2-57〉 암호 입력 후 프로파일 다운로드

〈그림 2-58〉 다운로드 받은 폰트를 굿노트에서 사용

이제 굿노트를 실행시켜 폰트가 잘 들어왔는지 확인해보면 방금 다운로드한 폰트가 서체에 추가된 것을 볼 수 있습니다. 손으로 필기할 양이 많아 부담스럽지만 손글씨의 느낌은 살리고 싶을 때 손글씨 형태의 폰트로 타이핑을 한다면 깔끔한 필기가 가능합니다.

3-2 웹 사이트

3-2-1 손글씨에 자신이 없다면? 폰트 다운로드 사이트

앞에서 아이패드에 폰트를 설치하는 방법과 ifont 앱을 추천했습니다. 그렇다면 활용성 있고도 예쁜 한글 폰트는 어디서 다운로드할 수 있을까요? 이번에는 다양한 폰트를 다운로드할 수 있는 사이트 세 곳을 소개하겠습니다.

| 네이버 소프트웨어 자료실 |

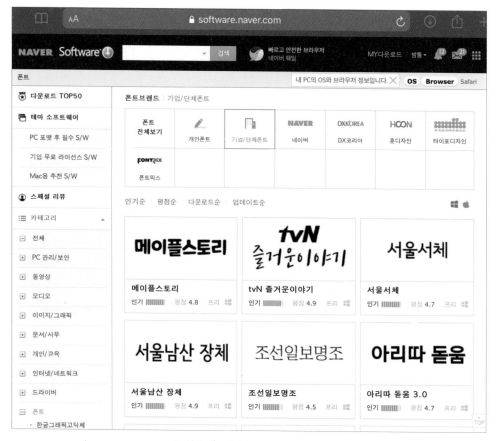

〈그림 2-59〉 네이버 소프트웨어 자료실

첫 번째 사이트는 '네이버 소프트웨어 자료실'입니다. 이미 많은 분이 알고 있을 것으로 생각합니다. PC에서 사용되는 여러 소프트웨어 프로그램을 다운로드할 수 있는 사이트입니다. 자료실 첫 페이지 왼쪽에 카테고리를 클릭하여 '폰트'를 선택하면 폰트만 모아서 쉽게 볼 수 있습니다. PC뿐만 아니라, 아이패드에서 폰트를 다운로드할 수 있지만 가끔 아이패드와 호환이 되지 않는 폰트 파일도 있으니 유의하여 사용하세요.

| 네이버 클로바 |

〈그림 2-60〉 네이버 클로바 웹 사이트

두 번째 사이트는 네이버에서 제공하는 다른 사이트로, 손글씨 폰트를 다운로드할 수 있습니다. '네이버 클로바'는 네이버 한글날 손글씨 공모전에 당선된 사람들의 손글씨를 AI 기술을 통해 글꼴로 변환했다고 합니다. 글꼴 제작자마다 각자의 이야기가 담겨 있고 진심이 느껴져 더욱 정감이 가는 사이트입니다. 특히 굿노트에서 폰트로 일기를 쓴다면 손글씨 감성이 물씬 느껴지는 글꼴들을 만나볼 수 있는 네이버 클로바를 둘러보시길 추천합니다. 또한 이 나눔손글씨 글꼴은 개인뿐만 아니라, 기업과 단체에서 상업적으로도 사용할 수 있는 글꼴이라서 스티커를 제작해 블로그 등에 공유할 때에도 유용하게 사용할 수 있습니다.

| 눈누 |

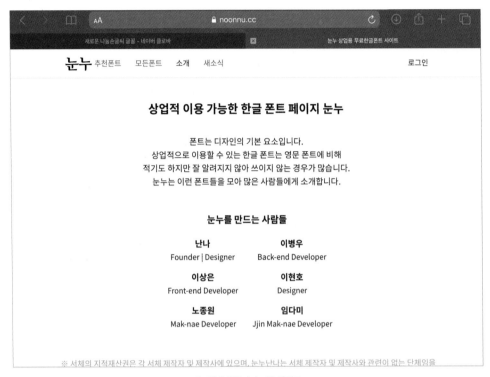

〈그림 2-61〉 눈누 웹 사이트

마지막으로 소개할 사이트는 '눈누'입니다. 눈누 또한 상업적으로 이용할 수 있는 한글 폰트들을 모아 놓은 사이트로, 각종 지자체와 기업에서 제공되는 폰트들이 모여 있습니다. 원하는 폰트를 클릭하고 [다운로드]를 클릭하면 폰트를 제공하는 원문 사이트로 이동합니다. 가끔 아이패드에서 다운로드되지 않는 폰트들도 있으니, 잘 확인하며 받아야 합니다.

3-2-2 퀄리티 있는 이미지 무료로 다운로드하기

| Pngtree |

〈그림 2-62〉 Pngtree 웹 사이트

Pngtree는 png 이미지와 배경, 템플릿을 얻을 수 있는 사이트입니다. 하루에 2개씩 무료 이미지를 다운로드할 수 있지만, 일부 이미지는 프리미엄 이용권을 구매해야 합니다. 회원 가입 후 원하는 이미지를 선택한 뒤 'png'로 다운로드 버튼을 클릭하면 [보기]와 [다운로드]를 선택할 수 있는 알람창이 뜨는데, 여기서 [보기]를 누르면 이미지가 뜹니다. 이미지를 꾹 눌러 '사진 앱에 추가'를 선택하면 굿노트 스티커로 활용할 수 있습니다.

| Rawpixel |

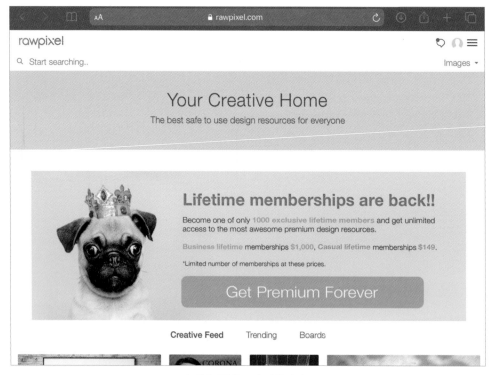

〈그림 2-63〉 Rawpixel 웹 사이트

두 번째 사이트는 'Rawpixel'이라는 사이트로 Pngtree와 성격은 비슷하지만, 더 감성적인 이미지와 스티커가 많습니다. 이 사이트도 마찬가지로 프리미엄 이용권을 구매해야만 다운 로드할 수 있는 이미지들이 있지만, 검색창을 통해 'free' 이미지를 골라 볼 수 있습니다. 세 부 선택을 통해 png만 모아볼 수 있는데, png는 사진 뒷 배경이 회색 격자로 되어 있습니다.

다운로드를 원하는 이미지를 선택하고 [Free Download] 선택 후 알람창이 뜨면 [보기]를 선 택합니다. 마찬가지로 이미지를 꾹 눌러 '사진 앱에 추가'하여 사용하면 됩니다. Rawpixel 은 감각적이고 빈티지한 스티커가 많아 빈티지 다꾸를 할 때 매우 유용합니다. png 스티커 뿐만 아니라 다이어리의 속지가 될만한 배경도 많아서 추천하는 사이트입니다.

| Pixabay |

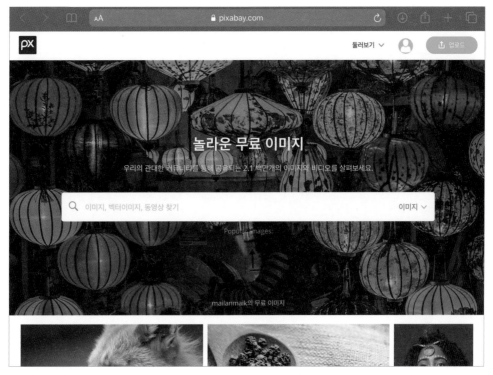

〈그림 2-64〉 Pixabay 웹 사이트

Pixabay는 상업적으로 이용할 수 있는 사진과 벡터 그래픽이 많아, 많은 분들이 이용하고 있는 사이트입니다. 고화질의 감각적인 사진이 많아 디자이너들도 자주 찾는 사이트입니다. Pixabay 첫 페이지 중앙에 검색창이 있는데 '벡터 그래픽'을 선택 후 원하는 이미지를 검색합니다. 원하는 이미지를 클릭하고 다운로드 버튼을 눌러 이전과 같은 방법으로 다운로드합니다.

디지털 다이어리 서식 쇼핑몰&커뮤니티, Tordy

토르디는 현실에 부딪혀 힘들어하는 수많은 작은 새들.
바로 작가님을 위한 공간입니다.

안녕하세요, Tordy 대표 김매림입니다. 디지털 서식 쇼핑몰 토르디를 운영하고 있으며, 동시에 디지털 서식을 제작하는 작가로 활동하고 있습니다.

 토르디는 무슨 뜻인가요?

'Tordy'는 '개똥지빠귀'의 이탈리아어 'tordo'에서 마지막 글자를 바꿔 친근하게 바꾼 이름이에요. 참새를 닮은 개똥지빠귀는 신비로운 푸른 알을 깨고 태어나는 작은 갈색 새랍니다.

'개똥지빠귀'는 누구보다 특별한 푸른색 알로 태어났지만, 세상과 만나면 보호색을 띠고 '튀지 않게' 살아가는 수많은 새들 중 하나예요. 이 모습이 꼭 회사를 다니던 시절의 저 같다는 생각이 들었어요. 어린시절부터 막연하게 꿈꾸던 디자이너라는 꿈은 현실과는 많이도 달랐죠. 저뿐만 아니라 많은 작가님들이 현실과 꿈의 괴리감을 겪어봤을 거라고 생각해요. 토르디는 현실에 부딪혀 힘들어하는 수많은 작은 새들. 바로 작가님을 위한 공간입니다.

〈그림 2-65〉

Q 토르디는 어떤 곳인가요?

"누구나 작가가 되는 공간.
작가들이 모여 창작을 즐기는 놀이터가 되자."

다이어리 꾸미기, 그림 그리기, 계획 세우기, 글쓰기 모두 행복한 창작 활동이에요. 저 또한 일상 생활에서 소소한 창작의 즐거움을 키워왔고, 나아가 누구나 작가가 되어 창작하는 삶을 살아갈 수 있는 넓은 놀이터가 되고 싶어요.

〈그림 2-66〉

쇼핑몰

여러 작가님이 모여 태블릿 PC에서 사용 가능한 디지털 서식을 판매하는 쇼핑몰이에요. 현재 다양한 다이어리 서식 제품과 디지털 스티커들이 업로드되어 있어요. 상품을 업로드한 후 구매하면 메일로 상품 파일을 전송해야 하는 번거로움을 없애고 다이렉트-다운로드 방식으로 결제 후 바로 다운로드할 수 있습니다.

〈그림 2-67〉

소비자는 서식 구입 후 이메일이 도착하기까지 기다리지 않아도 되어 편리하고 작가님은 상품을 한 번만 업로드해두면 내가 관리하지 않아도 계속해서 판매가 이루어지는 Passive income(불로소득)을 만들 수 있죠.

〈그림 2-68〉

쇼핑몰로서의 역할도 중요하지만 그보다 더 가치 있는 일을 하기 위해 많은 고민을 하고 있어요. 토르디가 단순 쇼핑몰을 넘어 디지털 다이어리 사용자들의 즐거운 놀이터가 되었으면 했고, 혼자 하면 이루기 어려운 것도 함께라면 가능하다는 것을 알게 되었어요. 수익과는 별개로 창작의 즐거움을 나누고 싶은 마음으로 시작한 첫 프로젝트는 '달력 제작 챌린지'로 시작을 알렸어요. 자신이 그린 그림으로 일러스트 달력을 제작하려는 참가자들을 모집하여 매주 미션을 통해서 제작 과정을 공유하고 실제 달력 제작 경험이 있는 멘토와 함께 달력 제작을 하고 있어요. 앞으로 진행될 토르디의 챌린지도 지켜봐 주세요!

〈그림 2-69〉

토르디에서는 일러스트 작가, 직장인, 학생, 유학생 등 정말 다양한 직업의 작가님들이 활동하고 있어요. 하지만 디지털로 업로드되고 소비되는 상품이라 소비자 입장에서는 어디서 누가 만들어 판매하는 것인지 알 수가 없죠. 그림에 온기가 느껴지지 않으면 정성 들여 제작한 제품들도 인터넷에서 보던 여느 예쁜 그림 정도로만 생각 할 수도 있어요.

하지만 매거진을 통해 작가님의 이야기를 소비자에게 전함으로써 작가와 제품에 대한 관심과 애정이 생기고 작가와 소비자가 소통할 수 있는 창구를 만들고 싶었어요.

무엇보다 작가와의 마음 속 친밀감이 생기면 그 작가에 대한 팬심과 디자인에 대한 존중을 이끌어낼 수 있답니다. 뿐만 아니라 이용자 분들을 위해 유용한 정보를 제공하고 다이어리를 꾸미는 분들을 섭외해 이용자 입장에서 이야기를 들음으로써 서로 소통하고 있어요. 토르디가 내딛는 작은 발걸음이 장기적으로 디자인과 디지털 상품에 대한 인식 개선에 도움이 되길 바라고 생산자와 이용자 모두 존중받을 수 있는 환경이 되길 희망합니다.

토르디 미션

함께 즐기는 토르디 미션! 디지털 다꾸의 즐거움을 많은 분들과 나누고 싶어 시작하게 된 토르디 미션입니다. 매거진 부록에서 트리 이미지와 트리를 꾸밀 수 있는 스티커를 제공하고 트리 꾸미기 미션을 진행하기도 했습니다. 각자 개성 있는 스타일로 꾸민 트리와 다이어리 보는 재미가 쏠쏠하답니다.

〈그림 2-70〉 토르디 미션

〈그림 2-71〉 파인트리님의 다이어리

〈그림 2-72〉 해별님의 다이어리

아이패드로 쓰는 나만의 다이어리

밤톨

4-1 나를 기록하고 하루를 소중히 다루기

아이패드를 통해 동영상 시청과 공부에 활용할 수도 있지만, 다이어리까지 쓸 수 있다니 조금 생소하게 느낄 수도 있을 듯합니다. 필자는 아이패드를 통해 체계적인 일정 관리를 위해 스터디 플래너, 다이어트 플래너, 가계부, 리뷰 저널 등의 작성을 통해 사소한 것도 기록하는 습관을 기를 수 있었습니다. 기록하지 않는다면 그냥 지나갈 수 있었던 평범한 일상이지만, '기록을 습관으로' 만드는 일은 생각보다 가치 있답니다.

평범한 날들을 기록하지 않는다면 후에는 기억이 나지 않은 과거가 될 수도 있지만 사소한 것도 기록하는 습관은 과거의 나를 되돌아보고, 지나간 시절들을 추억하며 회상할 수 있게 해줍니다. 필자는 플래너를 쓰기 전까지는 기억할 수 있는 일정들은 따로 메모를 하지 않고 지냈습니다. 단순히 기록을 '기억이 나지 않을 것 같으면 적는 것'이라고 생각했지만, 아이패드를 구매하면서 플래너를 작성하고 사소한 일정까지 메모하며 느낀 것들을 일기로 남기면서 기록의 중요성에 대해 알게 되었습니다.

기록은 기억하기 위한 것이 아닌 '추억하는 것'이고 또 다른 '배움'이라고 생각합니다. 내가 이 날 뭘 했는지, 어떤 경험을 했는지, 무엇을 느꼈는지에 대해서 기록하다 보면 일기를 쓰는 당시에는 느끼지 못했던 것들이 나중에서야 일기들을 보면서 느끼게 되는 경우가 있어요. 일기를 쓴 당시와 지금의 생각이 달라지는 것들을 보면 '내가 성장했음을' 느낄 수 있습니다. 가끔은 지나가버린 숱한 날들 속의 과거가 현재의 여러분에게 큰 깨달음을 주기도 한답니다. 이런 의미에서 일상을 기록한다는 것은 미래의 나에 대한 선물이기도 합니다. 초등학교 때 졸음을 꾹 참고 억지로 한 일기 숙제들이 현재의 나에게 향수와 회상이 되어 돌아오는 것처럼요.

물론 기록은 종이로도 할 수 있지만, 플래너와 노트를 종류별로 사다 보면 관리해야 될 노트도 많아지고, 그러다 보면 꾸준히 쓰기 어려울 수도 있어요. 그러나 아이패드에 많은 종류의 서식을 한꺼번에 모아서 보관할 수 있고 질릴 때는 속지를 바꿔가면서 사용할 수 있다는 점은 매력적이랍니다. 기록의 힘은 참으로 대단합니다. 기록하는 습관은 나를 알아가는 과정임과 동시에 발자취를 남기는 것이에요. 기록은 미래의 나에게 현재의 추억을 회상할 시간을 선물하는 일이기도 합니다.

이번 장에서는 효율적인 일정 관리 방법부터 다꾸에 유용한 앱과 사이트를 소개하고, 다양한 다이어리 양식과 아기자기한 스티커로 꾸미는 '다꾸'를 알려드리겠습니다. 디지털로 하는 일정 관리의 장점에는 무엇이 있을까요?

4-2 변동이 잦은 일정 관리를 효율적으로 관리하기 ▶

필자는 먼슬리를 통해서 중요 일정을 관리하는 편입니다. 물론 핸드폰 앱으로 일정 관리를 할 수도 있지만, 직접 손으로 쓰며 일정 관리를 할 때 더 기억에 오래 남았습니다. 매달 다른 다이어리 양식을 이용해 새로운 기분으로 다이어리를 쓰고 빈 공간에는 스티커로 채워 생기를 더할 수 있습니다. 같은 양식의 플래너를 계속 쓰다 보면 질리는 경우가 있죠. 하지만 남은 종이가 아깝거나 플래너를 바꾸는 게 곤란하여 그냥 쓰는 경우도 많습니다. 디지털 서식은 자유로운 페이지 복사와 이동, 삭제가 가능하여 나만의 플래너를 만들 수 있습니다.

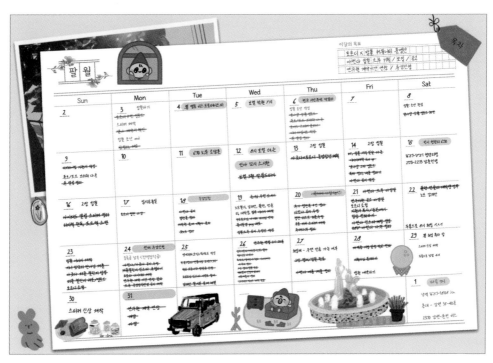

〈그림 2-73〉 먼슬리를 통해 일정 관리하기

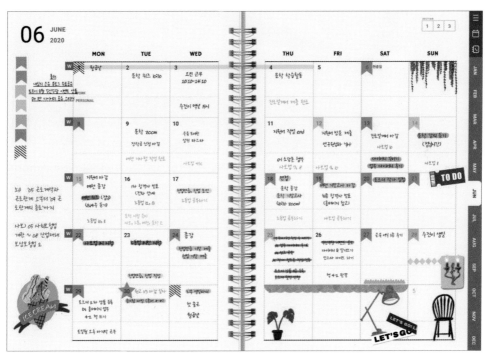

〈그림 2-74〉 자신만의 색깔로 채우는 일정 관리

일정 종류에 따라 색깔을 정하고, 중요한 일정이 있는 날에는 인덱스 스티커로 표시합니다. 정말 중요한 일정에는 하이라이트 표시를 통해 더 직관적으로 다이어리를 사용할 수 있습니다. 개인적인 약속과 회사 업무 일정을 구별하고 싶을 때는 이렇게 개인 일정과 업무 일정을 분리할 수 있도록 별도의 다이어리를 사용하는 것도 좋은 방법입니다.

〈그림 2-75〉 일정별로 리스트를 관리하여 스케줄 정리

월간 달력뿐만 아니라, 데일리 서식을 활용해 하루의 스케줄을 정리하고 회사 업무와 개인적인 일정 리스트를 정리하여 효율적인 일정 관리를 할 수 있습니다. 오늘 지켜야 할 목표를 세우고 잊지 않고 해야 될 일을 정리할 수 있죠. 특히 변동이 심한 일정 관리를 종이 다이어리에 할 경우 수정하기 난감한 경우가 있지만, 디지털 서식은 수정하기가 쉽고 텍스트 이동, 하이라이트 표시까지 할 수 있습니다.

4-2-1 식단과 운동 기록, 수면 시간까지 관리하기

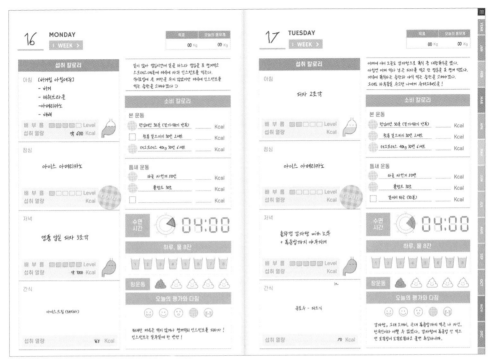

〈그림 2-76〉 식단 기록과 식단 읽기

필자는 다이어트 플래너를 사용해 식단 관리와 운동 기록, 수면 시간 관리까지 한꺼번에 하고 있습니다. 체중 감량이 목표라면 식단 관리와 운동 기록은 매우 중요합니다. 과거 다이어트를 할 때는 식단 관리를 따로 하지 않았지만, 플래너를 작성하면서 폭식 습관이 있다는 것을 알게 되었고 기록을 통해 스스로 자각하는 시간을 가집니다. 또한 자연스럽게 수면 시간을 기록하면서 수면이 부족하다는 것도 알게 되었습니다. 이렇듯 잦은 폭식과 부족한 수면 습관을 고치기 위해 플래너를 작성하면서 매번 다짐할 수 있었습니다. 별도의 수면 측정 앱과 섭취 칼로리를 계산할 수 있는 앱을 함께 사용한다면 더욱 시너지 효과를 볼 수 있습니다.

4-2-2 월간 계획과 해빗 트래커로 '프로 계획러'되기

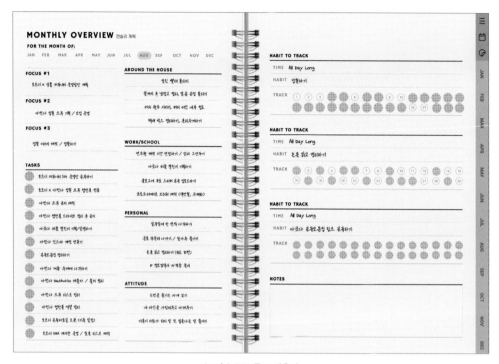

〈그림 2-77〉 목표 세우기

필자는 사실 '프로 계획러'입니다. 무언가 하기 전에 항상 계획과 목표를 세우고 분기별로 나눕니다. 그래야 계획대로 진행될 때 뿌듯하고, 차질이 생길 때 당황하지 않기 때문입니다. 매달 '먼슬리 계획'을 세우면서 제일 먼저 해야 할 우선순위를 정하고, 'To Do List'를 작성하여 하나씩 지워나갑니다. 처음에는 'Tasks' 칸이 많다고 느낄 수도 있지만, 이 칸을 모두 채우려다 보니 하나의 일정을 여러 가지로 쪼개서 세세하게 기록하는 습관을 기를 수 있었습니다. 하나의 목표만 적으면 당장 시작할 때 뭐부터 해야 할지 난감하지만, 작은 단위로 쪼개 일정을 정리하면 더 효율적으로 관리할 수 있습니다.

일정이 많은 달에는 약속을 잊거나 중요한 날을 지나치기 쉬운 반면 월간 계획을 세우고, 이 월간 계획을 토대로 데일리로 확장시켜 나간다면 더욱 편리하게 일정을 관리할 수 있습니다. 일정에도 종류가 있는데 집안 경조사, 회사 업무, 개인적인 약속, 취미 생활 등 일정의 종류를 나누고 분류하는 일은 매우 중요하죠. 이렇게 일정을 분류하면 나에게 필요한 습관이 무엇인지 정하고, 이 달에 지켜야 할 나와의 약속을 해빗 트래커를 통해 작성해 나간답니다. 한 달 동안 계획과 습관을 트래킹하며 막연하던 목표를 하나씩 이루는 모습을 기대할수 있을 겁니다.

4-2-3 수입과 지출 내역을 관리하는 가계부 쓰기

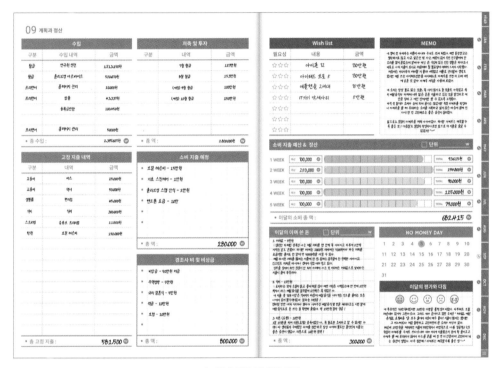

〈그림 2-78〉 가계부 예시

대학생 시절 아르바이트를 할 때는 따로 가계부를 작성하지 않았습니다. 월급은 받은 대로다 생활비로 지출했고, 그러다 보니 돈을 모으는 방법을 잘 몰랐죠. 시간이 지나 인턴 생활을시작하면서 큰 돈이 들어오니까 월급을 어떻게 쓰고 효과적으로 저축해야 할지 감이 잡히지않아 가계부를 쓰기 시작했습니다. 요즘에는 카드 내역을 분석해 자동으로 가계부를 작성하는 앱이 많지만, 직접 손으로 지출 내역을 관리하고 분석해보니 가계부에 지출을 기록할 것을 생각하며 필요하지 않은 물건들의 구매를 절제할 수 있게 되었습니다.

뿐만 아니라, 한 달 동안의 수입과 고정지출을 기록하는 과정에서 저의 소비 패턴이 보이기 시작했고 얼마를 저축해야 할지 감이 잡히기 시작했습니다. 고정지출 외에 생활비를 일주일에 10만 원의 예산을 정하여 그 안에서만 쓰기로 맘 먹었고, 예산이 정해져 있다고 생각하니 그 안으로만 돈을 쓰기 위해 생활비를 아끼려고 노력했죠. 그동안 매일 사먹던 커피값으로 매달 5만 원이 나가고, 피곤하다는 핑계로 시켰던 배달비로 10만 원 이상, 보상 심리로 매일 들락거리며 저에게 꼭 필요하지 않은 물건을 사느라 온라인 쇼핑에 쓰는 지출 등을 줄이고 한 달 동안의 소비를 돌아보며 매달 칭찬과 반성 사항을 기록해나갔습니다.

이렇게 그동안 가계부를 쓰지 않아 엉망이던 소비 패턴을 파악하고, 나쁜 소비 습관을 고칠 수 있게 되었습니다. 가계부는 깨끗할수록 좋다는 말처럼 다음 날 가계부를 쓰면서 후회할 자신을 생각하며 불필요한 소비를 막을 수 있다는 것은 수기 가계부 의외의 장점이었어요. 자동으로 기록되는 시스템이 물론 더 편리하겠지만 직접 수입과 지출을 기록하는 순간에 어제의 나에 대한 칭찬과 반성의 시간을 자연스럽게 갖게 됩니다.

4-2-4 사진으로 남기는 인생작, 리뷰 저널로 기록하기

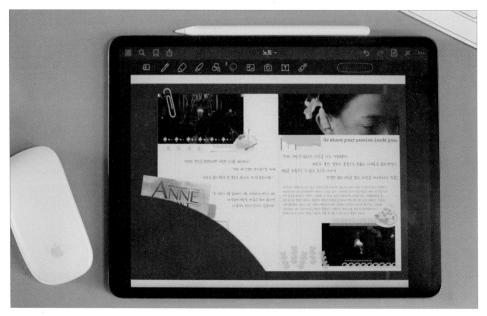

〈그림 2-79〉 평생 남길 리뷰 기록

여러분은 영화, 드라마나 독서를 즐겨하시나요? 필자는 넷플릭스를 즐겨 시청하는데, 영감과 깊이 있는 감상을 남겨주는 좋은 작품을 만나면 이 감정을 기록하고 싶은 마음이 샘솟곤합니다. '내가 이 영화에 어떤 장면이 인상 깊었고, 무엇을 느꼈는지' 기록하고 남기고 싶은마음 말입니다. 특히 영화를 볼 때는 영화 장면을 캡쳐하고 꾸미면서 나만의 리뷰 저널을 만듭니다. 그냥 마음에 간직하고 넘어갈 수도 있지만, 기록을 해두면 나중에 저널을 다시 꺼내볼 때의 묘미가 있답니다. 특히 종이 다이어리에 영화 사진을 붙이려면 프린트나 인화를 해야 되서 번거롭지만, 디지털 다이어리를 통해 저널을 쓸 때는 사진 저장과 불러오기만 하면되기 때문에 더욱 간편합니다. 최애 영화, 드라마의 사진을 붙이고 스티커로 데코하면서 여러분에게 영감을 주었던 인생작들을 기록하는 무비저널을 작성해보세요.

4-3 디지털 다꾸, 어렵지 않아요 ▶

4-3-1 다꾸를 시작하게 된 계기

막연하게 다꾸를 해보고 싶다는 생각은 했지만 집에는 이미 넘쳐나는 노트들과 사놓기만 하고 쓰지 않은 필기구가 버티고 있었기에 새로운 취미를 시작할 때 드는 비용과 부피 등의 이유로 엄두도 내지 못하고 있었습니다. 이런 필자에게 '디지털 다이어리 꾸미기'는 모든 고민을 해결해주었죠. 저렴한 비용, 한 번 사면 평생 쓰는 디지털 스티커와 다이어리 서식은 큰매력으로 다가왔습니다. 스티커나 떡메모지, 마스킹 테이프를 사 모으다 보면 나중에 감당하기 버거워질 정도로 양이 늘어나 정리가 곤란해지곤 하죠. 하지만 디지털 다꾸는 부피를차지하지 않고 모든 서식을 아이패드 파일로 정리할 수 있으니 이런 걱정을 할 필요가 없답니다.

무엇보다 아이패드 다꾸만의 큰 장점은 직접 찍은 사진을 불러와 다이어리에 기록할 수 있다는 것입니다. 실물 다이어리를 쓸 때는 프린트나 인화를 해야 하지만 아이패드 다꾸는 그날찍은 사진을 편리하게 다이어리로 불러올 수 있습니다. 그날 간 곳, 먹은 음식, 함께했던 사람들을 빠짐없이 기록하고 싶다면 아이패드 다이어리는 분명 좋은 취미가 될 겁니다.

〈그림 2-80〉 소중한 추억을 편리하게 기록

지인들에게 아이패드 다꾸를 '영업'하다 보니 다들 다꾸를 어렵게 생각하고 있음을 알게 되었습니다. 실물 다꾸는 방법이 어렵지 않은 데 비해 '아이패드'라는 기기를 잘 다루어야 하고 무엇보다 굿노트의 사용 방법이 익숙치 않은 분들에겐 진입 장벽이 높아 보일 수 있어요.

아이패드를 가지고 있는 지인들에게 다이어리를 같이 꾸미자고 권유하면, '하고는 싶은데 어디서부터 시작해야 할지 모르겠어' 또는 '꾸준히 할 자신이 없어'라고 말하곤 합니다. 여러분도 아이패드 다이어리가 멀게만 느껴지나요? 혹시 꾸준히 할 자신이 없어 시작을 미루거나 포기하고 있지는 않나요? 그렇다면 제 이야기에 귀를 기울여 주세요.

4-3-2 매일 써야 한다는 생각 버리기

다이어리를 하루도 빠짐없이 써야 한다는 압박감에 시달리고 있지는 않나요? 그렇다면 오늘부터 그 생각을 버려도 좋습니다. 필자도 처음에는 하루라도 채우지 않으면 빈 공간이 생겨 숙제처럼 꾸역꾸역 쓰곤 했죠. 하루라도 빠짐없이 일기를 써야 한다는 압박감이 숙제처럼 느껴졌고, 곧 싫증이 났습니다. 집에 늦게 들어와 겨우 씻고 바로 잠드는 날도 있는데, 매일 일기를 쓰는 건 쉬운 일이 아닙니다. 그렇다고 며칠간 일기를 못 쓰다가 한꺼번에 쓸 필요성도 느끼지 못했고요. 나의 일상을 빠짐없이 기록하는 일은 중요하지만, 그것보다 중요한 것은 기록할 수 있는 꾸준함입니다.

뭐든 '해야만 한다'라는 강박이 생기면 오래 하기 힘듭니다. 일이 바빠 일주일간 일기를 못 썼는데 일주일 분량을 몰아 쓸 생각을 하니 앞이 캄캄해 아예 일기 쓰기를 포기하기도 하죠. 그런 강박은 압박을 만들고 금방 지치기 마련입니다. 마라톤도 전속력으로 달리기만 하면 후반엔 지쳐 포기하기 쉬운 것 처럼 어느 취미든 마찬가지예요. 나를 위해 하는 일이고 즐겁기 위해서 하는 일에 압박을 벗어던지고 '쓰고 싶을 때만' 쓰는 것은 어떨까요?

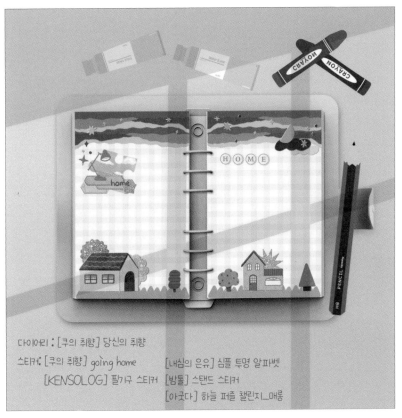

〈그림 2-81〉 다이어리는 즐겁게, 원하는 만큼만!

4-3-3 완벽해야 된다는 생각 버리기

필자는 게으른 완벽주의라 완벽하게 할 자신이 없다면 아예 시도조차 하지 않는 성격입니다. 완벽하게 일을 처리하려면 부지런해야 할 텐데, 게으른 성격 때문에 시작도 못하고 그런 탓에 종종 기회를 날리기도 합니다. 일기도 마찬가지예요. 마음에 쏙 들게 꾸미지 못할 거라면 아예 시작하지 않는 것이 좋다고 생각했죠. 그렇게 되니까 일기조차 완벽하게 써야 한다는 압박감이 들어 일명 '다태기(다꾸 권태기)'가 와버렸습니다.

완벽해야 된다는 생각을 버리세요. 약간의 빈 공간이 있고, 조금 모자라 내 마음에 쏙 들지 않더라도 기록한다는 자체만으로도 여러분의 일기는 가치가 있습니다. 다이어리는 숙제가 아니예요. 매일 써야 한다는 압박감, 잘 꾸며야 된다는 생각을 내려놓고 '잘 꾸미지 못해도 괜찮아'라고 생각해 보는 건 어떨까요?

〈그림 2-82〉 다꾸에 정답은 없다!

4-3-4 다이어리 꾸미는 순서

| 다이어리 콘셉트 정하기 |

먼저 다이어리를 꾸밀 큰 카테고리, 즉 콘셉트를 정합니다. 빈티지, 키치, 캐릭터, 감성 등 여러 콘셉트 중 마음 가는 대로 다이어리 콘셉트를 정해보세요. 자신만의 다꾸 스타일을 유지하는 것도 중요하지만 여러 콘셉트를 시도하면 더 즐거운 취미 생활로 자리잡을 수 있을 거예요.

| 메인 다이어리 속지와 스티커 결정하기 |

콘셉트를 정했다면 가지고 있는 서식 중 메인으로 사용할 속지 또는 스티커를 결정할 차례예요. 결정한 서식을 중심으로 나머지 스티커를 선택하면 다이어리에 통일성을 유지할 수 있답니다.

〈그림 2-83〉 마음에 드는 메인 속지 정하기

| 다이어리 속지 위에 여러 스티커 대보기 |

다이어리 속지는 그 날 일기의 전체적인 분위기를 결정하는 중요한 요소예요. 그렇기 때문에 같은 스티커를 사용하더라도 어떤 속지냐에 따라 다이어리의 분위기가 달라지기도 하죠. 다이어리 속지를 정한 뒤 콘셉트에 맞는 스티커를 골라 어울리는 스티커는 살리고, 어울리지 않는 스티커는 과감히 배제하며 다이어리에 사용할 스티커를 골라보세요. 각각의 스티커 모두 다른 매력을 지니고 있지만 이 스티커들이 한 곳에 모일 때의 통일감을 고려하는 것이 중요합니다.

| 사용할 스티커만 잘라서 일기 쓰기 |

디지털 다이어리의 큰 장점은 스티커의 위치 이동이 자유롭다는 것입니다. 실물 다이어리 같은 경우는 한 번 붙인 스티커를 뗄 때 자칫하면 종이가 찢기거나 스티커가 망가질 수 있지만, 디지털 다이어리는 그런 걱정을 할 필요가 없습니다. 스티커 이미지 같은 경우 대부분 여러 개의 스티커가 하나의 이미지로 이루어져 있어서 사용자가 직접 잘라줘야 합니다. 스티커 파일을 결정했으면 사용할 스티커만 잘라주어 개별 스티커로 만들어줍니다. 스티커를 배치한 후 일기를 써 보세요.

| 배경 고르기 |

여기서 끝낼 수도 있지만 다이어리 속지가 '배경이 투명한 png 이미지'로 이루어져 있다면 배경을 골라줄 수도 있습니다. 여러 가지 배경으로 여러분의 다이어리를 더 특별하게 꾸며 보세요.

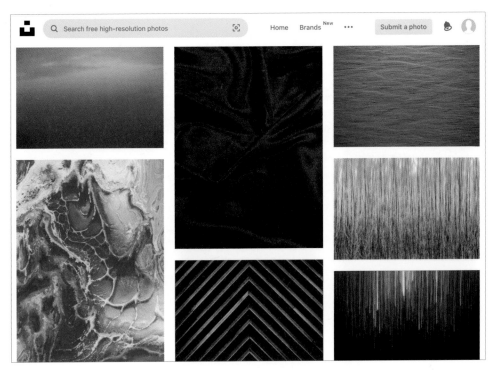

〈그림 2-84〉 다양한 패턴과 질감의 배경 다운로드 받기

4-3-5 스티커 정리 방법

처음에 스티커를 모을 때는 따로 정리를 하지 않는 경우가 대부분이에요. 하지만 다이어리를 꾸미다 보면 여러 가지 스티커를 모으게 되고 나중에는 스티커가 많아져 원하는 스티커를 찾지 못하는 경우도 종종 발생합니다. 그렇기 때문에 처음에 스티커를 모으기 시작할 때 카테고리별로 스티커를 정리하는 것을 추천합니다.

보통 다이어리 콘셉트에 맞게 스티커를 정리하는 것이 편리합니다. 콘셉트 다꾸를 할 때는 한 가지의 스티커 파일만 보면 되니 시간도 절약되고 깔끔하게 관리할 수 있습니다. 예를 들어, 빈티지 다꾸를 할 때는 빈티지 느낌의 스티커가 모여 있으면 스티커를 찾기도 편하고 고르기도 수월하겠죠?

〈그림 2-85〉 감성적인 디지털 다이어리 꾸미기

| 굿노트 다꾸의 단점 |

굿노트 다이어리 꾸미기에도 단점은 있습니다. 펜 종류가 한정적이어서 여러 질감의 펜을 사용할 수 없고, 스티커 파일 용량이 많거나 여러 개의 스티커를 사용할 때는 렉이 자주 걸려 앱이 강제 종료되기도 하니까요. 또한 디지털이기 때문에 숫자 스티커 등을 프리핸드로 자를 때 크기가 불규칙하게 잘려 크기를 맞추는 일도 번거롭고 스티커의 순서를 변경할 수 있는 레이어 기능이 없어 여러 사진이 쓰이는 다꾸를 할 때는 불편한 점이 분명 존재합니다. 4장에서는 이 모든 단점을 극복할 수 있는 '프로크리에이트'라는 앱을 이용한 다꾸를 소개하겠습니다.

TIP 어떤 다이어리 배경과 속지를 사용해야 할지 모르겠다면 다음에 소개하는 무료 이미지 제공 사이트들을 이용해보세요.

필자 역시 다이어리에 '오늘은 어떤 배경을 쓸까'를 매번 고민합니다. 저는 우선 배경이 투명한 png 다이어리 속지를 선택 후 프로크리에이트에서 다꾸를 한 뒤 마지막 순서로 배경이 될 만한 이미지를 고르는 편입니다. 다꾸의 콘셉트와 전반적인 느낌에 맞는 배경을 선택하는 편이지만 다이어리가 돋보이기 위해선 무채색 혹은 단색 이미지가 잘 어울리는 편이고, 요즘 유행 추세에 맞게 실물 느낌을 표현할 수 있는 배경을 선택하는 편입니다. 굿노트에서는 어떻게 완성된 다이어리의 배경을 바꿀 수 있을까요? 방법은 간단합니다.

〈그림 2-86〉 올가미 툴로 다이어리를 드래그 앤 드롭

1	다이어리를 완성한 후 굿노트와 사진 앨범을 스플릿 뷰로 켜주세요.
2	올가미 버튼을 이용하여 다이어리 영역 전체를 선택해주세요.
3	올가미로 선택된 부분을 앨범으로 드래그 앤 드롭하면 배경이 투명한 png가 사진으로 저장됩니다.
4	사용할 배경을 선택했으면 굿노트에 이미지로 불러옵니다.
5	배경 위에 여러분이 앨범에 저장했던 다이어리를 사진으로 불러온 후 크기를 조정하세요.

필자는 다이어리를 꾸밀 때 다음과 같은 사이트를 주로 이용합니다.

- Rawpixel
- Pixabay
- Unsplash

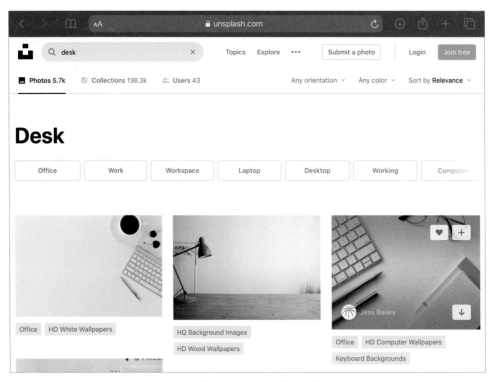

〈그림 2-87〉 Unsplash에서 'desk'를 검색한 결과

필자가 배경을 찾을 때 자주 검색하는 '검색어'를 알려드립니다.

#wall, #paper, #pattern, #texture, #desk

〈그림 2-88〉 실물 느낌의 다꾸

이렇게 해서 실물 느낌의 다이어리가 완성되었습니다! 마치 다꾸를 한 뒤의 책상을 찍은 느낌이 나지 않나요? 이렇게 배경만 바꿔줘도 실물 느낌의 다이어리를 완성할 수 있습니다. 이 다이어리는 프로크리에이트라는 앱을 통해 꾸며보았습니다. 디지털 드로잉 앱으로 유명한 프로크리에이트에서 어떻게 디지털 다꾸를 할 수 있을까요? 자세한 내용은 PART 4에서 다루도록 할게요.

PART

3

내가 직접
만드는
굿노트 서식

시중에 판매되는 다이어리를 종류별로 많이 구입해도 뭔가 부족한 느낌, 나와는 맞지 않는 느낌이 들어 직접 만들어 보고 싶다면 어떻게 해야 할까요? 이미 아이패드 다이어리를 만들어온 DT굿노트와 함께 다이어리 서식을 만들어 보겠습니다.

해빗 트래커 만들기

CHAPTER 01

DT굿노트

우리 인생에 큰 영향력을 미치는 '습관의 힘'을 아시나요? 우리는 이미 형성된 습관으로 오늘을 살고 있습니다. 이미 익숙해진 생활 패턴, 나도 알게 모르게 들여진 습관들…. 하지만 미래의 내 모습이 변화하길 바란다면 하루하루 쌓여가는 시간과 경험들을 미래의 나를 변화시키는 습관으로 만들어야겠죠.

> "습관 고리를 찾아내는 것은 중요하다. 어떤 습관이 형성되면 뇌가 의사 결정에 참여하는걸 완전히 중단하기 때문이다. 그리고 우리의 뇌는 좋은 습관과 나쁜 습관을 구분하지 못한다. 나쁜 습관도 항상 숨어서 적절한 신호와 보상을 기다린다."
>
> 《습관의 힘》, 찰스 두히그

먼저 변화되고 싶은 내 모습이 무엇인지, 습관의 분야를 다이어트, 직장, 건강 등으로 나눕니다. 장기적인 목표를 두고 해빗 트래커를 사용하면 더욱 효과적입니다. 특히, 내 몸은 기존의 나를 계속 유지하고 싶어하기 때문에 조금씩 작은 목표들을 이루며 바뀌나간다고 생각해야 무리하지 않고 변화해나갈 수 있습니다. 예를 들면, 작게나마 하루 물 8잔 마시기 같은 단순한 습관부터입니다.

그리고 기존의 내 모습을 들여다봅니다. 내가 나를 밀착 취재하듯이 오늘 하루에 나에게 나도 알게 모르게 하고 있는 나쁜 습관이 있는지 되짚어봅니다. 오늘 하루 자투리 시간들을 파악해봅니다. 출퇴근길, 자기 전, 어떻게 시간을 보내고 있나요? 어떤 시간들을 헛되게 쓰고 있는지, 사소하다고 생각했던 그 시간들이 쌓이고 쌓여 만들 미래의 내 모습은 무엇일지 상상해보세요. 그리고 그 시간들을 좋은 습관을 가진 시간들로 만들어봅시다.

습관이 형성되는 데는 3주가 걸린다고 합니다. 그리고 3주 이후부터는 우리 몸이 편하게 그것을 할 수 있게 된다고 합니다. 해빗 트래커를 3주 단위로 정하고, 처음에는 힘들지만 3주 후에 자리 잡을 습관을 생각하며 해나갑시다. 해빗 트래커를 만들고 다 채우면 성취감이 2배로 늡니다. 그렇게 채우다 보면 일주일을, 한 달을 잘 보냈는지 알 수 있습니다.

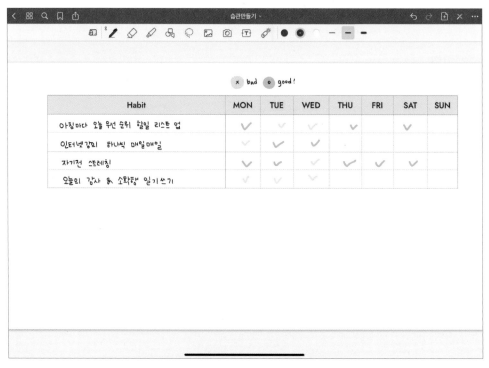

〈그림 3-1〉 굿노트에서 일주일간 해빗 트래커를 사용한 예시

해빗 트래커와 같은 형식으로, 내 생활의 루틴을 잡아보거나 수험
생이라면 동영상 진도표로도 활용할 수 있습니다. 우선, 아이패드
에 있는 기본 앱인 키노트 앱으로 만들어보겠습니다. 함께 만들어
본 키노트 원본 파일을 QR 코드를 통해 다운로드할 수 있습니다.
직접 만들 수도 있고, 원본 파일을 본인의 라이프 스타일에 맞게
수정하여서 사용해도 좋습니다.

〈그림 3-2〉 키노트 서식 원본

아이패드 카메라 앱을 켜서 위 QR 코드를 인식시킵니다. 다운로드를 할 수 있는 경로로 이
동합니다. 아이패드 사파리 브라우저를 이용해 주세요.

1-1 키노트로 서식 만들기 - 새로운 문서 생성하기 ▶

이 책에서는 처음으로 키노트를 사용하며 만들어보는 양식이기 때문에 키노트의 기초적인
사용법도 함께 알아가면서 해빗 트래커를 만들어보겠습니다. 먼저 가장 기본적인 선 긋기와
표 만들기 기능으로 속지부터 구성해보도록 하겠습니다.

해빗 트래커를 만들며 배울 포인트!
- 키노트의 기초적인 문서 생성
- 표 만들기
- 표의 색상 및 선 색상 바꾸기와 텍스트 입력
- 만든 문서를 굿노트로 내보내기

새로운 문서를 생성해서 열어보겠습니다.

〈그림 3-3〉 키노트에서 새로운 문서 생성

우측 상단의 플러스 [+] 아이콘을 눌러서 새 문서를 열어줍니다. 여러 가지 테마를 선택할 수 있는데, 그중 하얀 배경이 될 문서를 선택합니다.

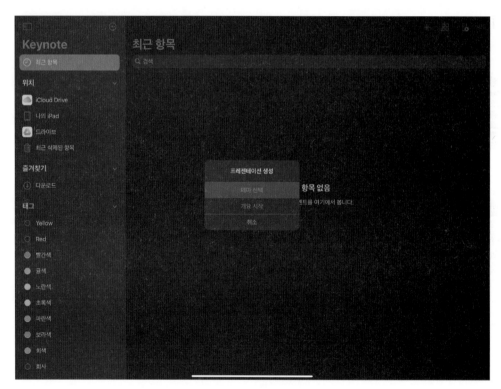

〈그림 3-4〉 키노트에서 테마 선택

이 가운데 가장 편집하기 쉬운 테마를 선택합니다.

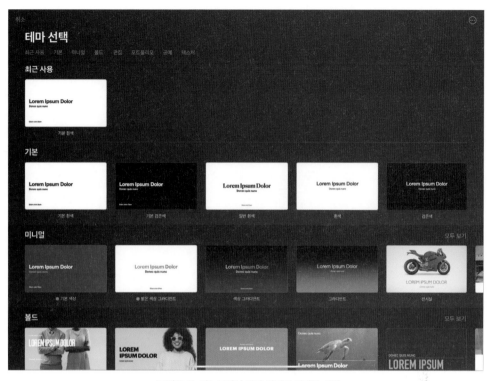

〈그림 3-5〉 키노트에서 하얀 바탕의 테마를 선택

크기는 원하는 대로 정할 수도 있고, 기존의 키노트에 있는 비율을 고를 수도 있습니다. 가로형의 스타일을 선호하면 가로형의 비율을, 세로형을 선호하면 세로형 용지를 선택하면 됩니다. 보통 아이패드를 키보드에 놓고 쓰는 경우는 가로형을 선호하고, 키보드 없이 아이패드를 사용하거나 아이패드 미니를 사용할 경우 세로형 용지를 추천합니다. 또는 스플릿 뷰를 자주 사용하면 세로형 용지가 유용합니다. 다음은 키노트에서 새로운 프레젠테이션, 즉 새 문서를 생성했을 때 화면입니다.

〈그림 3-6〉 키노트에서 새 문서 열기

1-2 시작하기 전 애플 펜슬 설정 팁

〈그림 3-7〉 애플 펜슬 설정 시작 전 화면

애플 펜슬로 작업하신다면, 설정이 잘 되어 있나 확인해야 합니다. [선택 및 스크롤]을 선택해야 애플 펜슬로 작업을 편하게 할 수 있습니다.

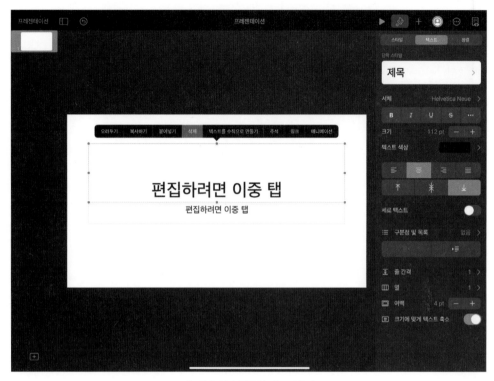

〈그림 3-8〉 불필요한 박스 지우기

기존 테마에 있던 불필요한 박스들을 지워줍니다. 텍스트 박스를 확인할 수 있는데, 애플 펜슬로 클릭하면 상단에 팝업이 뜹니다. [삭제]를 클릭하여 쉽게 지울 수 있습니다.

1-2-1 표 만들기

키노트에서 표를 만들어보겠습니다. 키노트 우측 상단에 아이콘이 있는데 [+] 아이콘은 새로운 요소를 만드는 아이콘입니다. 붓 모양의 아이콘은 만든 요소들의 스타일을 입혀주는 아이콘입니다.

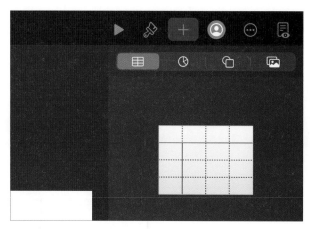

〈그림 3-9〉 표 생성

상단의 [+] 아이콘을 클릭해 표를 생성합니다.

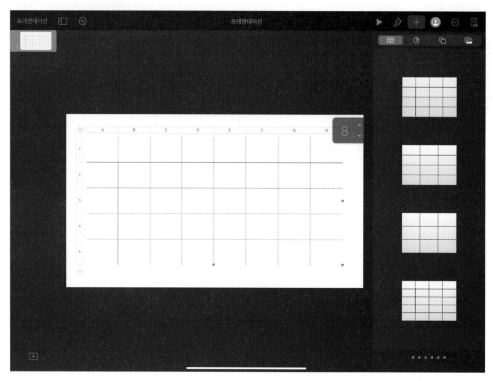

〈그림 3-10〉 모서리를 클릭하여 표 칸 수 설정

우측 상단의 플러스 버튼을 선택하고, 그 하위 항목에 표 아이콘을 눌러 새로운 표를 생성해 줍니다. 표의 우측 모서리를 클릭하면 표의 칸 개수를 수정할 수 있습니다. 위클리 해빗 트래커를 만들겠습니다. 위클리이므로 월~일요일까지 7일입니다. 7칸과 [+] 습관을 적을 항목까지 가로는 8칸, 세로는 항목을 적고 싶은 만큼 숫자를 입력하면 됩니다.

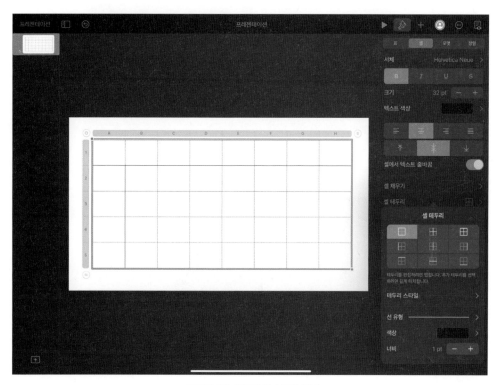

〈그림 3-11〉 테두리선 스타일 변경

셀 테두리라는 항목을 클릭하면 테두리 선의 유형, 색상, 두께 등을 변경할 수 있습니다.

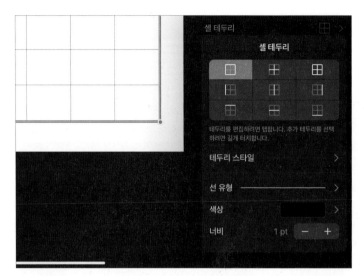
〈그림 3-12〉 테두리 스타일 변경

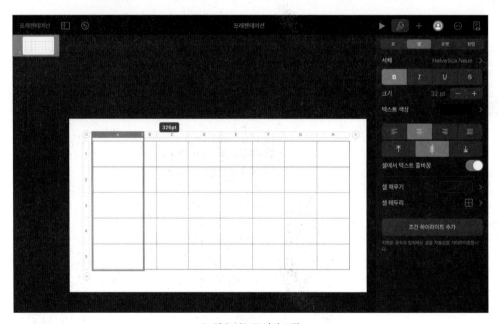
〈그림 3-13〉 표 간격 조정

표 윗부분과 표 사이의 선을 클릭하면 드래그하여 표의 간격을 조정할 수 있습니다. 습관 항목을 적을 칸을 늘려줍니다. 표 칸을 애플 펜슬로 더블클릭하면, 텍스트를 입력할 수 있습니다.

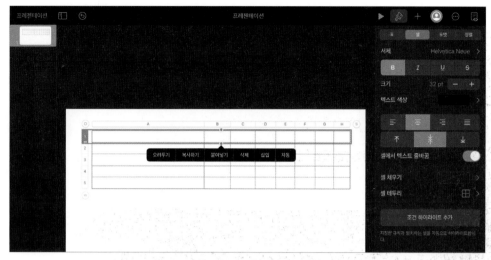

〈그림 3-14〉 상단 타이틀 칸 선택

해빗 트래커의 내용과 요일을 표시해줄 칸을 다른 색으로 구별되게 채워주고자 합니다. 칸을 클릭해서 선택해주세요.

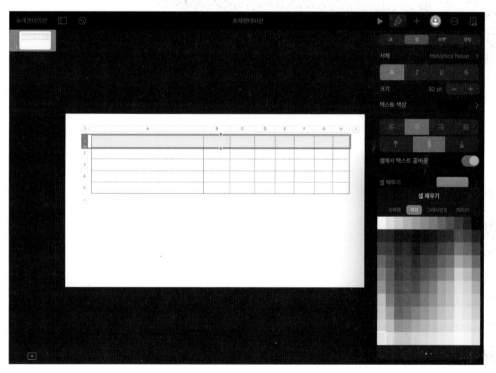

〈그림 3-15〉 색상으로 셀 채우기

오른쪽에 여러 가지 항목이 있는 곳에서 붓 아이콘이 클릭된 상태에서 셀을 선택하면 셀 채우기라는 항목이 있습니다. 거기서 하늘색 계통의 색을 찍어서 채워보겠습니다.

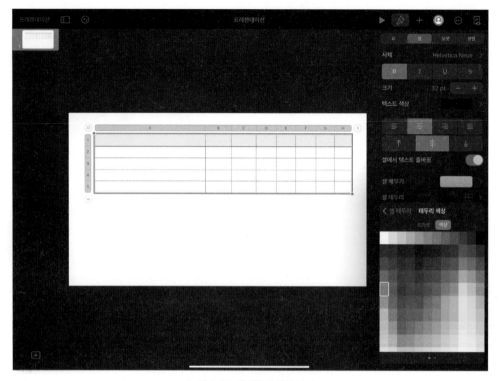

〈그림 3-16〉 셀 테두리 색상 변경

셀 테두리를 선택하면 테두리 색상을 바꿀 수 있습니다. 하늘색 계통에서 같은 색상으로 지정하여 바꿔줍니다. 꼭 하늘색이 아니어도 됩니다. 다만, 셀에 쓰이는 색상을 같은 계통으로 해줘야 통일감이 있고 잘 어울리는 느낌을 줍니다.

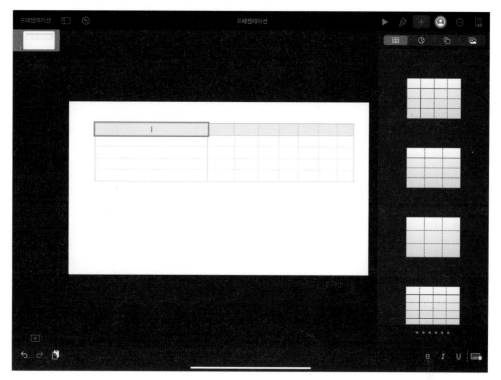

<그림 3-17> 텍스트 입력

습관의 항목과 요일을 적어줍니다. 일주일간 내가 꼭 지키고 싶은, 만들고 싶은 습관들을 적
어보세요. 필자는 자기 전 습관, 아침에 일어나서의 습관으로 만들어 2가지 분류로 사용했습
니다. 아침에 일어나서 루틴을 정하는 것이 하루를 시작하는 태도를 결정하기에 좋습니다.

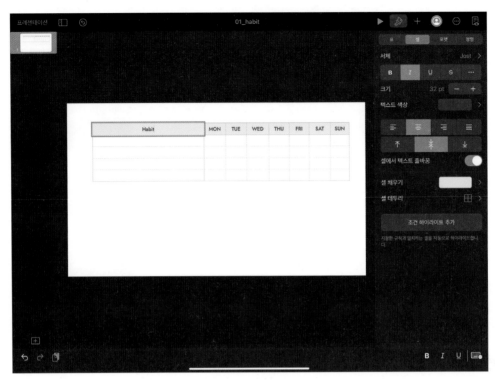

〈그림 3-18〉 폰트 변경

[서체]라는 항목에서 폰트를 바꿀 수 있습니다. 아이패드에 기본으로 깔려 있는 Futura라는 서체를 추천합니다. 그와 유사한 Jost 폰트로 진행하겠습니다.

TIP **Futura 폰트**

독일의 활자 디자이너인 파울 레너가 1927년에 고안했습니다. 우리가 흔히 아는 유명 브랜드의 로고들이 이 서체로 제작된 사례가 많습니다. 루이비통, 돌체 앤 가바나, 폭스바겐, 이케아 등입니다. 가독성이 높으며, 심플한 서체입니다.

Futura를 대체할 만한 상업적 사용을 위한 무료 폰트로 Jost가 있습니다. 구글링하여 무료로 다운로드할 수 있습니다.(https://fonts.google.com)

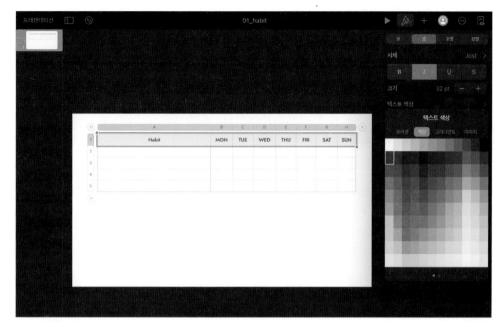

〈그림 3-19〉 텍스트 색상 변경

텍스트 색상을 변경할 때는 바탕과 색이 잘 어울리도록 그 색상의 가장 어두운 색을 검정색 대신 사용합니다. 이제 완성되었습니다. 이 해빗 트래커는 쉽게 따라할 수 있도록 단순한 구성으로 해보았습니다. 이제, 우리가 만든 서식을 굿노트에 내보내기 해보겠습니다.

〈그림 3-20〉 내보내기

우측 상단에 '…'으로 보이는 [기타] 아이콘을 클릭하면 내보내기 항목이 뜹니다. [내보내기]를 클릭합니다.

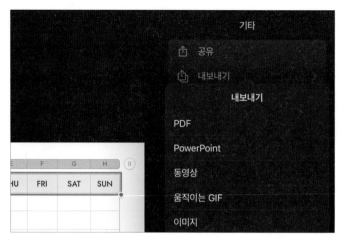

〈그림 3-21〉 PDF로 내보내기

굿노트는 PDF 형식의 파일을 읽어오고 필기를 할 수 있는 노트 앱입니다. 그래서 키노트에서 만든 파일을 PDF 형식으로 내보내기를 하면 굿노트에서 열 수 있습니다. 그렇기에 굿노트에서 사용할 수 있는 서식은 PDF 파일이어야 합니다. 꼭 키노트 앱으로만 만들어야 하는 것은 아닙니다. PDF 파일로 출력할 수 있는 문서를 만들 수 있는 프로그램이면 가능합니다.

〈그림 3-22〉 레이아웃 옵션

내보내기를 하면 레이아웃 옵션을 선택하라는 창이 뜹니다. PDF로 내보내기는 만든 문서를 디지털 프린트한다고 생각하면 이해가 쉽습니다. 레이아웃은 우리가 실물 종이의 프린트기로 프린트를 할 때 A4 용지에 어떻게 키노트에서 작업한 것이 얹혀져서 프린트될 것인지를 선택하는 것입니다.

이와 마찬가지로, PDF라는 디지털로 프린트할 때 어떻게 문서가 보이게 프린트할 것인지를 선택하는 것입니다. 문서가 화면에 가득 차게 설정합니다.

〈그림 3-23〉 굿노트로 내보내기

굿노트 앱을 선택하면 바로 이 문서가 PDF로 변환되어 굿노트로 내보낼 수 있게 됩니다. 위의 항목들은 즐겨찾는 앱이 먼저 표시되므로, 앱 목록이 없을 때 리스트 맨 뒤쪽으로 가서 […] 모양의 더 보기 아이콘을 클릭하여 굿노트 앱을 검색합니다.

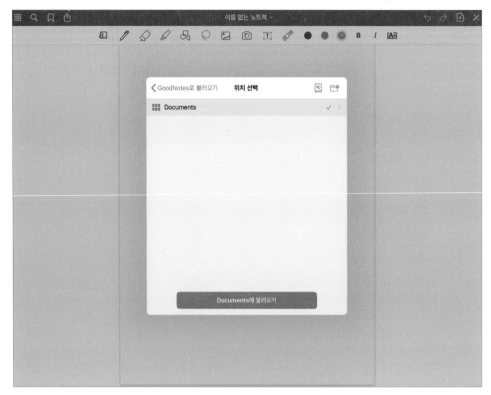

<그림 3-24> 굿노트로 불러온 모습

이렇게 굿노트로 불러오면 가장 먼저 뜨는 [위치 선택] 창이 보입니다. 위치 선택은 굿노트 앱 안의 폴더를 선택해서 파일을 저장할 위치를 지정해주는 것입니다. Documents는 초기 설정된(디폴트) 값의 파일입니다. 처음 사용하는 분들은 그 안에 저장하면 됩니다. 그 외에 사용자가 폴더를 더 많이 만들었다면, 자신이 원하는 폴더에 위치를 지정하여 서식을 저장하면 됩니다.

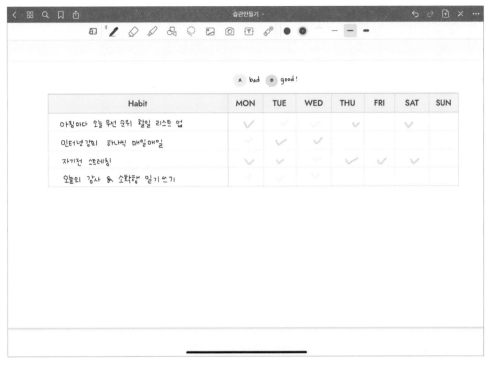

〈그림 3-25〉 굿노트에서 해빗 트래커 사용

굿노트에서 해빗 트래커를 사용해본 예시입니다. 필자는 아침에 일어나자마자 책상에 앉아 이메일을 확인하면서 할 일들을 확인하고, 그날 할 일의 목록을 적습니다. 그리고 우선순위를 정한 다음 하루를 시작하는 습관을 들이려고 하고 있습니다. 그러지 않으면 정신없이 눈앞에 벌어지는 일들을 먼저 하게 되면서 정작 중요한 일들을 놓치게 되기 때문입니다.

해빗 트래커는 급하진 않지만 중요한 일들을 해나가야 할 때 특히 활용도가 높습니다. 특히, 건강을 챙기는 일은 지금 닥친 문제가 아니기에 관리가 쉽지 않습니다. 영양제를 챙겨 먹거나 스트레칭과 같은 작은 습관들이 쌓이면서 몇 년 후의 내가 만들어지겠죠. 해빗 트래커로 아침과 자기 전에 건강을 챙기는 루틴을 만들어보세요.

1-3 다이어리 만들기 ▶

해빗 트래커로 기초적인 키노트 사용 방법을 익히며 기본적인 서식을 만들어보았습니다. 이제, 다이어리를 만들어 보겠습니다. 해빗 트래커를 만들 듯 표를 다이어리에 맞게 만든 후 거기에서 좀 더 나아가 다이어리를 만들 때 필요한 '마스터 페이지'에 대한 개념과 '하이퍼링크 삽입' 기능을 알아보겠습니다. 조금 더 나아가 '디자인 스타일'에 대한 이해를 돕고, 스타일을 입혀보도록 하겠습니다.

> **다이어리를 만들면서 새롭게 배울 포인트!**
> - 하이퍼링크 삽입
> - 마스터 페이지 개념 이해
> - 디자인 스타일의 이해

갑자기 어려워진 것 같지만 하나하나 만들면서 차근히 해보면 그다지 어렵게 느껴지지 않습니다.

> **다이어리 기획 과정**
>
> `STEP 01` **What**
> 무엇으로 내용을 구성할지 정합니다.
>
> `STEP 02` **Layout**
> What의 요소들을 용지에 배치합니다.
>
> `STEP 03` **How**
> 그 What을 어떻게 표현할지 디자인 스타일을 정합니다.

위 세 단계의 과정을 따라 설명해보겠습니다.

What

다이어리를 만들 때 일반적인 구성인 먼슬리 페이지, 위클리 페이지, 데일리 페이지 세 부분으로 제작해보겠습니다. 여기서 내가 원하는 구성을 추가해줄 수 있습니다. 예를 들어, 수험생이라면 데일리 페이지에 오늘 공부한 총 시간을 표기하는 공간을 적을 수 있을 겁니다. 필자는 직장인이기에 먼슬리 페이지에 직장과 개인적인 구분을 두는 것을 좋아합니다. 또는 계획을 세우고, 얼마나 달성했는지 체크하는 것을 좋아한다면 그렇게 영역을 생성해도 좋습니다. 다이어리에 들어갈 구성의 항목들을 만들어보세요.

그리고 계층 구조로 어디에 어떤 것들이 들어갈지도 정리해봅시다. 예시는 한 달 분량의 기본적인 먼슬리, 위클리, 데일리로 만들어보겠습니다.

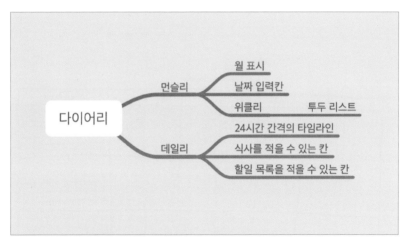

〈그림 3-26〉 마인드맵 스타일로 계층 구조를 정리해본 구성 요소

Layout

앞서 구성한 요소들을 어떻게 배치할지 스케치를 간략히 해보는 과정입니다. 구성 요소들은 글자, 표, 박스, 사진 등이 될 수 있습니다. 서식을 만드는 것은 많은 요소를 필요하지 않기 때문에 글자와 표로 구성된 정도입니다. 그런 구성 요소들을 용지에 배치해보는 것입니다. 막상 새하얀 용지를 보면 막연해보일 수 있습니다. 그래서 작업하기 전에 구역을 정해 미리 배치해 봄으로써 실수를 줄이고, 작업 계획을 세우는 것입니다.

레이아웃할 때 생각해볼 것은 내가 이 구성 요소들을 배치할 때 어떤 질서를 줄지 정하는 것입니다. 영역을 크게 3단으로 나누어 그곳에 요소들을 배치할지 기준을 정한다거나 요소들의 정렬을 모두 왼쪽으로 할지 또는 가운데로 할지 등의 기준을 정합니다. 물론 기준을 따라하지 않고 자유롭게 레이아웃할 수도 있습니다. 참고로, 필자는 작업할 때 타이틀이 될 만한 무게를 가지고 있는 요소는 가운데 정렬을 하고, 내용에 해당되는 요소들은 오른쪽 정렬합니다.

또한 그루핑(Grouping)을 잘해야 합니다. 그루핑이란 구성 요소들을 비슷한 성격끼리 묶어서 정리해주는 것입니다. 예를 들어, 그 구성 요소가 날짜와 관련된 요소라면 한데 묶어서 영역을 정해준다든지 하여 정해진 구성 요소들을 효과적으로 인식하기 쉽도록 배치해주어야 합니다. 여기저기 관련 없는 요소들끼리 섞여있다면 더 어렵겠죠.

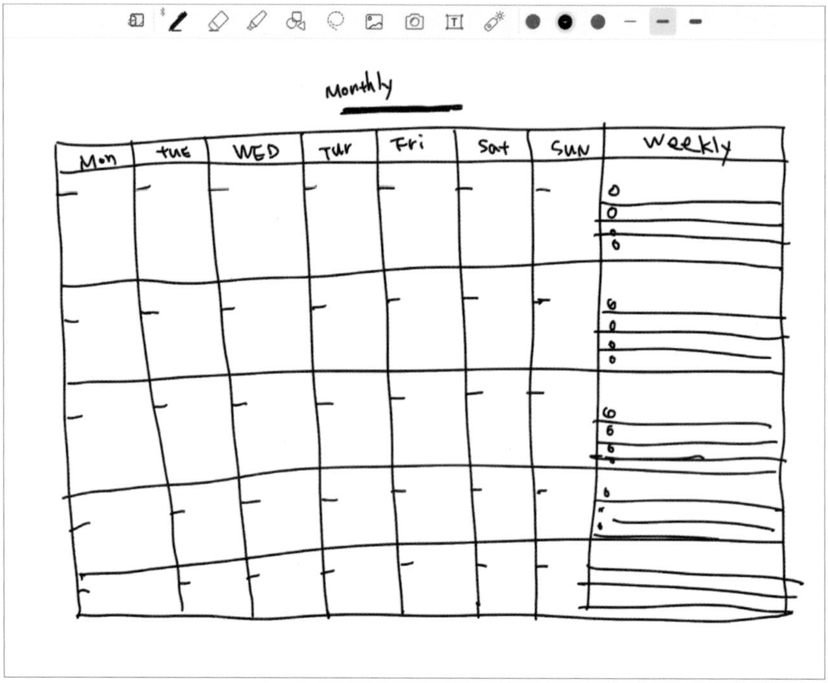

〈그림 3-27〉 먼슬리 페이지 레이아웃 스케치

굿노트에서 그려본 먼슬리와 위클리를 한 페이지에 레이아웃 스케치해본 모습입니다. 굿노트에서 레이아웃을 그릴 때 편리한 점이 올가미 툴을 이용해서 이곳저곳 옮겨볼 수 있다는 것입니다. 러프하게 스케치해보았습니다.

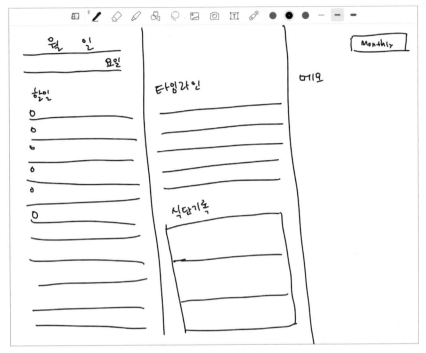

〈그림 3-28〉 데일리 레이아웃 스케치

데일리 레이아웃을 짜 보았습니다. 3단에 맞춰서 구성 요소를 배치해 보았습니다. 할 일 리스트 영역과 타임라인, 식단 기록 그리고 메모 영역들로 배치했습니다. 필자는 아침에 오늘의 할 일 목록을 작성하고, 그 할 일을 타임라인에 언제 할지 정하는 것을 선호합니다. 식단 칸을 넣은 이유는 제대로 하지는 않지만 늘 마음속에 다이어트를 하려는 마음 때문입니다. 그리고 메모란에 그날의 생각이나 자유로운 것들을 적어둡니다.

꼭 이 구성으로 하지 않아도 좋습니다. 데일리 레이아웃이 가장 개인적인 라이프 스타일을 잘 담을 수 있는 영역입니다. 계획을 짜는 것을 선호하는 유형이라면, 내가 세울 목표에 따라서 데일리는 그 목표를 이루는 실천 사항들로 구성을 하면 매일이 목표에 가까워지는 하루를 보낼 수 있을 겁니다. 또한 시간을 얼마나 효율적으로 쓸지를 계획해야 한다면, 타임라인으로 구성할 수도 있습니다. 교사라면 학교의 1~7교시의 유형에 따라 시간표를 넣을 수도, 다이어터라면 식단을 넣을 수도, 수험생이라면 스터디 플래너처럼 얼마나 공부했는지를 정해

볼 수 있습니다. 돈 관리를 잘하고 싶다면 용돈 기입란을 넣어도 좋습니다. 계획을 짜는 것
보다는 하루의 기록을 담고 싶은 유형이라면, 일기 형식의 구성이나 그날의 감정을 기록하는
유형으로 스티커나 사진을 붙이기 쉽게 구성할 수도 있습니다.

STEP 03 How

How는 디자인 스타일을 뜻합니다. 디자인 스타일이란 말 그대로 스타일입니다. 예를 들어,
패션 스타일이라고 생각한다면 좀 더 와닿을 텐데요. 패션 스타일에 따라 어떤 옷을 입느냐
가 달라질 것입니다. What에 대한 부분이 뼈대와 몸이라면, How는 옷입니다. 어떤 옷을 입
을지에 따라서 귀여운 스타일, 도시적인 스타일 등 각기 다른 느낌을 가지게 하는 스타일 요
소들을 정해주는 것입니다.

그렇다면 서식을 구성하는 디자인 스타일을 이루는 요소는 무엇이 있을까요? 점, 선, 면, 폰
트, 색상입니다. 조금 더 나아간다면 이미지가 들어갈 수도, 패턴이 들어갈 수도 있을 것입
니다. 그러한 모든 스타일 요소가 어떠한 '형용사'를 기준으로 정해져야 합니다.

'귀여운', '세련된', '도시적인', '차가운', '따듯한', '깔끔한' 등입니다. '귀엽고 깔끔한' 서식을
만들고 싶다면 그 기준을 생각하며 색상과 폰트를 골라 제작합니다. 이 디자인 스타일에 대
한 부분은 상업적인 판매용 서식을 만드는 방법에서 다루겠습니다.

판매를 위한 서식이 아니면 내가 좋아하는 스타일을 선택하여 내가 원하는 대로 만들면 됩
니다. 이번에 만들 서식은 '깔끔한'이라는 기준에 맞춰서 스타일을 정해 모노톤으로 그리고
가장 일반적인 서체들로 만들어 보겠습니다. 이제 본격적으로 키노트에서 다이어리 서식을
만들어 보겠습니다. 앞에서 해빗 트래커를 만들면서 설명했던 중복되는 부분은 생략하고 설
명하겠습니다.

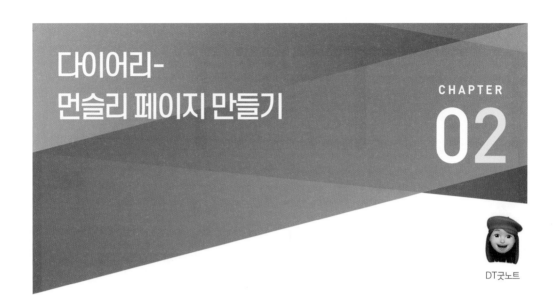

다이어리-
먼슬리 페이지 만들기

DT굿노트

키노트에서 새로운 문서를 생성해줍니다. 그리고 레이아웃 스케치를 스플릿 뷰로 띄워서 무엇을 그려야 할지 확인합니다. 표를 그려줍니다.

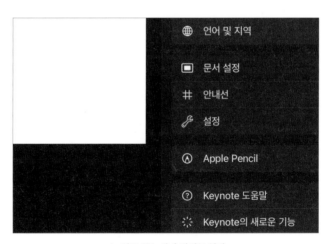

〈그림 3-29〉 새 슬라이드 열기

새 슬라이드를 열고, 문서 설정을 열어 용지 크기를 변경합니다.

〈그림 3-30〉 용지 비율 선택

용지 비율을 4:3으로 선택해줍니다.

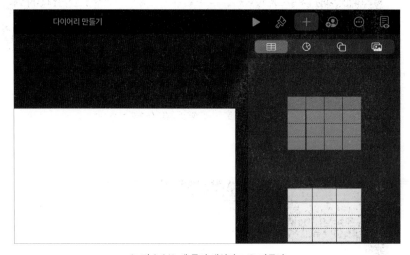

〈그림 3-31〉 새 문서 생성하고 표 만들기

러프하게 했던 스케치를 따라 칸이 몇 개인지 가로세로를 파악해준 후 표를 그려봅시다. 상단 우측의 플러스 아이콘을 클릭하고 표를 만듭니다.

각각 양쪽의 모서리를 클릭하면 숫자가 나옵니다. 숫자를 클릭하여 표의 숫자를 수정해줍니다. 먼슬리 캘린더를 만들 것이므로, 가로는 일주일 7칸에 위클리 1칸이니 총 8칸을 선택해줍니다. 세로는 한 달을 5주 구성으로 하고 상단에 요일 칸을 적는 것까지 계산하여 총 6칸을 선택해줍니다.

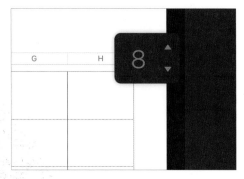

〈그림 3-32〉 모서리 클릭해 표 칸 수 수정

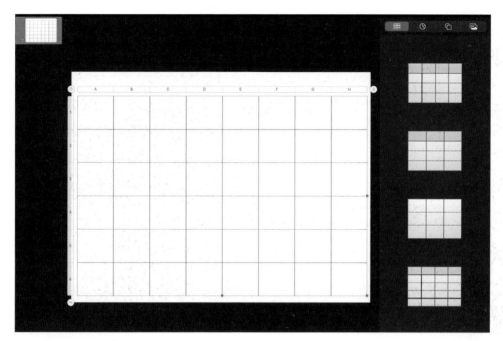

〈그림 3-33〉 표 생성 완료

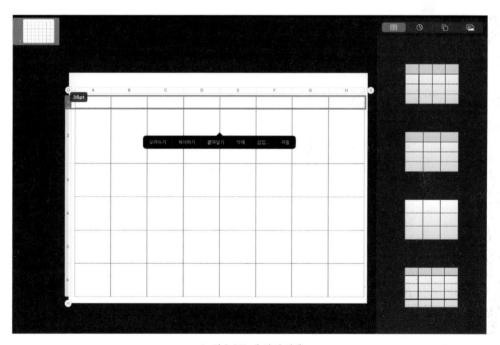

〈그림 3-34〉 맨 위 칸 선택

맨 위 칸은 요일과 항목들을 입력해줄 부분이므로 높이를 다른 칸들보다 좁게 줄여줍니다.

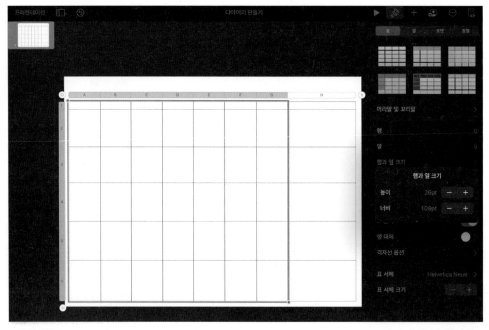

〈그림 3-35〉 세로 간격 조정

칸의 상단 모서리 부분을 클릭하면 세로 간격을 조절할 수 있습니다. 각 칸의 폭이 균일하도록 조정할 때 생기는 길이값을 확인하면서 조정해줍니다. 셀을 선택하고 우측 상단의 붓 모양 아이콘을 클릭하여 행과 열의 크기를 숫자로 입력하면 일정하게 간격이 조정됩니다.

	FRI	SAT	SUN	WEEKLY

〈그림 3-36〉 텍스트 입력

각 칸을 애플 펜슬로 더블클릭하면 텍스트를 입력할 수 있습니다. 요일별 표시와 위클리 항목의 텍스트를 입력합니다. 앞서 언급 드렸지만, Futura라는 아이패드에 기본으로 깔려 있는 서체를 추천합니다. 이 책에서는 그와 유사한 Jost 폰트로 설명하겠습니다(Futura를 대체할 만한 상업적 사용을 위한 무료 폰트는 Jost라는 폰트를 구글 폰트에 검색하여 무료로 다운로드하여 사용할 수 있습니다.(https://fonts.google.com/).

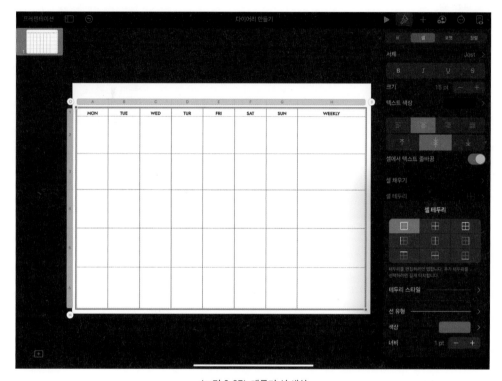

〈그림 3-37〉 테두리 선 색상

표를 선택하고 우측 상단 모서리에 모여 있는 메뉴 중 붓 모양 아이콘을 선택하면 표에 색상이나 선의 스타일값을 정할 수 있습니다. 테두리 선을 그어줍니다. 가장자리 세로선의 선 유형을 없음으로 했습니다.

〈그림 3-38〉 텍스트 폰트 및 크기 변경

표의 텍스트 부분을 더블클릭하면 텍스트가 선택됩니다. 우측 상단 붓 모양 아이콘을 클릭해서 텍스트의 폰트 종류를 바꾸고 조금 작게 줄였습니다. 23포인트 정도로 줄였는데, 박스 안에 어느 정도 여백을 주어 답답해보이지 않도록 글자를 앉혔습니다. 나머지 텍스트들도 동일한 방법으로 폰트를 변경하거나 크기를 조정했습니다.

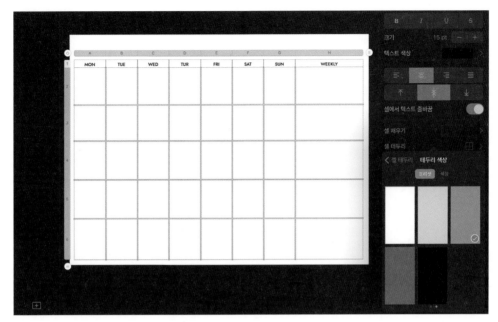

〈그림 3-39〉 셀 안 색상 변경

셀 테두리 안의 선도 변경해줍니다. 선의 굵기를 조금 더 얇게 0.75 정도로 했습니다.

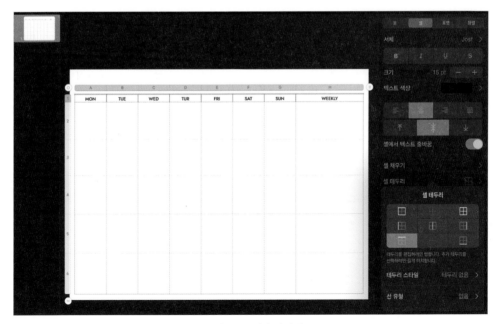

〈그림 3-40〉 상단 칸 선택

맨 위의 요일들이 적힌 칸만 구분짓기 위해 선택해줍니다. 칸 위의 선 및 사이의 다른 선들을 [선없음]을 선택하여 없애줍니다.

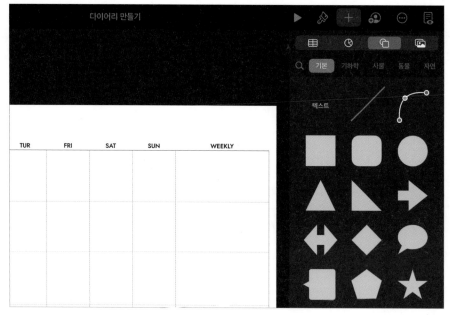
〈그림 3-41〉 도형 추가

먼슬리 페이지에 몇 월인지 적어주는 영역을 그려보겠습니다. 우측 상단의 [+] 아이콘을 선택하여 도형의 항목으로 들어갑니다. 선을 클릭하면 선이 생성됩니다.

지금 만들고 있는 다이어리는 날짜를 직접 굿노트에서 기입하여 사용하는 만년형입니다. 날짜를 기입해두면 그 달밖에 사용을 못하니, 날짜 칸은 직접 기입해서 사용할 수 있도록 비워두겠습니다.

좌측 상단에 선을 이동하여 그어줍니다. 몇 월인지 적어주는 칸입니다.

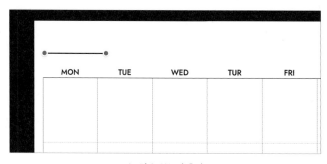
〈그림 3-42〉 선 추가

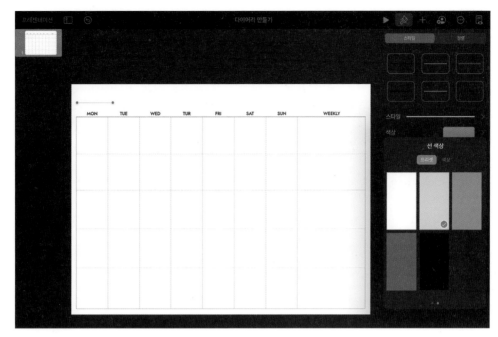

〈그림 3-43〉 먼슬리 페이지

먼슬리 페이지가 거의 완성되었습니다. 이제 우측에 있는 위클리 칸을 꾸며보겠습니다. 위클리 칸 안에 라인을 그어주려고 합니다. 선이 있으면 할 일을 적는 데에도 유용하지만, 먼슬리와 구별된 느낌을 주기 위해서입니다.

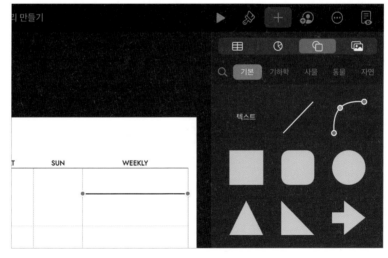

〈그림 3-44〉 선 만들기

우측 상단의 [+] 아이콘을 선택하고 도형 항목에 들어갑니다. 선을 선택하여 추가합니다.

〈그림 3-45〉 약한 선 긋기

그리고 우측 상단의 붓 모양 아이콘을 클릭해서 선의 스타일과 불투명도를 낮추겠습니다. 다른 선이 그어져 있는 칸 안에 있는 선이기 때문에 하위 개념의 선입니다. 기존의 선보다는 약한 느낌의 선입니다.

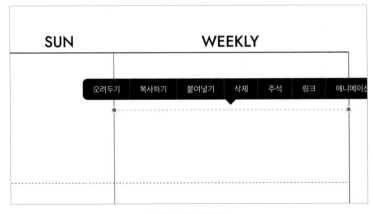

〈그림 3-46〉 선 복사

선을 펜슬로 클릭하면 말풍선이 나타납니다. [복사하기]를 클릭합니다. 다시 바탕에 대고 클릭하면 [붙여넣기] 말풍선이 나옵니다. 위클리에 선을 그어줍니다.

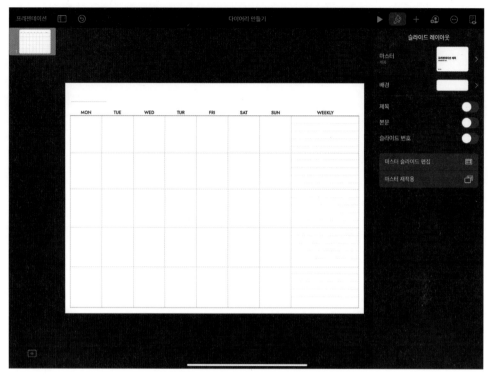

〈그림 3-47〉 먼슬리와 위클리 페이지

먼슬리와 위클리를 함께 활용할 수 있는 먼슬리 페이지가 완성되었습니다.

다이어리-
데일리 페이지 만들기

CHAPTER
03

DT굿노트

이제 데일리 페이지를 만들어 보겠습니다. 데일리 페이지는 마스터 페이지라는 개념 안에서 만들어보겠습니다.

마스터 페이지란?

주로 전체 문서의 일관성을 유지하기 위해서 공통적으로 적용되는 부분을 만들 때 사용됩니다. 다이어리를 만들 때 마스터 페이지를 사용하면 수고를 많이 덜 수 있습니다.

예를 들어 데일리 페이지를 만들 때 공통 영역들이 변동이 없는 부분들은 마스터 페이지에서 작업하면 일괄 적용됩니다. 한 달이 31일이라면, 하나의 마스터 페이지에만 만들어도 모든 31일에 다 적용됩니다.

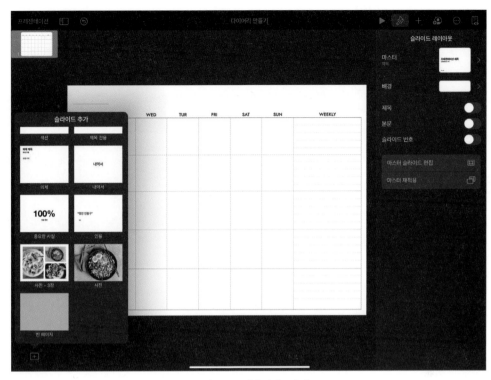

〈그림 3-48〉 새 슬라이드 추가

좌측 하단에서 슬라이드를 추가해줍니다. 빈 페이지를 선택했습니다.

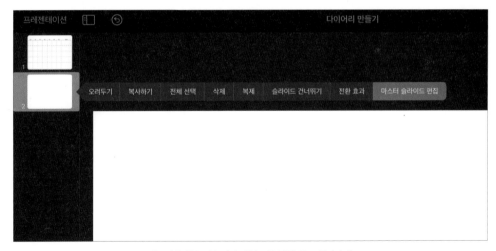

〈그림 3-49〉 마스터 슬라이드로 편집 모드 들어가기

애플 펜슬로 클릭하면 나오는 말풍선에서 [마스터 슬라이드 편집]을 클릭하여, 마스터 페이지 모드 안으로 들어갑니다.

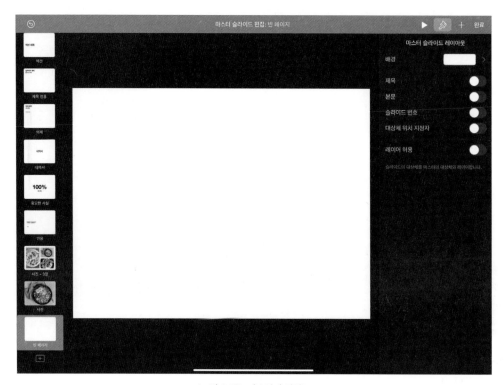

〈그림 3-50〉 마스터 슬라이드

마스터 페이지 편집 모드로 들어가면, 상단에 파란색으로 일반 페이지와 구분이 되어 있습니다. 여기서 데일리 페이지를 만들어 보겠습니다. 마스터 페이지에서 작업해야 추후에 수정을 하더라도 일괄 적용이 됩니다. 일반 슬라이드 페이지에 작업하고 복사하는 것과는 다른 점이, 수정을 하려면 일일히 그 페이지에 다 수정해줘야 하지만 마스터 페이지에 작업을 하면 한번에 적용이 된다는 것입니다.

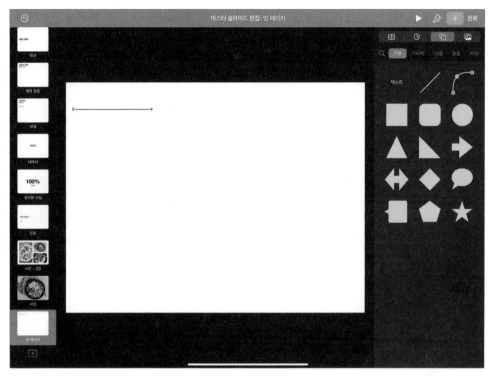

〈그림 3-51〉선 추가

데일리 페이지에서 날짜를 적는 란을 그려보겠습니다. 우측 상단의 [+] 아이콘을 선택해 생성해줍니다.

〈그림 3-52〉 텍스트 박스 추가

우측 상단의 [+] 아이콘은 새로운 어떤 도형이나 텍스트 박스를 생성하는 것입니다. 붓 모양의 아이콘은 그 만든 요소의 스타일을 입힐 수 있습니다. 즉, 색상이나 굵기 그리고 폰트 등을 변경할 수 있습니다. 그래서 앞서 그린 선 위에 [Date...]라는 텍스트를 텍스트 박스를 생성해서 입력해줍니다. 굿노트에서 이 부분에 날짜를 적어 데일리 페이지를 쓰자는 의미로 적은 것입니다. _월 _일 _요일 한글로 써도 되고, D-day를 쓸 수도 있습니다.

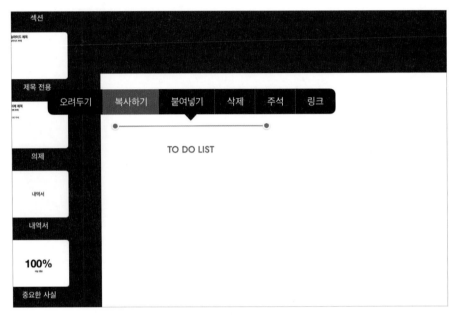

〈그림 3-53〉 선 추가

같은 방식으로 텍스트 박스와 선을 추가해서 할 일 리스트를 만들어줍니다. 텍스트 박스는 애플 펜슬로 클릭하여 드래그(클릭한 상태로 끌어놓는 제스처)하면 이동할 수 있습니다. 선에 강약을 주고 있습니다. 제목을 의미하는 선은 100% 진하기의 선으로 그었지만, 할 일 목록 아래의 선은 불투명도를 33%로 수정하여 제목보다 하위 개념 리스트에 해당하는 선이어서 더 약하게 그려주었습니다.

선에는 강약이 필요합니다. 우리가 듣는 노래에도 클라이막스가 있고, 잔잔해졌다가 빠르는 등의 강약이 있습니다. 서식을 디자인할 때도, 선을 그을 때도 마찬가지입니다. 강한 선, 약한 선이 필요합니다. 강한 선은 제목을 아우르는 선에 필요하고, 약한 선은 본문에 해당되는 선에 사용됩니다. 모두 다 강약 조절 없이 쓰인다면 선의 성격이 구분되지 않을뿐더러, 모두 다 강하기 때문에 어느 것도 눈에 들어오지 않는다는 인상을 받습니다.

게다가 굿노트 앱에서 필기할 펜의 색이 검정색이라고 가정했을 때, 그 보조선이 되어야 할 색이 같은 색이면 필기와 노트 바탕이 구분되어 보이지 않게 되겠죠. 그래서 추후 필기가 더 돋보일 수 있도록 진하지 않은 색이 작업하는 데에 적합합니다.

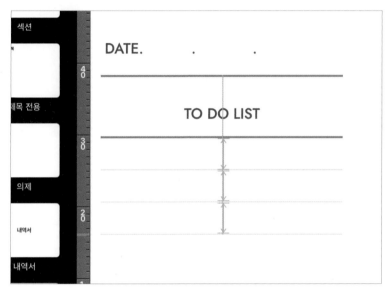

〈그림 3-54〉 선 정렬

선을 애플 펜슬로 선택하면 말풍선의 팝업이 뜹니다. 거기서 [복사하기]를 클릭하고, 다시 풍선 외의 바탕을 클릭하면 말풍선이 사라집니다. 그리고 다시 애플 펜슬로 클릭하여 [붙여넣기]해서 선을 계속 그릴 수 있습니다. 리스트에 해당되는 선은 같은 선을 반복적으로 그려 나가야 하므로 [붙여넣기]로 계속해서 늘릴 수 있습니다.

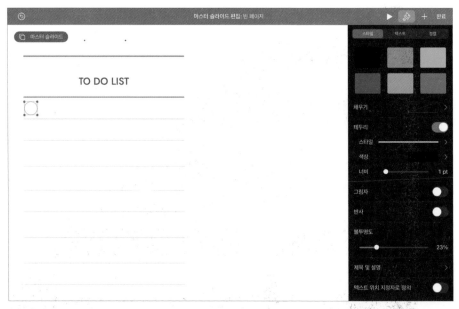

〈그림 3-55〉 둥근 도형 추가

할 일 리스트 맨 앞에 체크를 할 수 있도록 체크란을 동그랗게 그려보겠습니다. 동그랗게 그리는 이유는 굿노트에서 동그란 형광펜으로 색칠하기에 편리성을 주기 위해서입니다. 우측 상단의 [+] 아이콘을 선택해서 도형을 생성해줍니다.

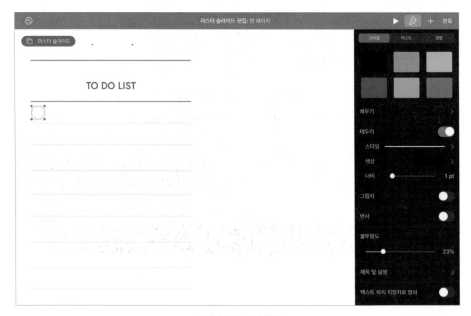

〈그림 3-56〉 도형 생성

도형이 선택된 상태에서 붓 모양 아이콘을 클릭하면 그 도형의 스타일을 줄 수 있습니다. 파란색으로 덮힌 색상을 [채우기 없음]을 선택하여 비워줍니다. 도형의 불투명도를 40%로 조절해주었습니다. 가장자리의 도형을 둘러싸고 있는 박스 형태를 드래그(애플 펜슬로 클릭한 상태에서 잡아끄는 제스쳐)하면 크기를 조정할 수 있습니다.

〈그림 3-57〉 크기 조정

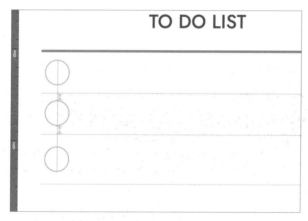

〈그림 3-58〉 도형 위치 옮기기

도형의 크기를 줄여서 할 일 리스트 안에 넣습니다. 키노트는 리스트 사이 도형의 중심이 어디인지 보조 안내선이 자동으로 인식되어 보입니다. 그 보조선에 따라 놓으면 중앙에 배치하는 데 도움이 됩니다. [붙여넣기]로 계속적으로 같은 모양을 추가할 수 있습니다.

〈그림 3-59〉 할 일 리스트와 체크박스까지 완료

할 일 리스트와 체크란까지 다 완성된 모습입니다.

〈그림 3-60〉 제목 입력

이전에 만든 텍스트 박스를 복사해서 붙여넣기하여 다른 새로운 항목의 제목을 입력해줍니다. 폰트 크기나 종류가 이미 설정되어 있어서 새로 지정하지 않아도 됩니다. 기존의 스타일이 유지되도록 하는 것이 낫습니다.

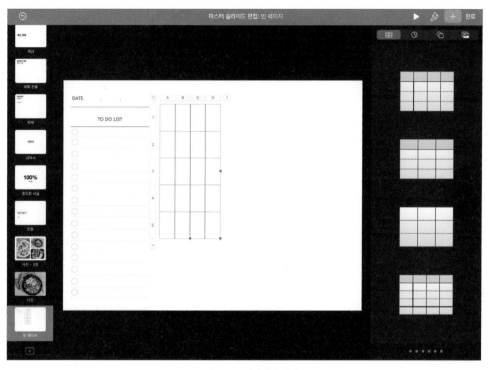

〈그림 3-61〉 타임라인 생성

타임라인을 그려보도록 하겠습니다. 표를 선택해서 생성해보겠습니다. 하루 24시간을 10분 간격으로 표시할 수 있는 타임 테이블을 만들려고 합니다. 이 또한 사용자가 원하는 대로 만들기에 좋은 부분입니다. 본인의 라이프 스타일대로 기상 및 출근 시간 등에 맞춰 만들 수 있습니다. 10분 간격 외에도 30분 간격이나 1시간 간격으로 만들 수 있습니다.

생성된 표의 모서리의 파란 점을 클릭하여 드래그하면 크기를 늘리거나 줄이는 등 조정할 수 있습니다. 위 이미지는 파란 점을 클릭하여 드래그해서 세로로 쭉 늘려본 모습입니다. 우측 상단의 붓 모양을 클릭해 표에서 [표 윤곽]을 켜서 윤곽을 설정했습니다.

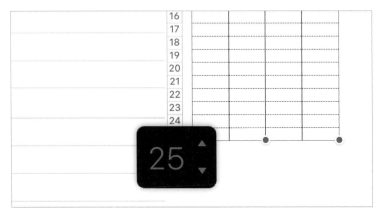

〈그림 3-62〉 윤곽 설정

하루가 24시간이므로 위의 10분 구분 칸을 포함하여, 세로는 25칸이 되도록 설정해줍니다.

〈그림 3-63〉 세로 칸 설정

가로 칸은 1시간이 10분 간격으로 60분을 표시해 주기 위해 6칸과 세로축의 시간이 들어가는 1칸을 포함하여, 모두 7칸으로 만들어줍니다.

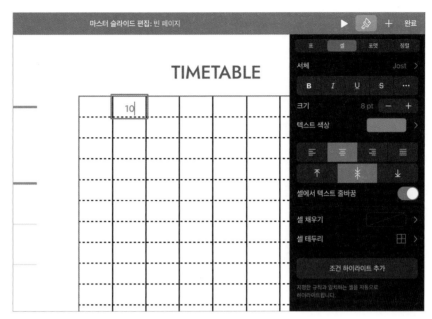

〈그림 3-64〉 타임 테이블 설정

표 안의 공간을 애플 펜슬로 더블클릭하면 텍스트를 입력할 수 있습니다. 10분, 20분, 30분 …을 입력합니다. 10분을 먼저 입력해주고, 우측 상단 붓 모양 아이콘을 클릭하여 스타일을 정해줍니다. 텍스트의 폰트와 크기를 지정해줍니다. 그리고 복사하여 나머지는 글자만 바꾸는 식으로 사용합니다.

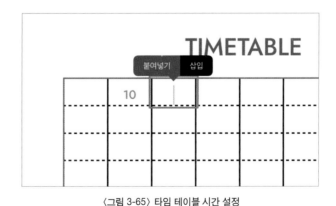

〈그림 3-65〉 타임 테이블 시간 설정

스타일을 입힌 텍스트를 붙여넣기해서 글자만 바꿔주면서 채워나갑니다.

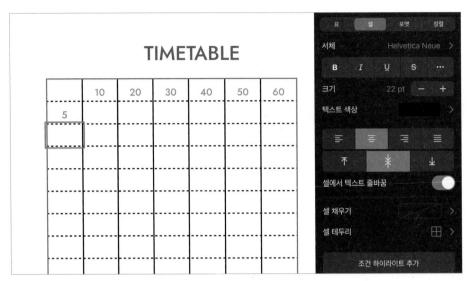
〈그림 3-66〉 타임 테이블 텍스트 붙여나가기

세로줄의 24시간을 쓰는 항목도 동일한 방법으로 [붙여넣기]하여 채워나갑니다.

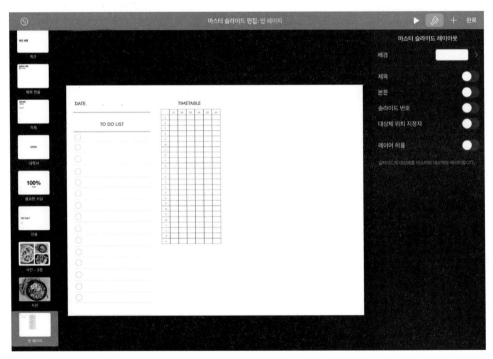
〈그림 2-67〉 세로줄 붙여넣기로 채우기

어느 정도 24시간의 10분 간격 타임 테이블을 완성했습니다.

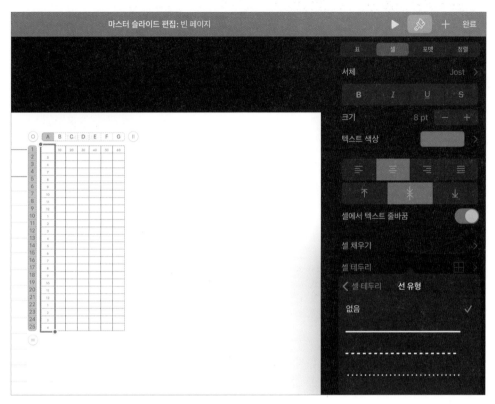

〈그림 3-68〉 타임 테이블 완성

24시간에 해당되는 부분의 칸을 둘러싸고 있는 테두리의 선을 지워보겠습니다. 10분 간격의
표만 보기에 좋도록 디자인을 수정하는 것입니다.

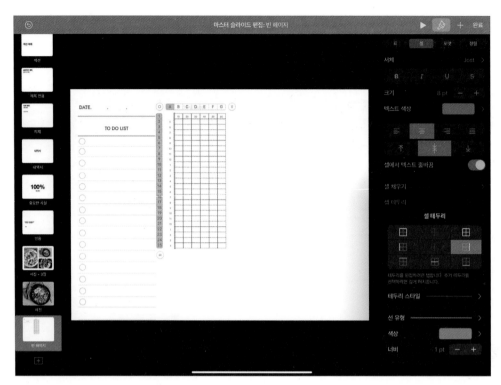

<그림 3-69> 표 테두리 선 지우기

세로줄을 선택하여 우측 상단의 붓 모양 아이콘을 클릭하여 선 유형에서 [없음]을 클릭하면서 지워줍니다.

 키노트에서 여러 가지 요소를 동시에 클릭한 상태로 두려면?

세로줄 전체를 선택하기 어려울 때에는 표 한 칸을 클릭한 상태에서 왼손은 키보드로 쉬프트 키를 클릭하고 오른손으로 다른 칸을 선택하면 동시에 선택된 상태가 됩니다. 다만, 이 경우에는 키보드가 필요합니다. 키보드가 없을 경우 하나하나 붙여넣기를 해야 합니다.

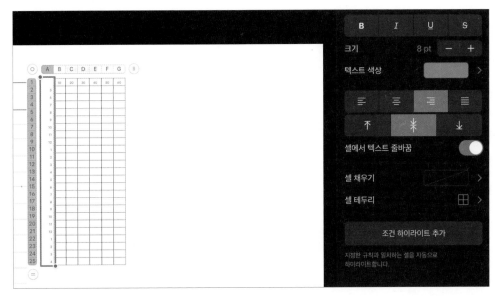

〈그림 3-70〉 텍스트 오른쪽 정렬

안의 텍스트가 표와 같이 하나의 그룹으로 묶여 보이도록 오른쪽으로 정렬시킵니다. 이전에 셀 테두리를 다 지웠습니다. 따라서 우측에 트인 선을 채우기 위해 [셀 테두리]에서 오른쪽 테두리에만 [선 유형]을 선택하여 선을 그어줍니다.

완성하고 보니, 타임 테이블이 너무 촘촘해서 표 우측 하단 모서리의 파란 점을 애플 펜슬로 클릭한 후 드래그하여 크기를 조정해줍니다.

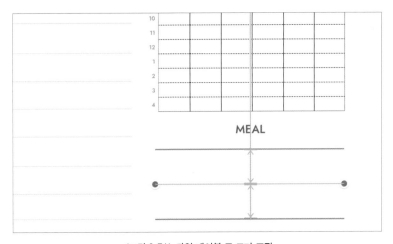

〈그림 3-71〉 타임 테이블 표 크기 조정

아래에 식단을 간단히 기입해 줄 수 있는 란을 만들어보겠습니다. 기존 할 일 목록을 썼던 텍스트 박스를 [복사하기] 후 [붙여넣기]로 텍스트 박스를 복사해줍니다. 그리고 나서 그 텍스트 박스의 글자만 바꿔 "Meal"을 입력해줍니다. 한글로 "식단"이라고 적어도 됩니다. 마찬가지로, 선도 기존에 사용했던 선을 복사하여 붙여넣기로 사용해주면 기존의 선 굵기나 색상이 그대로 유지됩니다. 선이나 텍스트 박스의 위치를 조정할 때 키노트에서는 보조선이 자동으로 인식되어 뜹니다. 위치를 중심 보조선에 맞추어줍니다. 아침, 점심, 저녁, 간식의 영어 약자인 B, L, D, S를 적어 표시해줍니다.

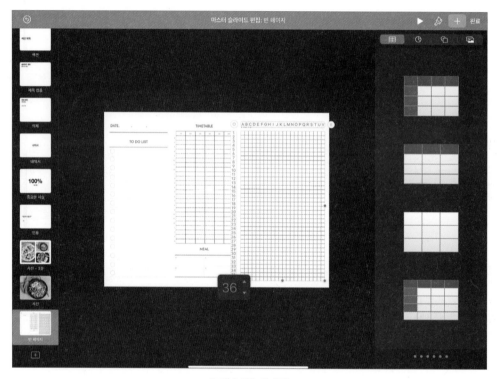

〈그림 3-72〉 셀 추가

그리고 옆의 메모란도 셀을 추가하여 만듭니다. 모눈 바탕을 만들어보겠습니다. 양측 모서리를 클릭하여 안의 셀 모양이 정사각형이 되게 계속 늘립니다.

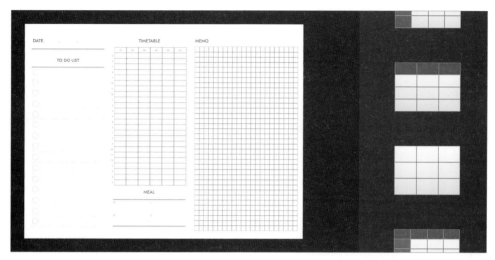

〈그림 3-73〉 셀 추가

늘리면 모눈 바탕의 모양이 얼추 갖춰졌습니다.

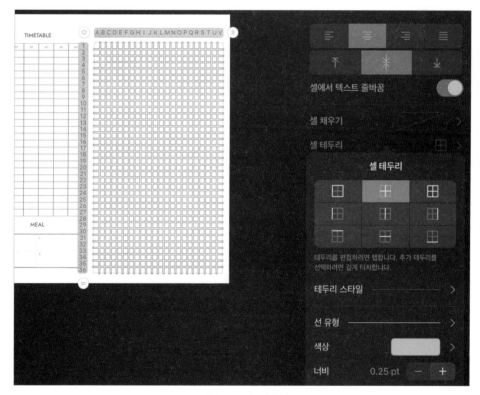

〈그림 3-74〉 모눈 바탕 완료

우측 상단의 붓 모양을 클릭하여 셀 테두리의 색상을 옅게 채워주고, 선 굵기 또한 0.25pt로 얇게 해주었습니다.

〈그림 3-75〉 테두리 색상과 선 굵기 수정

이렇게 모눈 바탕이 채워진 메모란이 완성되었습니다.

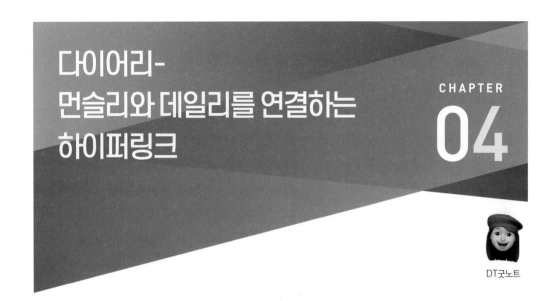

다이어리-
먼슬리와 데일리를 연결하는
하이퍼링크

CHAPTER

04

DT굿노트

이제, 키노트에 하이퍼링크를 어떻게 넣는지 알아보겠습니다.

하이퍼링크란?

문서 안에서 특정 위치에 페이지나 자료를 연결할 수 있는 참조 고리입니다. 다이어리를 만들 때 하이퍼링크 기능을 이용하면 굿노트 앱에서 해당 영역을 클릭하여 원하는 페이지로 갈 수 있어서 유용합니다. 꼭 페이지가 아니어도 원하는 유튜브 영상의 링크라던지, 웹 사이트 주소도 연결시킬 수 있습니다. 이 책에서는 굿노트 다이어리를 위한 페이지를 연결하는 하이퍼링크 기능을 주로 사용하도록 하겠습니다.

〈그림 3-76〉 데일리 페이지에서 하이퍼링크 도형 만들기

데일리 페이지를 엽니다. 여기서 위클리로 넘어가는 하이퍼링크를 걸 버튼 모양의 도형을 만들겠습니다. 그리고 도형이 선택된 상태에서 우측 상단의 붓 모양 아이콘을 눌러 스타일을 수정해줍니다. 채우기에서 원하는 버튼 색상으로 채워줍니다. 회색으로 채우겠습니다. 버튼 위에 'Monthly'라는 텍스트를 쓰려고 합니다.

우측 상단의 플러스 아이콘을 클릭해 텍스트 박스를 생성해줍니다. 그러면 버튼 모형 위에 텍스트가 입력됩니다. 도형의 크기를 조절하여 적당하게 텍스트를 감싸고 있는 크기 정도로 수정해줍니다.

〈그림 3-77〉 하이퍼링크 도형 크기 조절

하이퍼링크를 걸어보겠습니다. 도형을 클릭하면 뜨는 팝업 말풍선에서 [링크]를 클릭합니다.

〈그림 3-78〉 하이퍼링크 걸기

디폴트 값(기본적으로 적용되는 값)이 다음 슬라이드로 지정됩니다. 그렇지만 [다음 슬라이드에 링크]라는 항목을 클릭해서 내가 원하는 페이지의 링크를 체크해주어야 합니다.

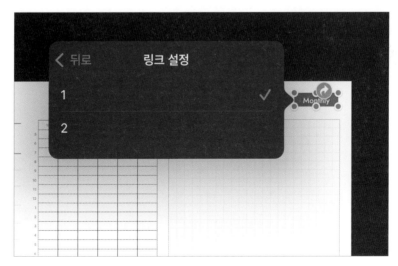

〈그림 3-79〉 하이퍼링크 설정

먼슬리 페이지는 1페이지이므로 1을 체크합니다.

〈그림 3-80〉 1 체크

하이퍼링크가 걸린 도형은 파란 화살표가 떠 있습니다. 링크가 잘 걸렸는지는 나중에 굿노트에서 열어서 확인해야 합니다.

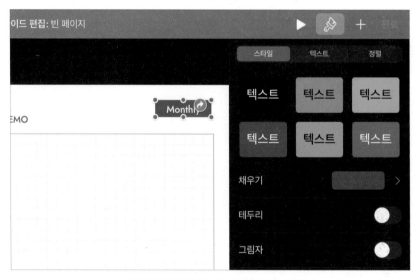

〈그림 3-81〉 완료 버튼 누르고 데일리 페이지 완료

우측 상단 모서리에 [완료]를 누르면 마스터 편집 페이지에서 나갈 수 있습니다. 여기까지, 데일리 페이지를 완성해보았습니다. 마스터 페이지에서 빠져나와서 이제 한 달 분량의 데일리를 만들어보겠습니다. 좌측 하단 네모 안에 [+] 아이콘을 선택하여 새로운 슬라이드를 생성해줍니다.

새로운 슬라이드를 생성할 때 이전 마스터 페이지에서 만들었던 데일리 페이지를 선택해줍니다. 일주일이 7일이고, 한 달이 5주인 다이어리이므로 35일을 만들어줍니다.

〈그림 3-82〉 새 슬라이드 생성

 마스터 페이지와 슬라이드를 복사해서 페이지를 늘리는 것과의 차이

수정 사항이 있을 때 마스터 페이지에서만 수정하면 한 번에 그 마스터가 적용된 페이지에 모두 적용됩니다. 하지만 슬라이드를 복사해서 늘려주면, 수정사항이 있을 때마다 일일히 다 복사해서 붙여넣기로 수정을 해야 해서 번거롭습니다. 다이어리를 만들 때는 반복되는 페이지 디자인이 많으므로 마스터 페이지를 잘 활용하는 것이 좋습니다.

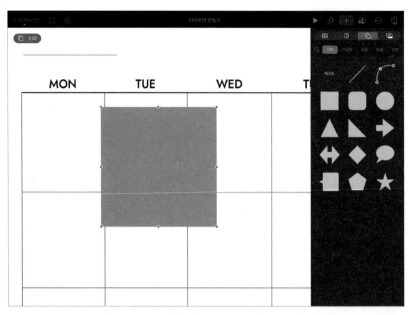

〈그림 3-83〉 먼슬리와 데일리를 이어주는 하이퍼링크 만들기

이제, 먼슬리 페이지와 데일리 페이지를 이어주는 하이퍼링크를 만들어보겠습니다. 우측 상단 [+] 아이콘을 클릭하고 도형을 클릭해 만들어줍니다.

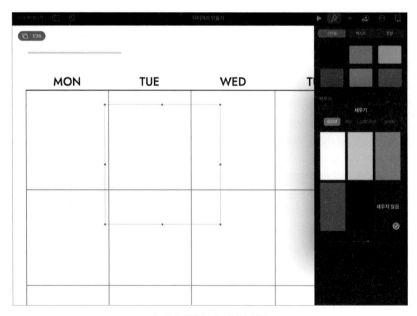

〈그림 3-84〉 날짜 기입란 설정

먼슬리 페이지에서 추후에 날짜를 굿노트 앱에서 기입하여 쓸 부분을 만드는 작업입니다. 도형의 파란 점을 클릭하여 날짜를 기입할 수 있을 정도의 크기로 조정합니다. 도형이 선택된 상태에서 붓 모양 아이콘을 클릭해 채우기를 [채우지 않음]으로 색상을 비워줍니다.

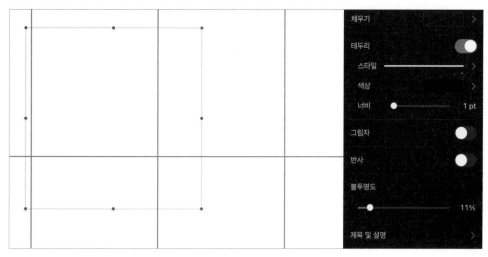

〈그림 3-85〉 불투명도 조절

불투명도를 낮게 조절해줍니다. 굿노트에서 펜으로 날짜를 써줄 것이기 때문에 그 날짜의 글자보다 더 돋보이는 선이 되면 보기에 좋지 않습니다. 나만 알아볼 수 있는 정도의 농도로 해주는 것이 좋습니다.

〈그림 3-86〉 도형 복사 및 붙여넣기

도형을 복사하기 후 붙여넣기로 나머지 먼슬리 칸에 만들어줍니다.

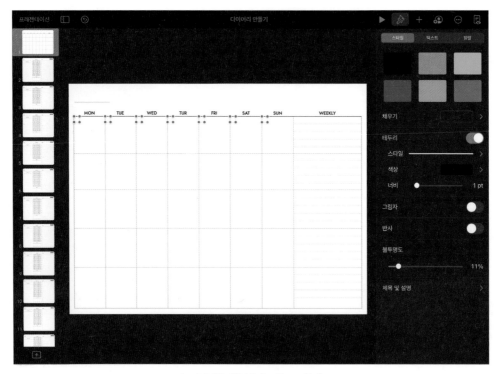

〈그림 3-87〉 정렬에서 그룹으로 묶기

하나씩 복사 및 붙여넣기를 하는 수고로움을 조금이라도 덜기 위해 일주일 분량을 다 만들면 한꺼번에 선택하여 정렬에서 그룹으로 묶어줍니다. 그러면 그룹이 하나로 인식되어 한번에 복사와 붙여넣기를 할 수 있습니다.

TIP 그룹을 만들기 위해서 한 번에 요소들을 클릭하는 방법은, 애플 펜슬로 요소를 클릭하고 왼손으로는 키보드로 쉬프트 키를 누른 채 다른 요소들을 클릭하는 것입니다.

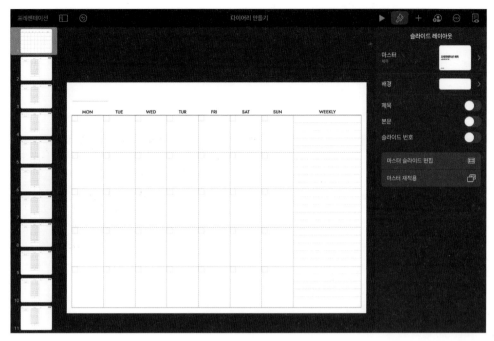

〈그림 3-88〉 일주일 분량 그룹으로 묶기

일주일 분량을 하나의 묶음으로 잡아서 복사 및 붙여넣기하여 만들어나갑니다.

〈그림 3-89〉 굿노트 먼슬리 페이지에서 데일리 페이지로 이동하는 하이퍼링크 걸기

굿노트에서 먼슬리 페이지를 열었을 때 저기에 날짜를 기입하고, 기입한 날짜의 칸을 클릭하면 그에 해당하는 데일리 페이지로 이동하도록 하이퍼링크를 걸어보겠습니다. 데일리 페이지는 2페이지부터 36페이지까지입니다. 도형을 클릭하면 뜨는 말풍선에서 [링크]를 클릭해줍니다.

〈그림 3-90〉 도형마다 링크 걸기

그리고 데일리 페이지를 2페이지서부터, 다음은 3페이지, 4페이지 차례대로 도형마다 링크를 걸어줍니다. 이 작업을 하다 보면 어디까지 했는지 헷갈릴 때가 있습니다. 그럴 때는 애플펜슬로 위에다 임시 숫자를 표기하고, 링크를 모두 걸고 나서 숫자를 지워주면 됩니다. 펜슬로 임시 숫자를 표기해보겠습니다.

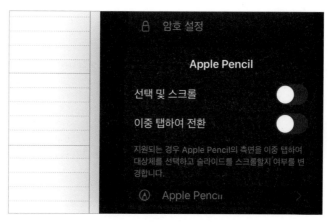

〈그림 3-91〉 애플 펜슬 설정 - 활성화

우측 상단의 [⋯] 아이콘을 눌러 [기타] 항목에 들어가면 애플 펜슬 설정이 있습니다. [선택 및 스크롤]을 꺼줍니다. 그러면 애플 펜슬이 도형이 인식되는 상태가 아니라, 필기를 하는 상태 가 됩니다.

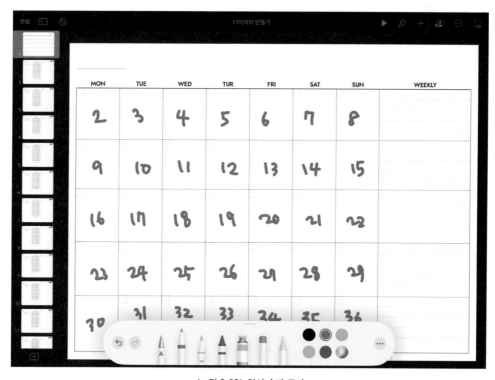

〈그림 3-92〉 임시 숫자 표기

하이퍼링크를 걸 페이지를 임시로 숫자 표기합니다. 그리고 하이퍼링크를 걸어줍니다.

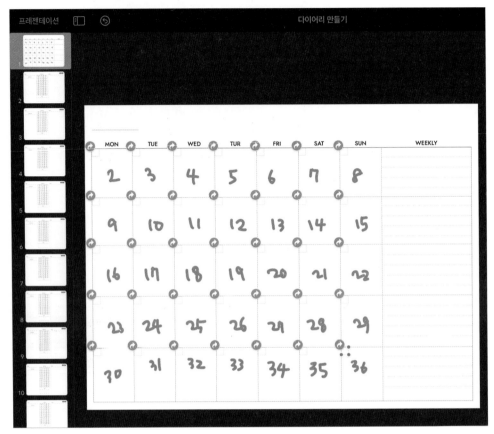

〈그림 3-93〉 헷갈리지 않게 임시 숫자 표기

도형에 하이퍼링크를 걸때 적혀진 숫자를 보면서 적으면 헷갈리지 않습니다. 날짜 기입란에
다 하이퍼링크를 걸어주었습니다.

TIP **지루한 하이퍼링크 걸기 작업**

하이퍼링크를 거는 작업에 지름길은 없는 것 같습니다. 하이퍼링크를 걸 때는 노동요를 틀어놓고, 다
이어리의 1년 분량 12개월을 한꺼번에 하는 것보다 한 달씩 나눠서 한 달씩 걸어 나갑니다. 필자도 하
이퍼링크를 걸 때는 시간이 걸렸습니다. 하지만 하이퍼링크를 한 번 걸어두면, 일 년 내내 사용합니다.
그리고 제대로 만든 파일을 하나만 만들어두면 이후 복사해서 마스터 페이지만 편집해나가며 다른 용
도나 디자인의 다이어리를 파생해나갈 수 있습니다.

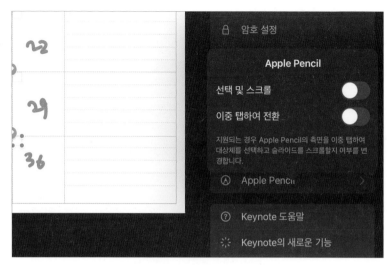

〈그림 3-94〉 애플 펜슬 설정 - 비활성화

다시 애플 펜슬의 설정을 선택 및 스크롤을 비활성화해줍니다.

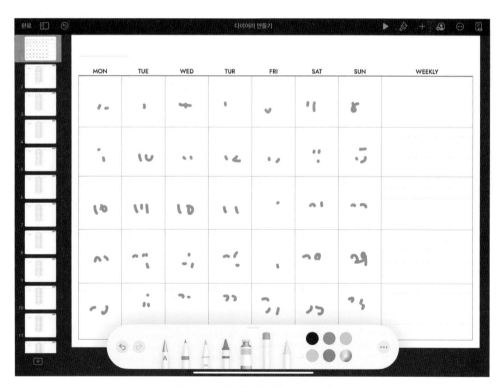

〈그림 3-95〉 지우개로 임시 숫자 지우기

지우개로 임시로 적어두었던 날짜들을 다 지워줍니다.

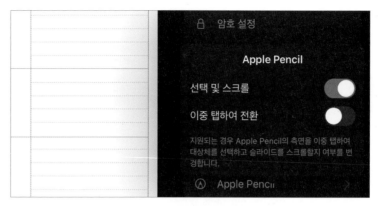

〈그림 3-96〉 애플 펜슬 모드 전환

우측 상단의 [⋯] [기타] 항목에서 애플 펜슬 설정을 선택 및 스크롤로 바꿔주면서 선택하는 모드와 필기하는 모드로 전환해가면서 사용하셔야 합니다. 임시 글자를 쓰거나 지울 때는 선택 및 스크롤이 비활성화된 상태여야 하고, 도형을 그릴 때 애플 펜슬이 마우스 역할을 하여 선택하도록 할 때는 활성화 버튼을 켜주셔야 합니다.

이제 굿노트로 옮겨보겠습니다. 우측 상단의 [⋯] 아이콘을 눌러 [기타] 항목으로 들어갑니다. [내보내기]를 클릭하여 PDF 파일로 내보내기 합니다.

〈그림 3-97〉 PDF 파일로 내보내기

굿노트 앱으로 내보내기 합니다. 또는 굿노트에서 열기하여 굿노트 앱으로 보내줍니다.

〈그림 3-98〉 굿노트로 불러오기

굿노트로 불러와 링크를 확인해보세요. 하이퍼링크를 확인하다 보니, 편리하지 않은 부분을 발견하면 다시 키노트로 돌아가 수정해줍니다.

〈그림 3-99〉 굿노트에서 더 보기로 찾기

굿노트에서 복사를 찾지 못했다면 [더 보기]란을 클릭하여 찾아보세요.

TIP 아이패드에서 쓰는 하이퍼링크 다이어리를 만들 때 하이퍼링크를 통해 모든 페이지 간의 이동이 자유로운지를 확인해야 합니다. 페이지를 하이퍼링크를 타고 이동하다가 막다른 골목에 다다르지 않는지 확인해야 한다는 의미입니다. 어떠한 페이지로 이동하든 간에, 다음 행동을 제시해줄 수 있어야 합니다.

만든 다이어리는 만년형 다이어리로, 굿노트 앱에서 날짜를 기입하여 다음 달, 다다음 달 계속 사용할 수 있습니다. 날짜를 모두 입력한 후, 일요일과 공휴일을 한 번에 빨간색으로 바꿀 수 있습니다. 올가미 툴을 사용할 때는 내가 선택할 요소가 활성화되어 있어야 합니다. 즉, 필기를 올가미 툴로 인식하기 위해서 [필기] 활성화 버튼이 켜져 있는지 확인한 다음 올가미 툴을 사용해야 합니다.

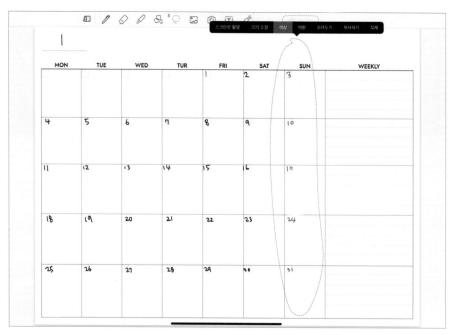

〈그림 3-100〉 다이어리 빨간 날짜 한꺼번에 바꾸기

일요일과 공휴일을 올가미 툴로 묶어서 클릭해주면 말풍선이 뜹니다. [색상]을 클릭해줍니다. 일요일과 공휴일을 올가미 툴로 묶어서 색상을 바꿔줍니다.

굿노트는 읽기 모드와 쓰기 모드로 구분되어 있습니다. 우측 상단 펜 모양의 아이콘을 클릭하여 읽기 모드로 변환되었을 때만 하이퍼링크가 작동합니다. 쓰기 모드일 때는 하이퍼링크가 작동하지 않습니다. 다만, 쓰기 모드일 때는 하이퍼링크 영역을 꾸욱 클릭한 채 누르고 있으면 [링크 열기]라는 말풍선이 뜹니다. 말풍선을 눌러 하이퍼링크 페이지로 이동할 수 있습니다. 1월 1일에 걸린 하이퍼링크를 통해 해당 데일리 페이지에 가서 1월 1일을 적어줍니다.

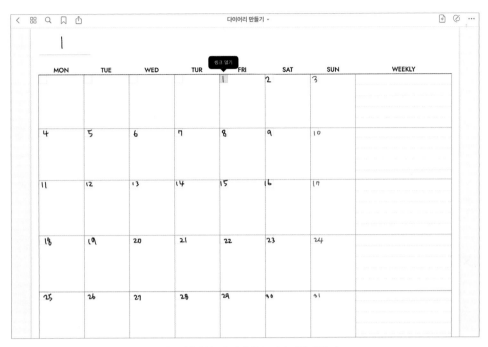

〈그림 3-101〉 올가미 툴로 날짜 색상 변경

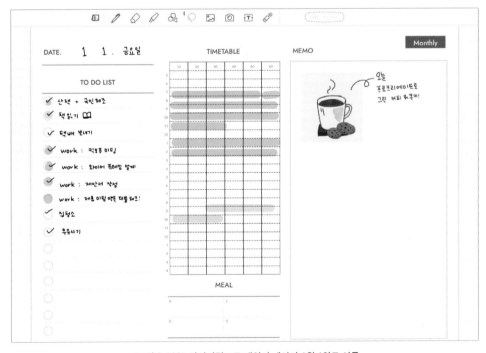

〈그림 3-102〉 하이퍼링크로 데일리 페이지 1월 1일로 이동

데일리 페이지 사용 예시입니다. 할 일 목록을 작성해준 후 형광펜으로 할 일마다 앞 체크리스트를 색칠했습니다. 그리고 타임 테이블에 그 할 일을 해야 하는 시간을 정해 색칠해주었습니다. 그리고 메모란에는 오늘 그렸던 그림을 이미지로 첨부해보기도 하고, 메모를 적어보았습니다.

포인트 컬러로
디자인 입혀보기

CHAPTER
05

DT굿노트

그동안 여기까지 만든 다이어리가 기본적인 형태로 만들어 보기를 마쳤다면, 포인트 컬러를 주어서 옷을 입혀보겠습니다. 디자인을 구성하는 요소는 선, 면에 색상을 입힐 수 있습니다. 포인트 컬러는 한 가지로 정하고, 그 계열에서 연한 색, 진한 색을 불투명도로 조정하면서 서로 잘 어울리도록 해보겠습니다. 데일리 페이지에 색을 입혀보겠습니다. 먼저, 마스터 슬라이드 편집으로 들어가서 수정해주도록 하겠습니다.

<그림 3-103>과 같이 면을 색으로 다 채운 형태를 메모란으로 수정해보겠습니다. 그리고 붓 모양 아이콘을 클릭하여 스타일에서 원하는 색상을 선택해 채워줍니다. 필자는 진한 청록색 계열을 선택했습니다. 이 색상 위주로 진한 색, 연한 색 등을 조절하여 쓸 것입니다. 색상은 바탕의 연한 색이 되도록 해줍니다.

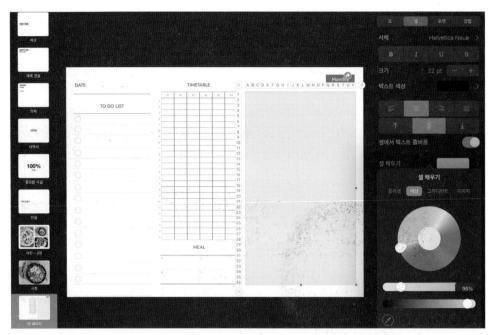

〈그림 3-103〉 마스터 슬라이드 편집 (1)

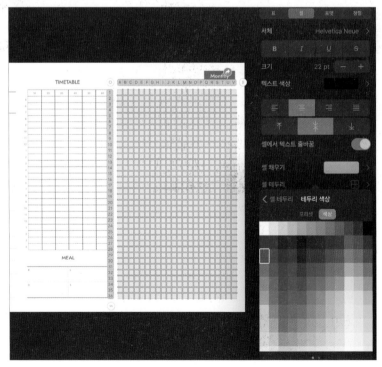

〈그림 3-104〉 마스터 슬라이드 편집 (2)

모눈 안의 셀 선 색상을 바탕보다 진하게 수정해줍니다.

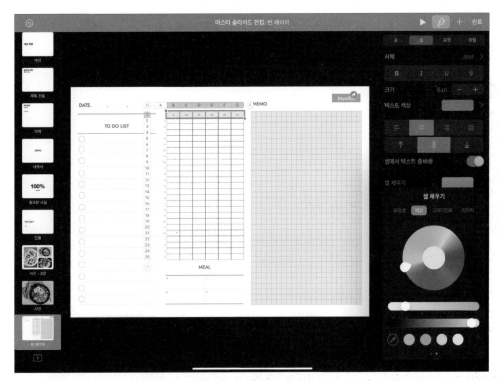

〈그림 3-105〉 마스터 슬라이드 편집 (3)

글자 뒤 제목을 색상으로 채운 형태로 타임 테이블 최상단, 시간 부분을 수정해보겠습니다.
타임 테이블의 맨 위 칸을 모두 선택해줍니다. 쉬프트 키를 누르고 하나씩 클릭해주면 동시
에 선택됩니다. 선택한 상태에서 붓 모양 아이콘을 클릭해 [셀 채우기]를 통해 배경 색상을
칠해줍니다. 그리고 그 안의 텍스트 색상은 흰색으로 바꿔줍니다.

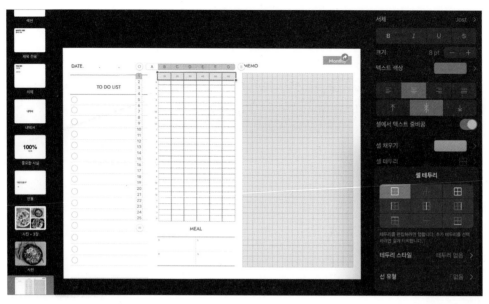

〈그림 3-106〉 마스터 슬라이드 편집 (4)

셀 테두리를 선택하여 셀 테두리 스타일을 [테두리 없음]과 선 유형을 [없음]으로 선택해줍니다.

〈그림 3-107〉 마스터 슬라이드 편집 (5)

표 안의 선 또한 색상을 입혀줍니다. 채도가 좀 낮은 색이어야 색이 강해서 눈부시지 않습니다.

〈그림 3-108〉 마스터 슬라이드 편집 (6)

텍스트의 색상을 바꿔 보겠습니다. 텍스트끼리 모아 요소를 한 번에 다 클릭해줍니다. 전체를 선택하는 방법은 한 요소를 클릭 후 키보드에서 쉬프트 키를 누른 채로 다른 요소를 선택하면 한번에 선택됩니다. 그리고 붓 모양 아이콘을 클릭해 텍스트 색상란 포인트 색상 계열에서 짙은 색으로 설정해주었습니다.

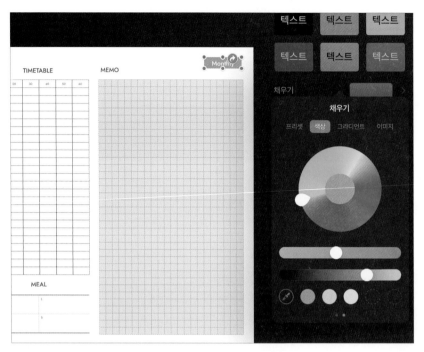

〈그림 3-109〉 마스터 슬라이드 편집 (7)

버튼 부분도 색상을 바꾸어줍니다.

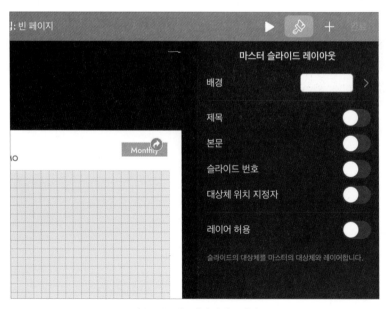

〈그림 3-110〉 마스터 슬라이드 편집 (8)

우측 상단 [완료]를 클릭하면 마스터 슬라이드가 편집이 다 끝나고 되돌아갑니다. 되돌아가면 마스터 페이지로 만들어주었던 모든 데일리 페이지에 동일하게 색이 들어가 있는 것을 알 수 있습니다.

자신이 원하는 좋아하는 색상으로 디자인 스타일을 입혀보세요. 선 두께, 얇기에 따라서도 강약이 조절되므로 느낌이 다릅니다. 일직선을 쓰느냐 점선을 쓰느냐, 면을 채우느냐, 밝게 채우느냐에 따라서도 느낌이 다릅니다. 적당한 느낌을 찾아갈 때의 기준은 강약입니다. 내가 어디에 강약을 줄 것인지 생각하면서 디자인 스타일을 입혀야 합니다. 제목이 되는 부분과 본문이 되는 부분을 구별해 제목이 되는 부분을 강하게 스타일을 입혀주면 됩니다.

5-1 다운로드 ▶

이와 같은 방법으로 만들어진 하이퍼링크가 걸린 1년 분량의 만년형 다이어리를 QR 코드를 통해 다운로드할 수 있습니다.

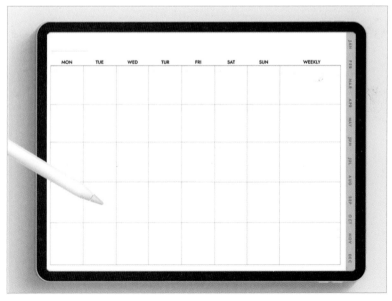

〈그림 3-111〉 먼슬리 페이지

먼슬리 페이지입니다. 12달로 12페이지이며, 우측 바인더로 각 1월~12월까지에 해당 페이지로 이동하도록 하이퍼링크가 걸려있습니다.

〈그림 3-112〉 데일리 페이지

〈그림 3-113〉 키노트 서식 및 데코 스티커 8종 다운로드

부자 되는
가계부 만들기

CHAPTER
06

DT굿노트

시간을 관리하는 다이어리를 만들어 보았다면, '시간'이라는 개념을 '돈'이 되도록 하게 만든다고 생각하면 이해가 쉽습니다. 시간 관리를 위한 다이어리를 만들 때에는 "나에게 주어진 시간"과 "내가 써야 하는 시간"으로 크게 2가지로 분류해서 어떻게 효율적으로 관리할 수 있게 만드느냐에 달려 있습니다.

다이어리뿐만 아니라, 가계부라면 관리해야 할 'What'이 '시간' 대신 '돈'인 것이고, 다이어트 다이어리라면 관리해야 할 'What'이 '칼로리'가 되는 것이죠. 그렇게 해서 내 삶의 여러 분야를 관리할 수 있는 툴을 스스로에게 맞춰 만들어볼 수 있습니다.

가계부를 만들면서, 다른 나의 라이프 생활에도 응용해서 여러 서식을 만들어보기를 바랍니다. 시간과 마찬가지로 우리에게 한 달에 주어지는 돈은 한정적입니다. 특히 시간처럼 돈의 사용 또한 눈에 보이지 않아서 돈이 쌓이고 없어지는 것이 시각화되게 만들어 새는 돈을 줄이고, 주어진 예산 안에서 소비하도록 돕는 것이 가계부의 큰 역할입니다. 이미 나와 있는 가계부 앱도 많지만, 수기로 적는 가계부를 권장하는 것은 내 지출에 대해 스스로 돌아보고자 하는 데에 있습니다. 나의 생활 패턴과 지출 유형에 따라 지출 계획을 세워야 합니다. 이제, 아이패드로 직접 내 생활 패턴에 맞는 가계부를 만들어보겠습니다.

6-1 가계부의 구성 요소 파악하기 ▶

| 고정지출 파악과 나의 소비 패턴 파악하기 |

숨만 쉬어도 빠져나가야 하는 돈이 고정지출입니다. 그리고 고정입금에서 고정지출을 뺀 나머지가 변동지출입니다. 변동지출의 범위 안에서 저축과 소비를 해야 지출의 범위 내에서 소비를 할 수 있습니다. 먼저 나의 지출 패턴을 파악해야 합니다.

총 수입 - 저축&투자 - 부채 - 고정지출 - 비상금 = 소비지출

한 달간 총수입과 총지출 항목들이 한눈에 보이는 서식을 만들 수 있게 스케치해보았습니다.

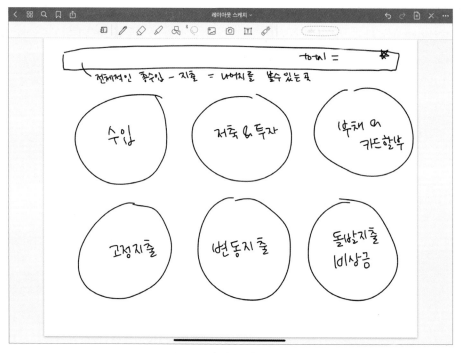

〈그림 3-114〉 수입과 지출 항목 스케치

러프하게 한눈에 한 달의 돈의 흐름과 분류가 잘 보이게 스케치해보았습니다.

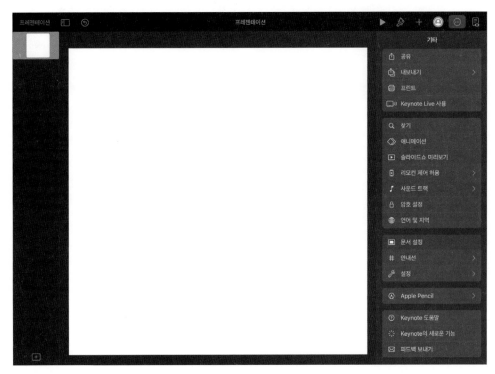

〈그림 3-115〉키노트에서 새 문서 생성

키노트에서 새 문서를 열어줍니다. [⋯] 아이콘을 클릭하며 문서 설정에 들어가면 용지 크기를 변경할 수 있습니다.

〈그림 3-116〉 용지 비율 설정

4:3 비율의 슬라이드로 설정해서 그려보도록 하겠습니다.

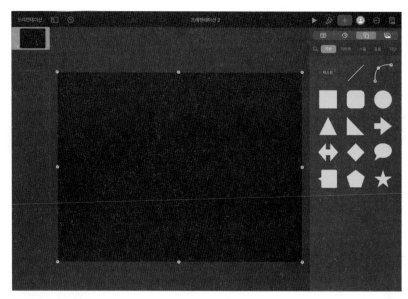

〈그림 3-117〉 도형 생성

우측 상단의 플러스 [+] 아이콘을 선택해 네모난 도형을 선택해서 생성합니다. 전체 화면이 덮일 만큼 크기를 늘려줍니다.

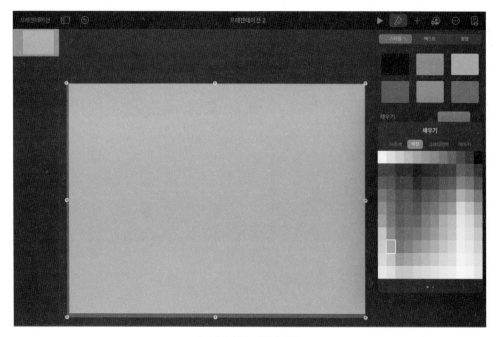

〈그림 3-118〉 바탕색 설정

붓 모양 아이콘을 클릭하여 색상을 채워줍니다. 바탕색을 채울 때는 채도가 너무 높지 않은 색으로 해주어야 눈부시지 않습니다. 채도가 높을수록 앞으로 다가와 보이고 채도가 낮을수록 뒤로 멀어져 보이기 때문입니다.

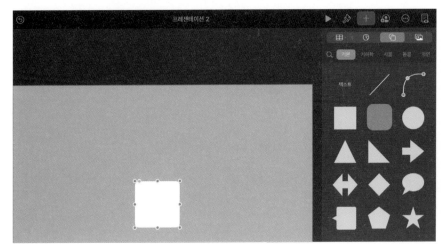

〈그림 3-119〉 바탕 위에 요소 만들기 (1)

바탕 위에 영역 요소를 하나씩 만들어보겠습니다.

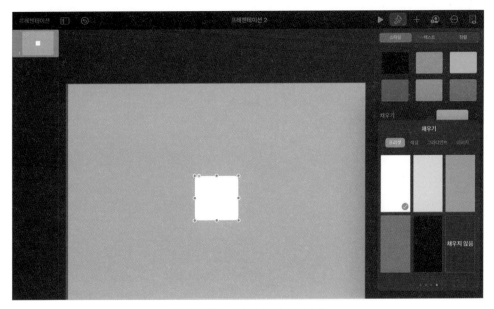

〈그림 3-120〉 바탕 위에 요소 만들기 (2)

도형을 선택한 상태에서 붓 모양 아이콘을 눌러 채우기 효과에서 흰색의 바탕이 되도록 채워
줍니다.

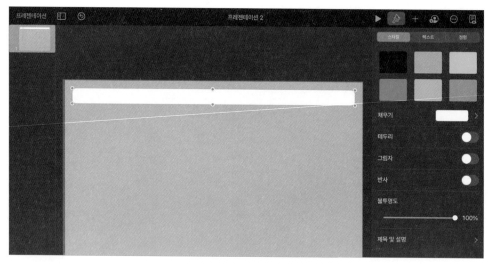

〈그림 3-121〉 요소 키우기

모서리가 둥근 사각형을 선택하여 파란 포인트를 드래그해서 크기를 조절해 줄 수 있습니다.

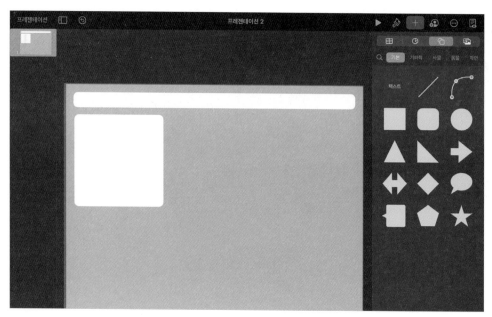

〈그림 3-122〉 모서리가 둥근 사각형 만들기

같은 방법으로 또 모서리가 둥근 사각형을 만들고 바탕을 하얗게 채워줍니다.

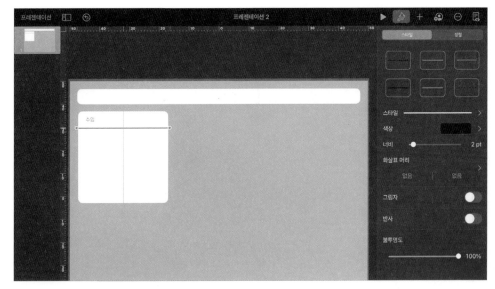

〈그림 3-123〉 바탕 하얗게 채우기

우측 상단의 [+] 플러스 아이콘을 클릭해 도형에서 텍스트 박스를 생성해줍니다. 스케치처럼 각 영역의 타이틀의 텍스트를 입력해줍니다.

〈그림 3-124〉 둥근 사각형에 선 긋기

우측 상단의 [+] 플러스 아이콘을 선택해 도형에서 선을 만들어줍니다. 선 색상은 바탕색과 같이 해줍니다. 그래야 영역에서 벗어나더라도 바탕색과 같으므로 일일이 정확하게 맞추지 않아도 됩니다. 선은 복사하기 붙여넣기로 아래에 선들을 더 만들어보겠습니다.

선을 클릭해 선택된 상태에서 붓 모양 아이콘을 클릭하여 선 스타일을 변경해줍니다. 제목 아래의 하위 개념에 해당되는 선을 그을 것이므로 점선으로, 기존의 선보다는 좀 더 약하게 그어줍니다.

〈그림 3-125〉 선 스타일 변경

이 선도 복사 및 붙여넣기를 통해 늘려줍니다.

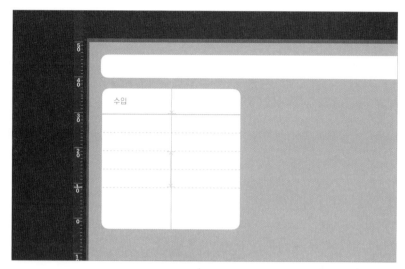

〈그림 3-126〉 선 늘리기

선을 붙여넣기로 늘려나가다 보면 서로 간격이 같도록 키노트에서 보조선이 나타납니다. 그 선을 의식하며 간격이 일정하도록 맞춰주세요.

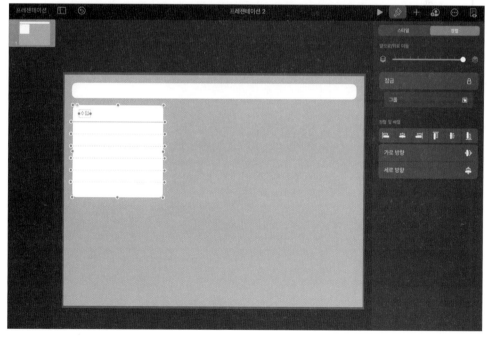

〈그림 3-127〉 선 간격 맞추기

이렇게 한 영역이 완성되었습니다. 이 영역을 복사해서 붙여넣기로 다른 영역들도 만들어나가겠습니다. 복사하기 위해 어떤 한 요소를 선택한 다음, 키보드에서 왼손으로 쉬프트 버튼을 누른 채로 다른 요소들을 클릭하면 한번에 선택됩니다.

그 상태로 그룹화시킬 수 있습니다. 붓 모양 아이콘을 클릭하고 정렬이라는 탭에 들어가서 [그룹]을 클릭해줍니다. 그러면 선택한 요소들이 하나의 그룹으로 묶입니다. 그룹을 묶었을 때 편리한 점은, 복사를 할 때 일일히 선택하지 않고 묶인 큰 덩어리를 한 번만 클릭하면 모두 인식되기 때문입니다.

정렬 부분에서 짚고 넘어가야 할 개념이 레이어입니다. 앞으로/뒤로 이동, 이 부분의 아이콘을 잘 보면 네모난 것들이 쌓여 있는 것을 볼 수 있습니다. 이것을 레이어라고 합니다. 투명한 유리창이 겹겹이 있다고 생각하면 이해가 쉽습니다. 어떤 요소를 선택했는데 그게 다른 요소 아래 깔려 있다, 그런데 그걸 위로 올리고 싶다면 저 정렬 탭에서 [앞으로/뒤로 이동]으로 조절하여 순서를 바꿀 수 있습니다.

〈그림 3-128〉 그룹 복사

복사 및 붙여넣기로 그룹을 복사해왔습니다.

<그림 3-129> 항목 설정

텍스트 부분을 애플 펜슬로 더블클릭하면 글자의 내용을 바꿀 수 있습니다. 항목별로 해당 내용을 입력해 수정해줍니다. 상단의 박스는 더블클릭하여 안에 글자를 입력했습니다. 상단에 총수입과 총지출의 분류들을 기록할 수 있습니다.

이렇게 한 달간의 수입, 저축, 투자, 부채, 고정지출, 변동지출, 돌발지출로 분류해보았습니다. 총수입과 저축 금액을 입력하고 고정적으로 나가는, 즉 숨만 쉬어도 어쩔 수 없이 빠져나가야 하는 돈의 액수들을 적고 남은 금액들로 변동지출과 돌발지출을 구성해야 합니다. 그래야 예산 안에서 사용할 수 있고 돈이 새는 것을 막을 수 있습니다. 돌발지출은 비상금으로 두면 됩니다. 비상금으로 얼마를 떼어 두었다가 갑자기 발생한 경조사 등 예상하지 못했던 지출로 사용합니다.

변동지출에서 돈이 남으면 비상금으로 옮기고, 비상금에서 돈이 남으면 다음 달로 이월시켜서 돈을 저축합니다. 또한, 용돈이 모자르면 비상금에서 조금 더 끌어와서 쓸 수 있도록 재정 설계를 해야 합니다.

| (총 수입 | - 저축&투자 | - 부채&할부 | -고정지출 |) = (변동지출 | +돌발지출 |) |

수입		저축&투자		부채 & 카드 할부	
월급	2500,000	적금	100,000	카메라 할부금 (13/24)	200,000
부업 알바	300,000	청약저축	20,000	전세대출 이자	340,000

고정지출		변동지출 (용돈)		돌발 지출 (비상금) 100,000	
집세	220,000	사고싶은것		박의금	
넷플릭스 프리미드 구독	16,000			축의금	
핸드폰 요금	80,000				

〈그림 3-130〉 항목별 분류

굿노트에서 서식을 불러와서 사용해본 모습입니다. 노란 형광펜으로 그은 항목은 월급을 받으면 꼭 나눠놓고 써야 하는 것들을 표시했습니다.

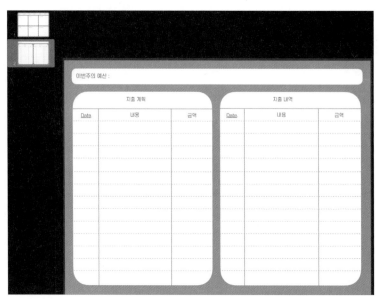

이번주의 예산 :					
지출 계획			지출 내역		
Date	내용	금액	Date	내용	금액

〈그림 3-131〉 지출 내역 항목 2개 생성

그리고 다음 장에는 자세한 내용을 적을 수 있는 란을 같은 방법으로 만들었습니다. 왼쪽에는 지출 계획을 적고, 오른쪽에는 실제로 한 지출 내역을 적습니다. 내가 가진 예산 안에서 지출 계획을 적어보고 적으면서 이게 꼭 필요한지 생각해 볼 수도 있습니다. 그리고 최대한 계획성 있는 지출을 할 수 있도록 실제 지출한 내역도 적고, 그보다 더 많이 사용했다면 반성하는 마음으로 적습니다.

카드 내역이 자동으로 변환되는 앱도 있고, 자동으로 계산되는 가계부 앱 등 좋은 앱들이 많이 있는데요, 수기로 내 글씨로 가계부를 작성하는 일이 더 좋은 이유는, 적으면서 내 소비를 돌아보기 때문입니다. 돈의 흐름은 눈에 보이지 않습니다. 그래서 수기로 적는 가계부를 통해 돈을 분류별로 시각화해야 하고, 적으면서 돈의 액수가 줄어드는 것을 체감하는 시간이 되어야 할 것입니다.

인생을 풍성하게
만들어 줄
버킷 리스트

CHAPTER
07

DT굿노트

우리 삶을 진정으로 행복하게 만들어 주는 요소는 무엇일까요? 돈과 인기, 아름다운 외모를
가졌다고 해도 자신만이 가진 외로움과 공허함, 우울증은 해결해주지 못합니다.

> 하버드대학교 경영대학원 교수인 마이클 I. 노튼(Michael I. Norton)은 비싼 레스토랑에 한 번 가는
> 것보다는 적당한 수준의 단골 레스토랑을 자주 이용하는 것이 본인의 행복도를 높이는 데 도움이
> 된다고 한다. 이처럼 주말 나들이나 자신을 위한 맛있는 커피 한 잔, 금요일 저녁에 좋아하는 영화를
> 보는 등 소소한 즐거움을 일상적으로 누리는 사람은 소득 수준에 상관없이 삶의 만족도가 높다는
> 영국의 연구 결과도 있다.
>
> 《행복을 위한 '절약'을 실천하라》 중에서

자신을 진정으로 행복하게 만들어주는 요소가 무엇인지 생각하면서 버킷리스트를 작성해봅
시다. 버킷리스트를 막연히 작성하기보다는 분류를 세워서 작성해보는 것이 좋습니다. 인간
관계, 가족, 커리어, 금융, 교육, 자기개발, 취미, 기타 등등 원하는 항목의 분류를 세워 버킷
리스트를 작성해봐도 좋겠습니다.

이번에 만들 버킷리스트 서식은 연령대별로 작성하고 미래일기를 써볼 수 있도록 하겠습니다. 구체적으로 내 미래의 모습을 상상하며 나는 그 리스트를 이룸으로써 어떤 효과를 가지게 될지, 주변엔 누가 있을지, 어디 살고 있을지 무슨 옷을 입고 있는지까지 상상해보세요. 상상 후에 적는 것은 꿈을 이루는 데 막연히 생각만 하는 것보다 더욱 효과적입니다. 버킷리스트를 조금 디자인이 들어간, 인생을 여행하는 데 필요한 티켓 느낌의 디자인으로 만들어보겠습니다.

학습 포인트!

- 색상을 마음대로 설정하기
- 그림자 효과 넣기
- 그룹을 지어 복사하기

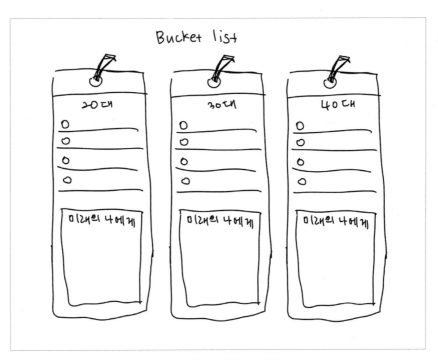

〈그림 3-132〉 버킷리스트 작성

티켓 디자인으로 버킷리스트를 생성하고 마지막에는 미래의 나에게 보내는 편지를 쓰고자
스케치했습니다.

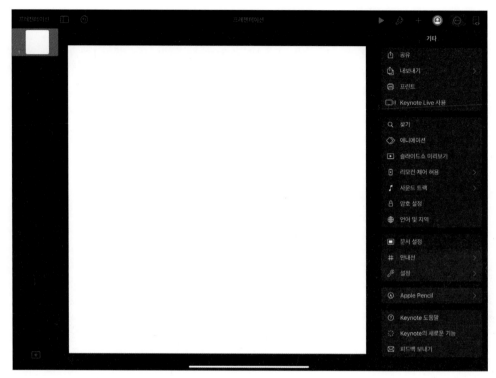

〈그림 3-133〉 슬라이드 크기 변경

슬라이드를 열고 문서 설정에서 슬라이드의 크기를 변경할 수 있습니다. 이번에는 정사각형
용지에 그려보겠습니다.

〈그림 3-134〉 슬라이드 크기 설정

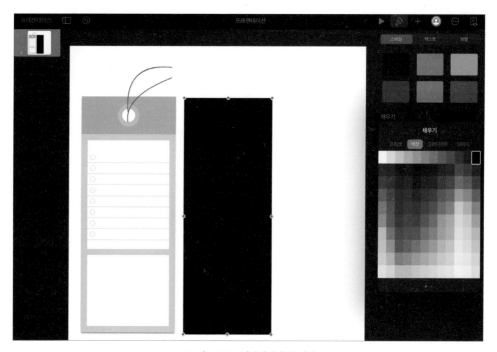

〈그림 3-135〉 정사각형 용지 설정

동일한 모양을 3개 그릴 것이므로, 설명의 이해를 돕고자 첫 번째 것 옆에 두 번째 것을 그리면서 함께 설명하겠습니다. 먼저 바탕이 될 사각형을 우측 상단의 플러스 [+] 아이콘을 클릭해 도형에서 생성해줍니다.

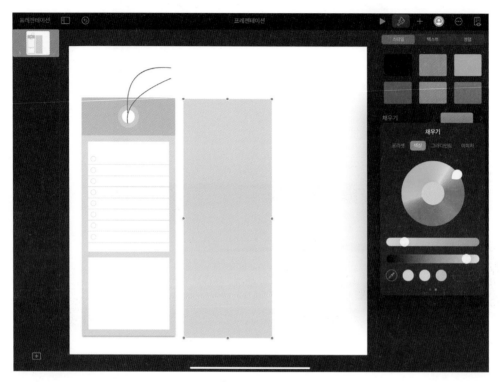

〈그림 3-136〉 도형 생성

각 모서리의 파란색 점을 드래그하면 크기를 조절할 수 있습니다. 길쭉하게 늘려줍니다. 도형이 선택된 상태에서 붓 모양을 누르면 스타일을 입힐 수 있습니다. 그중 채우기를 선택하고 그 안에서 색상으로 들어갑니다. 그러면 색상칩에서 선택해야 합니다. 그 단계에서 옆으로 쓸어 넘기듯이 제스처를 취하면 색상을 자유자재로 선택할 수 있는 동그란 색상환이 나옵니다. 여기서 채도와 밝기를 조절할 수 있습니다. 원하는 색상을 찍은 뒤 미세하게 채도와 밝기를 조절하여 원하는 색상을 설정합니다.

바탕의 그림자가 지도록 그림자 부분을 켜주시고
제일 무난한 첫 번째 그림자 효과를 선택해줍니다.

<그림 3-137> 채도와 밝기 조절하여 색상 설정

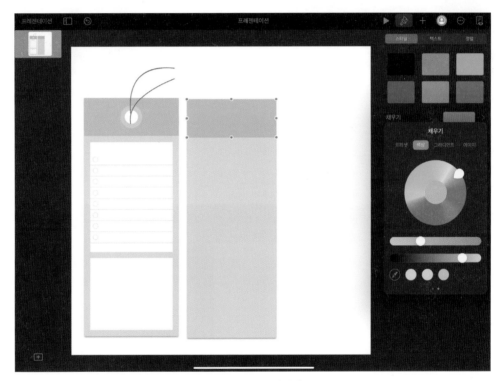

<그림 3-138> 도형 얹기

위에 같은 방법으로 도형을 그려 얹어줍니다. 조금 더 바탕보다 진한 색으로 채워주었습
니다.

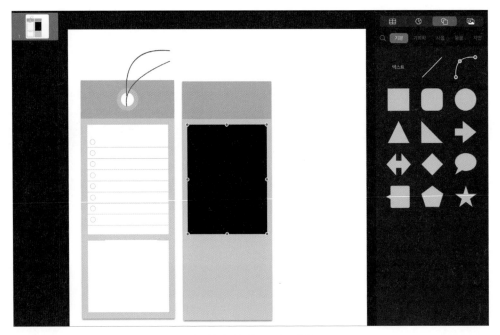

〈그림 3-139〉 텍스트 박스 생성

글을 쓸 텍스트 박스를 도형툴을 이용하여 생성해줍니다. 그리고 붓 아이콘을 클릭해 색상 채우기를 흰색으로 채워줍니다.

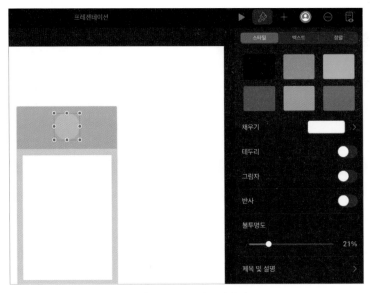

〈그림 3-140〉 동그란 도형 추가

동그란 도형을 추가하고 흰색으로 바탕을 채웠습니다. 그리고, 투명한 스티커가 붙은 느낌을 주기 위해 불투명도로 조절하여 뒷배경이 비치도록 해줍니다.

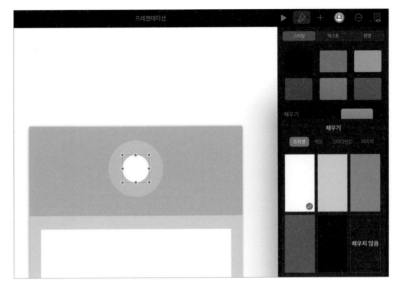

〈그림 3-141〉 불투명도 조절

구멍이 뚫려 뒷배경이 보이는 것처럼 만들어주기 위해서 배경색과 같은 색으로 동그란 모형을 만들어줍니다.

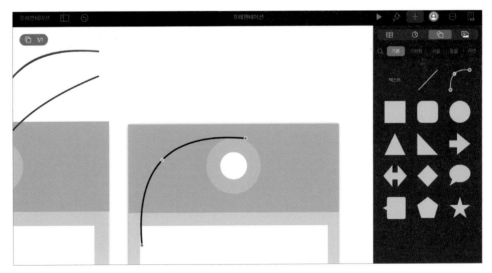

〈그림 3-142〉 끈 모양 추가

끈을 그려서 위에 얹어보겠습니다. 도형을 그리는 탭에서 자유곡선 툴을 선택하여 생성해줍니다. 점이 찍히지 않은 부분을 클릭하면 통째로 옮겨집니다.

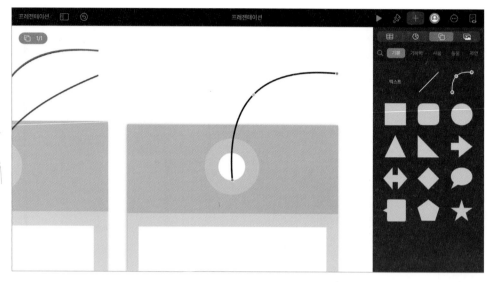

〈그림 3-143〉 도형 디테일 잡기 (1)

동그란 도형의 구멍에 맞춰서 실이 나온 듯한 표현으로 위치를 옮겨 만들어줍니다.

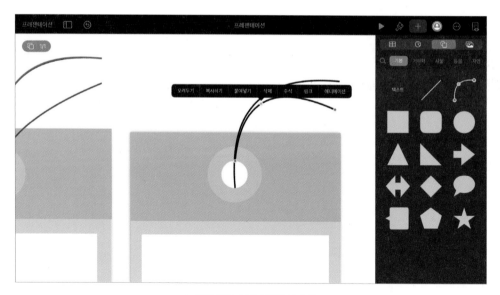

〈그림 3-144〉 도형 디테일 잡기 (2)

하나 더 그리고, 살짝 점을 클릭하여 변화를 줍니다.

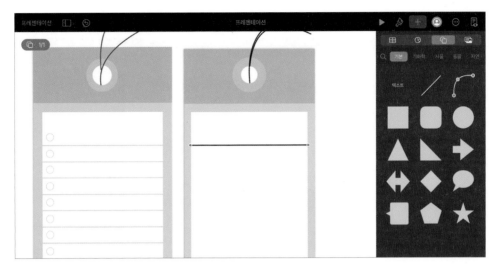

〈그림 3-145〉 리스트 선 긋기

버킷 리스트의 목록에 해당될 선을 그어보겠습니다. 우측 상단의 [+] 아이콘을 선택해 도형 탭에서 직선을 클릭합니다. 직선 끝의 파란 점을 클릭하여 수직을 맞춰줍니다.

〈그림 3-146〉 선 색 수정

선 색을 바탕색과 같은 색으로 수정해줍니다. 그래야, 바탕과 같은 색깔 선이기 때문에 하얀 바탕에서 벗어나가도 티가 나지 않습니다.

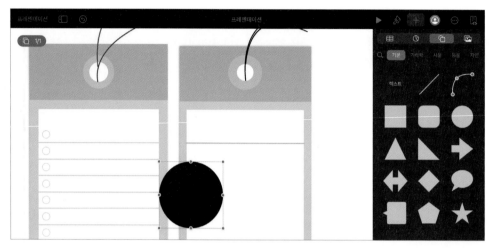

〈그림 3-147〉 블릿 생성

앞의 둥근 블릿을 만들어줍니다. 우측 상단의 [+] 아이콘을 선택해 둥근 모양을 생성해줍니다.

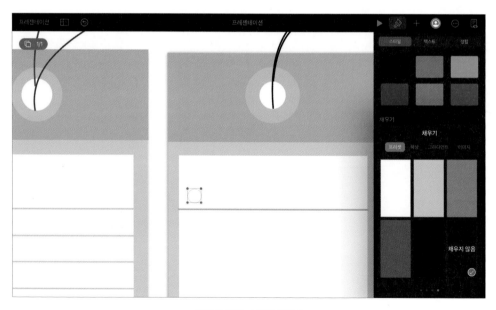

〈그림 3-148〉 스타일 입히기

도형을 선택한 상태에서 붓 모양 아이콘을 클릭해 스타일을 입혀줍니다. [채우지 않음]을 선택합니다.

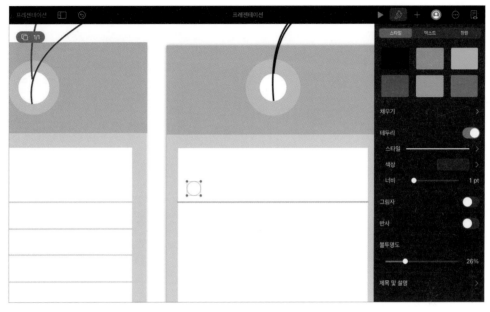

〈그림 3-149〉 불투명도 조절

활성화 버튼을 켜서 테두리를 만들어줍니다. 그리고 색상도 베이지 계열의 색상으로 선택해주었습니다. 그리고 불투명도를 낮춤으로써 제목이나 선보다 더 약하게 그어줍니다.

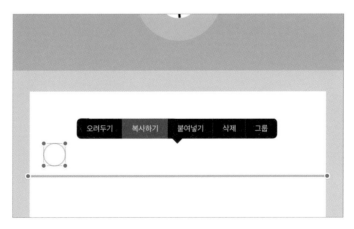

〈그림 3-150〉 나머지 선 긋기

선과 앞의 둥근 블릿을 함께 선택해줍니다. 함께 선택하는 방법은 애플 펜슬로 둥근 블릿을 선택하고 다른 손으로는 키보드의 쉬프트 키를 누른 채 선을 선택하면 두 요소가 한번에 선택됩니다. 한번에 선택하고 복사 및 붙여넣기로 나머지 선들을 만들어나갑니다.

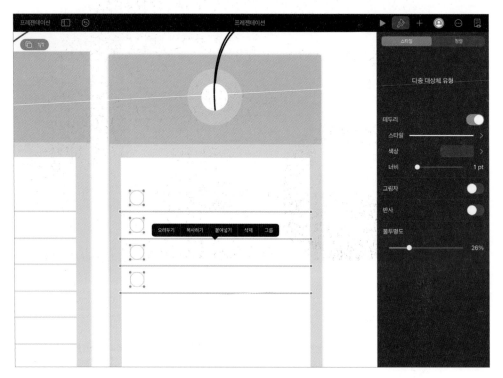

〈그림 3-151〉 용지 늘리기

4개 정도 그렸을 때 4개를 한번에 다 선택해서 복사 및 붙여넣기 해주면 4개가 모두 복사되어 8개로 늘어납니다.

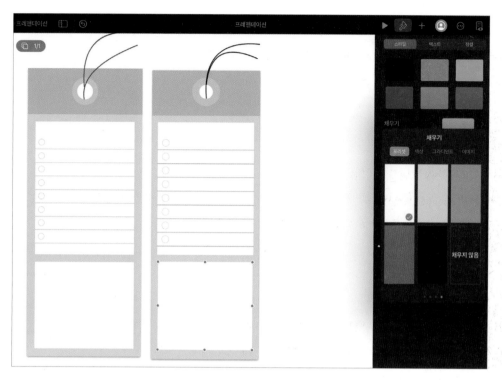

〈그림 3-152〉 각 용지 아래 공란 만들기

아래의 흰 배경을 만들어줍니다. 버킷리스트를 20대, 30대, 연령별로 만들어보고, 그 시기의 나에게 편지를 쓰는 란입니다. 버킷리스트를 이루었을 나에게 편지를 써보기로 하겠습니다. 그리고 텍스트 박스를 추가하여 '30대의 나에게'를 입력해줍니다.

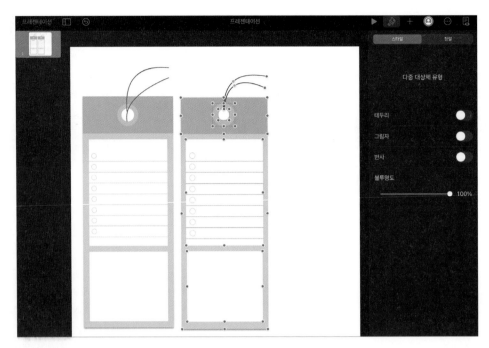

〈그림 3-153〉 버킷리스트 완료

완성했습니다. 다 만든 버킷리스트 전체를 한꺼번에 선택하여 그룹을 지어줍니다. 우측 상단 붓 모양 아이콘을 클릭해 정렬 탭에서 [그룹]을 선택합니다.

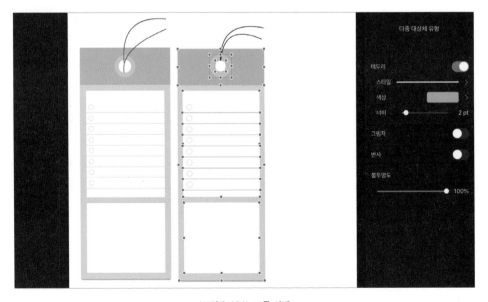

〈그림 3-154〉 그룹 선택

전체를 하나의 그룹으로 선택한 다음 복사하여 붙여넣기로 갯수를 늘려줍니다.

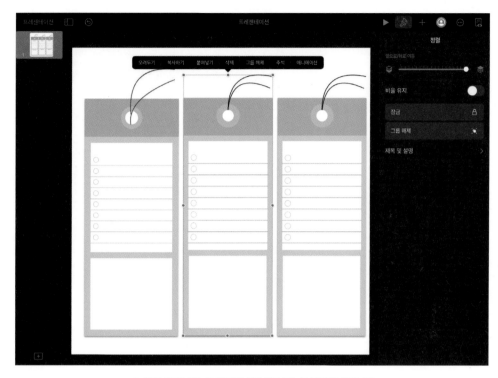

〈그림 3-155〉 키노트 앱에서 복사하여 굿노트 앱에서 붙여넣기

그리고 키노트 앱에서 [복사하기] 하여 굿노트 앱으로 가서 올가미 툴인 상태에서 [붙여넣기]
를 하면 굿노트에 그대로 복사됩니다.

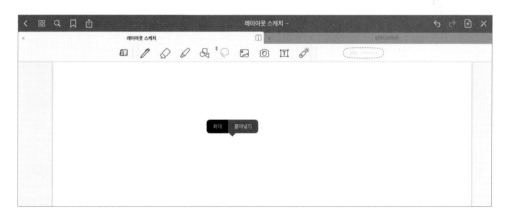

〈그림 3-156〉 올가미 툴 선택

키노트에서 요소를 복사하기 한 후, 굿노트에서 올가미 툴을 선택합니다. 복사하기를 해주면 옮겨집니다.

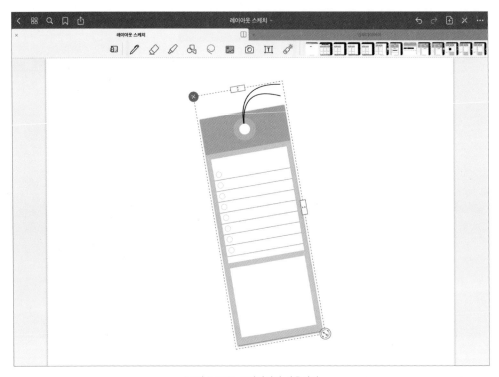

〈그림 3-157〉 스티커처럼 사용하기

굿노트 앱에서 올가미 툴이 선택된 상태에서 붙여넣기를 하면 〈그림 3-157〉처럼 스티커로 불러와 사용할 수 있습니다.

〈그림 3-158〉 버킷리스트 활용

버킷리스트와 함께 그와 관련된 사진을 첨부해서 꾸며 본 모습입니다. 필자의 버킷리스트 중 제주도 여행이 있었는데, 한 가지 이루었습니다!

글씨 연습
서식 만들기

CHAPTER

08

DT굿노트

아이패드에서 다이어리를 만들어 사용하다 보면, 손글씨가 예뻐지기를 바라는 욕심이 생깁니다. 그리고 종이에서 쓰던 내 손글씨와는 다르게 아이패드에서는 적응하기까지 글씨가 예쁘게 잘 써지지가 않죠. 그래서 이번에는 내 글씨를 교정하시고 싶거나 아이패드에서 글씨를 예쁘게 쓰기 위해 손글씨를 연습할 수 있는 서식을 만들어보겠습니다. 다이어리처럼 구조가 어렵지는 않습니다. 먼저, 글씨 연습을 할 텍스트를 준비해주세요.

좋아하는 책의 구절도 좋고, 노래 가사도 좋습니다. 글귀도 좋아요. 내 일기도 좋고요. 좋아하는 폰트가 아이패드에 깔려 있어야 합니다. 아이패드에 폰트를 설치하는 방법은 앞에서 폰트를 설치할 수 있는 앱 소개와 함께 다루었으니 참고하세요.

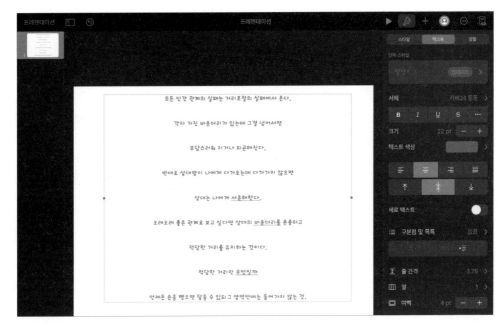

〈그림 3-159〉 텍스트 복사 및 붙여넣기

글씨 연습할 텍스트를 복사해서 붙여넣기합니다. 그리고 우측 상단 붓 모양 아이콘을 클릭해서 텍스트의 스타일을 변경해줍니다.

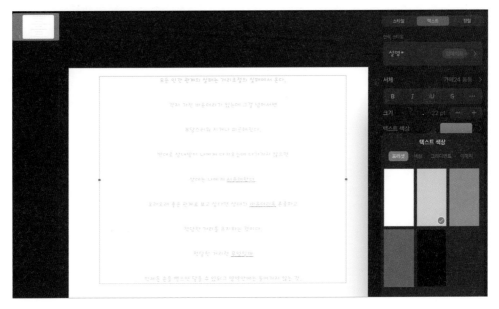

〈그림 3-160〉 설정

글씨는 연한 회색으로, 폰트는 여러분이 연습하고자 하는 종류를 사용해주세요. 그리고 글자의 아래 위 간격 즉 행간을 넓게 설정해줍니다. 옅은 색 글자 위에 따라 쓰고 그 밑에 또 따라 쓸 수 있도록 행간을 넓혀줍니다.

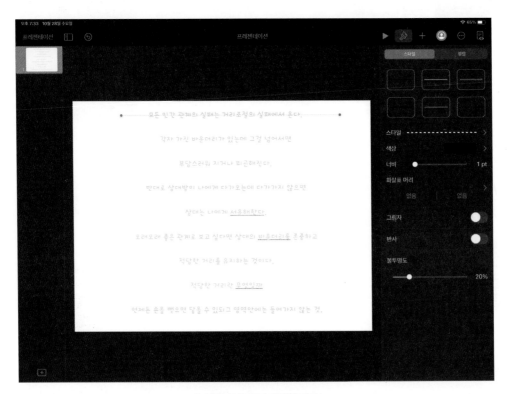

〈그림 3-161〉 글자 위 점선 얹기

글씨 위에 투명도를 조절하여 옅은 점선을 얹어줍니다. 글씨 중심을 찾아 가운데 얹어야 합니다. 한글은 '가나다라'에서 'ㅏ'의 중심이 되는 부분을 가운데로 보면 됩니다.

〈그림 3-162〉 행간 사이에 선 긋기

그리고 넓게 벌린 행간 사이에 선을 또 그어줍니다. 복사하기와 붙여넣기를 통해 점선을 그어줍니다. 그 위에 글씨를 따라 쓰기 위해서입니다.

〈그림 3-163〉 글씨체 연습 서식 완료

완성입니다! 완성된 글씨체 연습 서식을 굿노트로 불러와서 그은 점선이나 연습용 글씨체보다 더 진한 색으로 연습하면 됩니다.

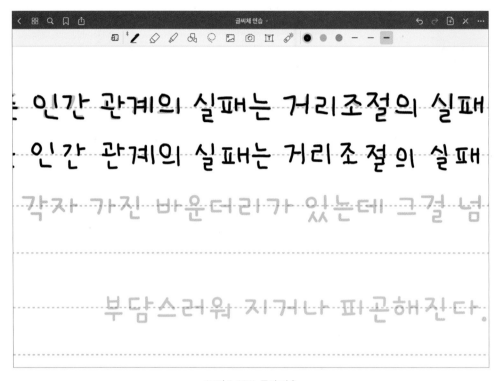

〈그림 3-164〉 글씨 연습

아이패드로 글씨를 연습할 때는 크게 확대해서 천천히 써주는 게 좋습니다. 종이 질감의 필름을 사용하거나, 펜촉에 끼우는 좀 더 미끄러지지 않는 액세서리 등을 기호에 맞게 사용하면 더욱 필기감이 높아집니다. 글씨는 한 사람의 오랜 습관이 굳어진 것으로 한번에 고쳐지기는 쉽지 않습니다. 꾸준한 연습을 통해 매일 해나가다보면 점점 교정이 되어가는 모습을 발견할 수 있을 겁니다.

내가 만든 서식을
판매해보자

CHAPTER

09

DT굿노트

이번에는 아이패드의 기능적인 사용법이 아니라, 그 기능을 활용하여 더 가치있게 만드는 법, 시장성 있게 만드는 법, 디자인 완성도를 더욱 높일 수 있는 방법들에 대해 다룹니다.

9-1 서식 시장의 규모와 잠재력 ▶

이 책을 통해 만든 다이어리 서식으로 수익을 얻을 수 있습니다. 굿노트 서식 시장, 'Digital template' 시장입니다. 나의 라이프 패턴과 비슷한 연령대, 같은 성별을 가진 소비자를 타깃으로 서식을 판매할 수 있습니다. 그리고 장점은 이 다이어리는 판매 건수에 따라 재고가 소진되지 않는다는 것입니다. 디지털 콘텐츠이므로 한번 만들어놓으면 계속 판매할 수 있습니다. 물론 택배 배송, 임대료 걱정도 없습니다.

내가 만든 서식, 나만 쓰기 아깝다면? 나의 노력과 시간에 가치를 매겨 판매해볼 수 있습니다. 'ETSY'라는 굿노트 서식 시장이 있습니다. 여기에 내가 만든 템플릿을 등록해 두기만 하면 배송 필요 없이 구매자가 직접 다운로드 버튼을 통하여 서식을 내려받습니다. 그리고 전 세계 고객이 오기 때문에 내가 자고 있는 동안에도 돈이 벌립니다. 특히 1위를 하고 있는 셀러의 디지털 판매량을 살펴보면 1억 개 이상의 판매량을 자랑합니다. 국내 시장과는 비교할 수 없을 정도로 많은 고객과 시장이 잠재되어 있습니다.

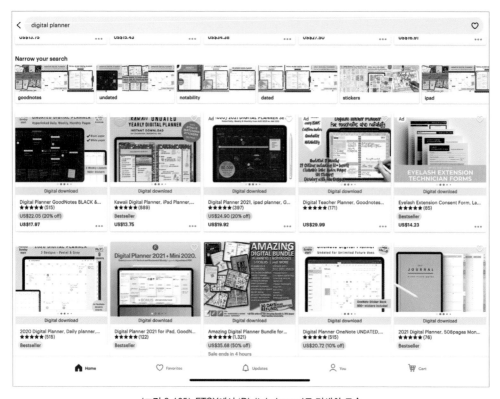

〈그림 3-165〉 ETSY에서 'Digital planner'로 검색한 모습

ETSY에서 'Digital planner'라고 검색하면 다양한 디지털 플래너들을 확인할 수 있습니다.

9-1-1 시장성 있는 서식을 만드는 방법

앞서 서식 만드는 툴의 활용법을 설명했다면, 이제부터는 잘 팔리는 서식을 만드는 방법에 대해 이야기하겠습니다. 시장성 있게 서식을 만드는 방법에 대해 이야기할 필자는 'DT굿노트'라는 브랜드를 키워왔습니다.

DT굿노트는 네이버에서 '굿노트' 관련 키워드 검색 시 네이버 쇼핑 랭킹 1위인 서식으로 다양한 사용자를 만나왔습니다(2020년 10월 30일 기준). 또한 ETSY라는 세계 사용자를 대상으로 한 디지털 서식 시장에서도 'DT Creative Group'이라는 셀러로 활동하면서, 디지털 다이어리를 판매하고 있으며 'Best seller' 배지를 달았습니다. 다양하고 많은 사용자를 만나면서 서식 시장에서 경험해온 노하우를 알려드리겠습니다.

시장성 있는 서식 제작 과정

1	타깃 설정	6	컬러칩
2	타켓 라이프 패턴 분석	7	제작
3	트렌드 조사	8	출시
4	구성 기획	9	홍보와 마케팅
5	디자인 스타일 결정	10	피드백 및 업데이트

| 타깃 설정과 기획 |

DT굿노트에서 아이패드에서 사용하는 스터디 플래너를 제작했지만, 필자인 제작자는 학생이 아닙니다. 그렇기에, 학생이라는 타깃을 설정하고 타깃의 아이패드 사용 행동 패턴을 조사하고 공통점을 발견합니다. 그리고 그 가상 인물을 한 명 설정한 후 일과를 예상해보며 필요한 체크 리스트 목록을 형성하고, 관리해야 될 목록들로 데일리 서식의 구성을 기획합니다.

상품을 제작할 때 가장 공을 많이 들이는 부분이 타깃 세분화입니다. 사용자 그룹을 특징별로 묶어 세분화합니다. 굿노트 상품화의 경우 직장인, 학생, 다크모드를 사용하는 사용자, 취미로 아이패드를 사용하는 그룹 등 그룹별로 사용자를 세분화하여 개발합니다.

| 디자인 스타일 결정 |

그런 다음 기획에 맞는 디자인 스타일을 입합니다. 앞서 굿노트 서식을 만드는 과정에서도 언급했지만, 조금 더 자세히 다뤄보도록 하겠습니다. 구성의 기획은 뼈대와 몸이라고 친다면 디자인은 어떤 옷을 입느냐에 대한 부분입니다. 어떤 옷을 입히느냐에 따라 어떤 분위기를 풍기고 싶은지 결정합니다.

서식의 디자인 요소는 선, 폰트, 배경의 스타일로 이루어져 있습니다. 같은 내용의 구성이라도 디자인 스타일에 따라 다른 인상을 풍길 수 있습니다. 예를 들어, 빈티지 스타일, 현대적이고 모던한 스타일, 뉴트로 스타일 등 디자인 콘셉트의 주제를 잡습니다.

그리고 레퍼런스를 조사합니다. 조사를 하다 보면 그 콘셉트가 가지고 있는 디자인의 특징이 있습니다. 그 디자인의 특징을 살리면 그 콘셉트의 분위기를 담고 있는 서식으로 재탄생됩니다. 뉴트로라는 디자인 콘셉트에 대한 자료 조사를 핀터레스트에서 합니다. 뉴트로란 레트로와 뉴의 합성어로 레트로를 현대에 맞게 재해석한 콘셉트입니다. 뉴트로 풍의 디자인을 관찰하다보면 공통점을 발견할 수 있습니다. 그것이 그 디자인 콘셉트가 가진 특징입니다.

뉴트로는 굵은 선을 주로 사용합니다. 보색 대비가 되는 선명한 색상을 사용합니다. 그리고 폰트를 잘 살펴보면 헤르베티카 볼드를 자주 씁니다. 스마일 패턴도 자주 등장하죠.

| 컬러칩 |

디자인 스타일을 결정했다면, 컬러칩을 구성해줍니다. 컬러는 3가지 정도로 정합니다. 주색 1가지와 나머지 색 2가지를 정하는데, 2가지 색은 주색과 잘 어울리는 색상으로 정해줍니다. 타깃을 20대 소녀 감성의 여성이라고 정했다면, 그에 맞는 소녀스럽고 러블리한 색상들을 조사해봅니다. 소녀 감성의 러블리한, 그러면서도 비비드 컬러를 자료 조사한 컬러들입니다. 조사를 통해 연구하여 디자인된 뉴트로 스타일의 러블리한 색상의 다이어리입니다.

〈그림 3-166〉 소녀 감성의 러블리한 다이어리

〈그림 3-167〉 다이어리 속지

TIP 위 다이어리는 Dtgoodnote.com 사이트의 [무료속지]에서 다운로드할 수 있습니다.

| 제작 |

앞서 설명한 과정에 따라 하이퍼링크를 걸며 상품을 제작하여 출시합니다. 필자는 다이어리를 제작할 때 하이퍼링크를 거는 노동에 대해서는 아직 지름길을 발견하지 못했습니다. 1년 분량의 하이퍼링크를 거는 작업은 방대하기 때문에 12일로 나누고 하루에 한 달씩 작업하면서 꾸준히 해나갑니다.

제작하면서 실제로 굿노트에서 사용할 때 불편한 점이 무엇인지에 대해 민감해져야 합니다. 그래야 더 좋은 사용감을 가진 서식을 제작할 수 있습니다. 특히 제작자가 1만큼 불편함을 느낀다면, 사용자는 10만큼의 불편함을 느낀다는 생각으로 테스트합니다.

| 홍보 및 마케팅 |

아무리 좋은 상품이어도 누구도 제품의 존재를 모른다면 판매가 되지 않겠죠. 홍보를 시작합니다. 타깃층이 가장 많이 사용하는 플랫폼에 광고를 합니다. 플랫폼이란 네이버 포털사이트, 인스타그램, 유튜브 등을 말합니다.

즉, 선정한 사용자 타깃이 아이패드를 구매한 후 온라인에서 할 행동의 시나리오로 만듭니다. 그리고 경로를 추적해서 그곳에 광고를 냅니다. 아이패드를 사고 뭘 검색할지, 뭘 관심 있게 볼지, 어디를 찾아갈지, 어떤 키워드를 검색할지 등을 수집하고 가게 될 경로에 광고를 하는 것입니다. 이는 콘텐츠 마케팅의 한 방법으로, 굿노트와 관련된 콘텐츠나 굿노트 사용자가 궁금해할 콘텐츠를 플랫폼에 발행해나가며 상품을 접목시켜 홍보합니다.

굿노트를 구입했다면 굿노트 사용법에 대해 검색해볼 것이고, 굿노트를 사용하면서 겪는 불편함을 인터넷에서 검색해볼 것입니다. 그와 같은 유용한 정보와 함께 홍보해 나갑니다. 이벤트로 무료 서식을 공유하면서 홍보해 나갈 수도 있습니다. 그러면 그 브랜드를 경험해보고, 유료 상품을 선뜻 사기에는 어색한 구매 과정을 고객이 한번 학습해 봄으로써 다음 구매 과정으로 자연스럽게 유도할 수 있기 때문입니다.

| 피드백과 업데이트 |

상품 발송 이후 여러 사용자가 사용하면서 피드백이 발생합니다. 상품 피드백이 반영되면서 더 사용하기 편한 상품이 되기 위해서는 업데이트하며 발전해나가야 합니다. 굿노트 앱의 새로운 기능이 업데이트되면 이 기능을 활용해서 업무를 향상시킬 수 있는 서식을 개발할 수도 있습니다.

PART 4

굿노트와
함께 쓰자,
프로크리에이트

요즘 대세는
프로크리에이트
다꾸!

CHAPTER

01

밤톨

프로크리에이트는 아이패드 앱스토어에서 굿노트, 노타빌리티와 함께 유료 앱 TOP 3를 놓치지 않는 디지털 드로잉 앱입니다. 디지털 드로잉 입문자부터 전문가까지 고루 사랑받는 앱이죠. 그런데 그림 그리는 앱으로 다꾸를 하다니, 약간 생소하게 느낄 수도 있습니다. 왜 디지털 다꾸러들은 프로크리에이트로 다꾸를 할까요? 어떻게 디지털 드로잉 앱으로 다꾸를 할 수 있을까요?

이유는 간단합니다. 굿노트가 필기 앱으로서의 역할은 물론 다이어리를 꾸미기에도 훌륭하지만, 굿노트에서 다이어리를 꾸밀 때 느껴지는 한계와 단점을 프로크리에이트가 보완해주기 때문이죠.

굿노트	프로크리에이트
펜 종류가 한정적이다.	펜 종류가 많고 브러시를 다운로드 받아 사용이 가능하다.
사진이 많으면 렉이 걸려 강제 종료가 되기도 한다.	레이어가 많아도 비교적 안정적이다.
스티커를 자를 때 크기가 불규칙하게 잘려 크기를 일정하게 맞추는 게 번거롭다.	크기가 일정하게 잘려 사용이 용이하다. 특히 숫자/문자 스티커처럼 한 사진에서 여러 스티커를 자를 때 크기가 일정해서 편리하다.

굿노트	프로크리에이트
레이어 기능이 없어 잘라내기를 사진의 순서를 통해 조정해야 한다.	레이어 기능이 있어 사진의 순서를 바꾸고 싶을 때 레이어를 이동할 수 있다.
서식의 변형 없이 원본 그대로만 사용할 수 있다.	다이어리의 분위기에 맞게 색감 조정을 하거나 가우시안 효과를 통해 그림자를 넣는 등의 디테일한 작업이 가능하다.

프로크리에이트는 드로잉 앱으로, 그림을 그릴 때 사용하기 좋은 여러 기능들이 있습니다. 프로크리에이트를 어떻게 다이어리를 꾸밀 때 활용할 수 있을까요? 프로크리에이트의 기능을 이용해서 더욱 완성도 높은 다이어리를 꾸밀 수 있지만, 유료이기 때문에 구매를 망설이고 있거나 기능 사용을 어려워하는 분들을 위해 다꾸 과정을 직접 보여주면서 유용한 기능들과 꿀팁들을 함께 설명하겠습니다. 이번 파트에서는 프로크리에이트의 기능 자체를 자세하게 설명하기보다는 기능들이 다꾸에 어떤 방식으로 활용될 수 있는지에 중점을 두고 설명하겠습니다.

STEP 01 스플릿 뷰와 드래그 앤 드롭 기능을 활용하여 서식 불러오기

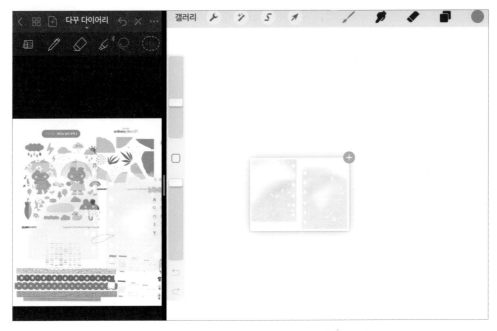

〈그림 4-1〉 굿노트와 프로크리에이트를 스플릿 뷰로 열어 사진을 드래그 앤 드롭

필자는 굿노트에 다이어리 속지와 스티커를 보관해 놓기 때문에 먼저 굿노트에서 다꾸에 사용할 속지와 스티커를 한 페이지에 모아둡니다. 다꾸를 시작하기 전 사용할 서식을 한 페이지에 모아보면 스티커가 다이어리에 어울리는지를 파악할 수 있고 스티커 간의 조화를 확인할 수 있기 때문에 완성도가 높은 다이어리를 꾸밀 수 있어요. 그 다음 굿노트와 프로크리에이트를 '스플릿 뷰'로 열어 프로크리에이트로 하나씩 '드래그 앤 드롭'하면서 스티커를 옮겨줍니다. 마치 다이어리와 스티커북을 책상 위에 펼쳐 놓고 다이어리를 꾸미는 듯한 느낌이 듭니다.

STEP 02 올가미 기능을 활용해 스티커 잘라내기

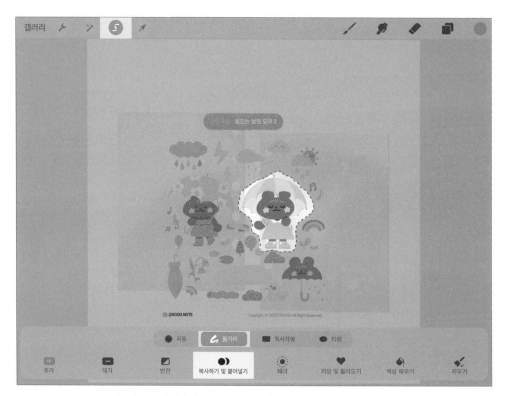

〈그림 4-2〉 올가미 툴로 스티커를 자른 후 복사 및 붙여넣기 버튼 누르기

먼저 다이어리를 불러온 후 사용할 스티커를 하나씩 불러옵니다. 왼쪽 상단에 '선택' 툴을 클릭하면 다양한 툴로 영역을 설정할 수 있어요. 스티커의 모양에 따라 올가미 또는 직사각형

을 선택해 주시면 되는데 올가미 버튼은 굿노트의 '프리핸드' 기능이라고 생각하면 됩니다. 원하는 영역을 잘라준 후 복사 및 붙여넣기 버튼을 클릭하면 선택한 영역이 새 레이어로 만들어집니다. 하나의 스티커를 복사 및 붙여넣기를 통해 무제한으로 사용할 수 있는 디지털 다이어리만의 장점이 돋보이는 부분이죠.

STEP 03 클리핑 마스크 활용해 다이어리 꾸미기

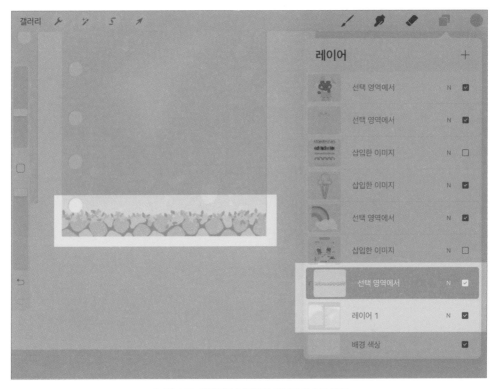

〈그림 4-3〉 다이어리 레이어에 클리핑 마스크 적용

디지털이 아닌 실물 다이어리를 꾸밀 때 다이어리 밖으로 튀어나오는 스티커는 가위로 자르고 6공 구멍을 가리는 스티커는 펀치로 뚫는데, 디지털 다이어리는 이러한 부분들을 어떻게 표현할까요? 스티커를 다이어리에 딱 맞게 하고 싶다면 세심하게 크기를 조정할 필요 없이 '클리핑 마스크' 기능을 활용하면 됩니다. 다이어리 레이어 위에 클리핑 마스크를 적용할 레이어를 둔 다음 적용시키면 됩니다. 스티커 레이어가 다이어리 레이어를 향해 화살표로 표시되고 있다면 잘 적용된 겁니다.

구멍이 있는 6공 다이어리의 경우, 스티커를 구멍 쪽에 놓게 되면 구멍을 가려버리지만 클리핑 마스크를 활용한다면 펀치로 뚫은 듯한 연출로 6공 다꾸만의 장점을 살릴 수 있습니다. 다이어리 밖까지 튀어나오는 스티커나 6공 구멍에 겹쳐지는 스티커는 클리핑 마스크를 활용해보세요.

STEP 04 조정과 변형 기능을 이용해 스티커 위치 옮기기

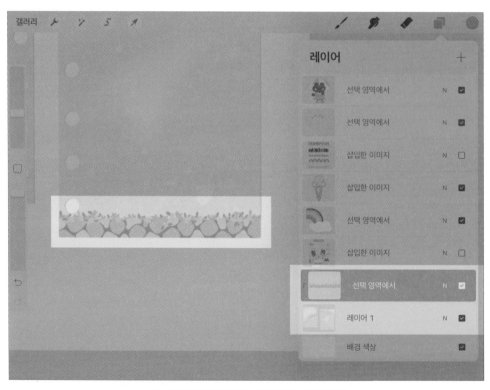

〈그림 4-4〉 조정과 변형 기능으로 레이어 내 위치 이동

같은 레이어에 있는 스티커의 위치를 이동하고 싶다면 레이어를 따로 만들지 않아도 돼요. 먼저 왼쪽 사진처럼 '조정' 버튼을 눌러 이동하고자 하는 영역을 선택한 후 마우스 커서처럼 생긴 '변형' 버튼을 클릭합니다. 이렇게 하면 개별 레이어를 만들어 이동시킬 필요 없이 한

레이어에서 자유롭게 위치 조정이 가능합니다.

물론 개별 레이어로 만들어 편리하게 조정할 수도 있지만, 프로크리에이트에서 기본으로 제공하는 정사각형 캔버스의 경우에는 '2048px × 2048px'으로 최대 44개의 레이어를 사용할 수 있습니다. 수십 개의 스티커가 사용되는 다이어리의 경우에는 44개의 레이어를 가뿐히 넘기 때문에 중간중간 레이어를 병합해주어야 하는데, 병합된 레이어에서 스티커의 위치를 조정하고 싶을 때 유용한 기능입니다.

STEP 05 다이어리에 어울리는 배경 다운로드하기

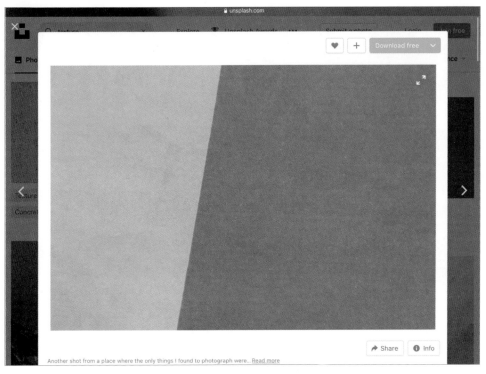

〈그림 4-5〉 배경 다운로드하기

다이어리를 꾸몄으니 배경을 골라보겠습니다. 단색 배경을 원한다면 프로크리에이트에서 손쉽게 원하는 색감을 선택해서 만들 수 있습니다. 그러나 실사 배경을 원한다면 무료 사진 다운로드 사이트에 접속하여 배경을 선택해보세요. 필자는 'Unsplash' 사이트에서 'texture'라고 검색하여 배경을 다운로드 받았습니다. 앞서 소개한 배경 사진을 다운로드할 수 있는 사이트와 앱 중에서 여러분 취향대로 선택하여 다운로드해보세요.

STEP 06 배경 색감 조정하기

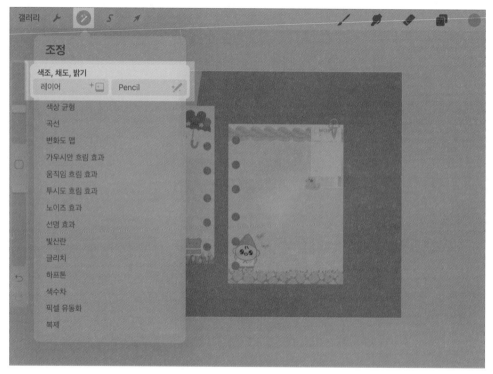

〈그림 4-6〉 배경 색감 조정

배경 사진을 골랐다면 [동작 - 추가 - 사진 삽입하기]를 통해 배경을 불러온 다음, 맨 밑 레이어에 놓습니다. 이대로 완성할 수도 있지만 푸른 색감의 다이어리에 비해 배경은 분홍빛을 띠고 있어 배경도 푸른 색감으로 만들어 통일감을 주었습니다. [조정 - 색조, 채도, 밝기 - 레이어] 버튼을 눌러 배경의 색감을 다이어리에 맞게 변경하세요. 주의할 점은, 배경 레이어가 선택이 되어 있는지 확인해야 한다는 것입니다.

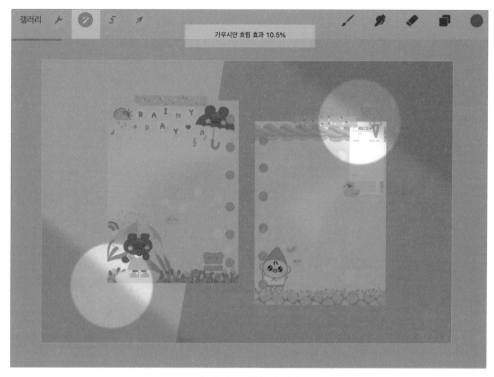

〈그림 4-7〉 완성도 높이기

배경의 색감까지 조정했다면 사실감 있는 그림자 효과를 만들어볼 차례입니다. 방법은 매우 간단합니다. 먼저, [서예 - 모노라인] 브러시를 선택한 후 브러시의 색깔을 검정색으로 맞춰 주세요. 그리고 그림자를 주고 싶은 부위에 포인트를 줍니다. 필자와 같이 가장자리에 간단한 포인트를 줄 수도 있지만, 풀잎이나 창문을 그려 디테일한 포인트를 만들어 줄 수도 있습니다.

그림자를 그렸으면 불투명도를 원하는 만큼 조정합니다. 불투명도는 '20%~40%'이 적당하고 이 다꾸에서는 33%로 조정했습니다. 불투명도를 조정했다면 [조정 - 가우시안 흐림 효과]를 클릭해서 조정해주세요. 필자는 10.5%의 흐림 효과를 주었습니다.

〈그림 4-8〉 프로크리에이트 다꾸 완성!

이렇게 배경 색깜 조정과 그림자 효과까지 주어 다이어리의 완성도도 올라가고 한층 사실감 있는 다이어리가 되었습니다. 프로크리에이트가 전문적인 드로잉 앱이라 그림을 그리지 않는 분들에게는 어렵게 느껴질 수 있지만, 드로잉뿐만 아니라 다이어리를 꾸미기에도 적합한 앱입니다. 굿노트에서는 라이트한 다꾸가 적합하다면, 프로크리에이트는 여러 디테일을 추가하거나 취향에 맞게 색감을 변형시킬 수 있어 완성도 높은 다이어리를 꾸미기에 적합합니다.

전문적인 드로잉 앱이어서 기능이 손에 익기까지 조금 어렵다고 느낄 수는 있지만, 다이어리에 활용되는 기능은 이 정도만 알아두어도 좋습니다. 만약 어느 정도 사용하는 데 익숙해졌다면, 자신만의 스티커를 만들어 다이어리를 꾸미거나 다른 사람과 공유할 수도 있겠죠!

| 삽입하기 |

❶ 파일 삽입하기: 아이패드 내 '파일' 앱에 저장된 파일을 삽입할 수 있습니다.

❷ 사진 삽입/촬영하기: 사진 앨범에 저장된 사진을 추가하거나 촬영하여 추가할 수 있습니다.

❸ 텍스트 추가: 텍스트를 추가할 수 있습니다. 서체를 다운로드 받아 프로크리에이트로 불러오면 앱 내에서 다운로드 받은 서체를 바로 사용할 수 있습니다. 텍스트의 크기부터 자간과 행간, 불투명도 등을 조절할 수 있어 편리합니다.

❹ 잘라내기/복사하기: 선택된 레이어를 잘라내거나 복사할 수 있습니다.

〈그림 4-9〉

❺ 캔버스 복사: 전체 캔버스를 복사할 수 있습니다. 이미지 저장을 통하지 않고 바로 외부로 공유할 수 있다는 장점이 있습니다.

❻ 붙여넣기: 잘라내기 및 복사하기를 한 상태에 활성화되는 버튼으로 이전에 잘라내거나 복사한 이미지를 붙여넣을 수 있습니다.

> '동작 - 추가'에서 사진과 텍스트를 삽입할 수 있습니다.

| 내보내기 |

❶ Procreate: 프로크리에이트 전용 파일로 캔버스 및 레이어가 모두 저장되어 추후에 재편집이 가능합니다.

❷ PSD: 포토샵 파일로 포토샵으로 공유하여 편집할 수 있습니다.

❸ PDF: 문서 파일의 유형으로 인쇄하거나 굿노트나 노타빌리티 등으로 내보낼 때 유용합니다.

❹ JPEG: 일반적으로 사용되는 이미지 파일입니다.

❺ PNG: JPEG보다 품질이 좋고 배경이 투명한 스티커를 만들 때 사용됩니다.

❻ TIFF: 무손실 압축으로 이미지의 품질을 손상시키지 않지만 용량이 크다는 단점이 있습니다.

〈그림 4-10〉

> '동작 - 공유'에서 완성된 이미지를 여러 종류의 파일로 내보낼 수 있어요.

애플 펜슬만 인식하도록 설정하기   TIP

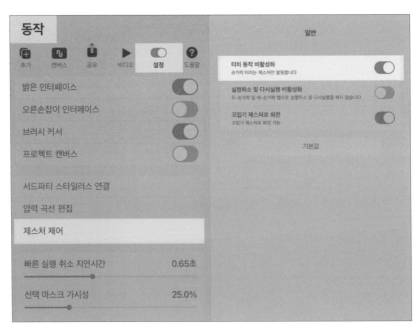

〈그림 4-11〉

'설정 - 제스처 제어'에서 터치 동작을 비활성화할 수 있어요.

그림을 그리다 보면 나도 모르는 사이에 손이 인식되어 난감한 경우가 있지 않나요? 필자는 저도 모르는 사이에 손 인식이 되었던 걸 뒤늦게 알아차려 그림을 망친 경우가 여러 번이라 스트레스를 많이 받았어요. 바로 발견했다면 실행 취소를 하면 되지만, 레이어를 병합한 후나 그림이 완성된 후에 알아챘다면 되돌리기 번거로워 난감하긴 마찬가지죠.

이런 분들을 위해 손이 아닌 애플 펜슬만을 인식하도록 설정을 바꿀 수 있는 기능이 있습니다. 먼저 공구 모양 버튼인 '동작'에 들어간 후 '설정 - 제스처 제어'를 클릭합니다. 여기에 '터치 동작 비활성화'를 켜줍니다. 손을 인식하지 않기 때문에 손으로 그림을 그리거나 지우개를 사용할 수 없지만 버튼이나 제스처 동작은 정상적으로 작동됩니다. 다만, 종이 질감 필름을 장착한 후 광범위하게 지우개를 사용한다면 펜슬로 지우는 과정에서 필름과 펜촉이 과도하게 갈릴 수도 있으니 주의하세요!

실제로 찢은 듯한 마스킹 테이프 질감 효과 내보기   TIP ▶

| 실제로 찢은 듯한 끝단 연출하기 |

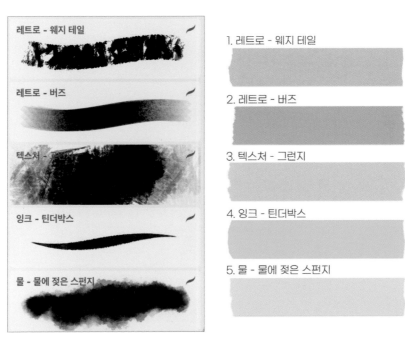

〈그림 4-12〉 다양한 브러시로 끝단 처리하기

프로크리에이트로 마스킹 테이프를 만들 때 끝단을 '일자 처리'하는 것보다는 실제로 찢은 듯한 끝단 처리를 하면 높은 완성도를 낼 수 있습니다. 그렇다면 이런 효과는 어떻게 구현할까요? 마스킹 테이프의 끝단을 실감나게 표현할 수 있는 브러시 5종을 소개하겠습니다.

먼저, 마스킹 테이프는 어떻게 만들 수 있을까요? 먼저 왼쪽 상단 올가미 툴 기능을 통해 직사각형을 만들어 주신 후 원하는 색상 또는 패턴으로 채워주세요. 그 다음 브러시를 통해 직사각형의 양쪽 끝을 살짝 지워줍니다. 마지막으로 레이어의 불투명도를 55%~70% 정도로 조절해주면 완성! 여기에 그림자나 일러스트 요소를 추가해주면 더욱 특별한 효과를 완성할 수 있습니다.

| 마스킹 테이프 질감 표현하기 |

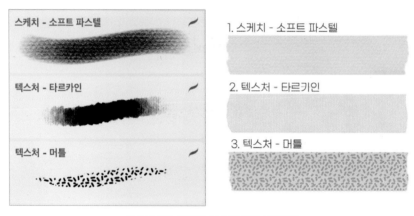

〈그림 4-13〉 클리핑 마스트로 질감 표현하기

마스킹 테이프 레이어에 빈 레이어를 하나 추가한 다음 클리핑 마스크를 설정합니다. 브러시 색깔은 흰색이나 아이보리색으로 설정한 후 질감을 표현할 수 있는 브러시로 칠해주면 손쉽게 마스킹 테이프의 질감이나 패턴을 표현할 수 있습니다. 질감 레이어는 불투명도를 조절하거나 '소프트 라이트'로 변경해주면 더욱 자연스러운 표현이 가능합니다.

기본적으로 제공되는 팔레트 이외에 새로운 팔레트를 추가해서 자주 쓰는 색깔을 모아 놓거나 파일에 저장된 전용 스와치 파일을 불러올 수 있습니다. 특히, 사진을 불러와서 작업을 시작할 수도 있는데 사진 속 색깔을 자동추출하여 팔레트를 생성해줍니다.

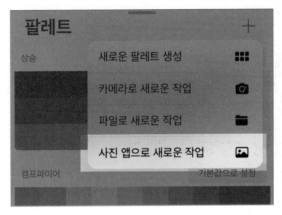

〈그림 4-14〉

사진을 불러오면 자동으로 추출된 색상 팔레트를 제작할 수 있어요.

프로크리에이트 전용 스와치는 'Procreate Folio' 웹 사이트에서 다운로드하거나 핀터레스트에서 '팔레트'라고 검색하여 사진을 다운로드해서 팔레트를 제작할 수 있습니다. 프로크리에이트 스와치와 브러시 등을 다운로드할 수 있는 사이트는 다음 페이지에서 자세히 알아보겠습니다.

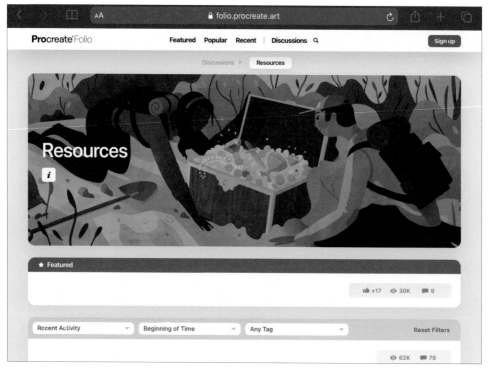

〈그림 4-15〉 무료 다운로드 사이트

그림을 그리는 것뿐만 아니라, 다이어리를 꾸미거나 스티커를 제작할 때도 다양한 브러시와 스와치가 있으면 더욱 풍성한 완성물을 기대할 수 있습니다. 이 사이트는 프로크리에이트에서 운영하는 곳으로, 사이트 하단에 'Resources' 섹션에서 유저들이 제작한 브러시와 스와치를 무료로 다운로드할 수 있습니다(https://folio.procreate.art/discussions). 대부분 파일은 클라우드 스토리지인 'Dropbox'로 공유하는 경우가 많으니 내려받을 파일의 개수가 많다면 'Dropbox' 계정을 생성할 것을 추천합니다.

일상적인 사진을 작품으로!

직접 찍은 사진을 프로크리에이트로 불러와 그 위에 그림을 그려 특별한 사진을 제작할 수 있습니다. 직접 찍은 사진이 하나의 스케치북이 되어 그 위에 그림을 그리는 것이죠. 생각만 해도 특별할 듯합니다. 유튜브나 블로그 등 SNS를 한다면 썸네일을 만들거나 간단한 애니메이션 효과를 주기에도 적합합니다.

인물이나 반려동물 사진을 불러와 간단한 라인 드로잉에도 도전해 보세요. 추억을 공유하고 싶은 상대방에게 선물을 하는 것은 어떨까요? 평범하고도 일상적인 사진을 여러분들만의 작품으로 재탄생시켜보세요! 그 어떤 것이라도 여러분의 스케치북이 될 수 있답니다.

〈그림 4-16〉 브러시와 컬러 팔레트 무료 다운로드

PART

5

실생활에서
아이패드를
활용하는
꿀팁

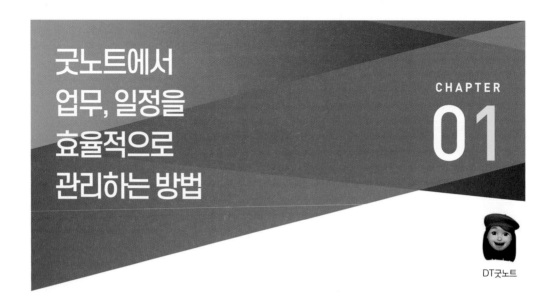

CHAPTER
01

굿노트에서
업무, 일정을
효율적으로
관리하는 방법

DT굿노트

직장인들은 아이패드를 어떻게 활용할까요? 필자는 IT 신규 서비스 구축 및 디지털 마케팅과 관련된 일을 하고 있습니다. 직장인들의 아이패드 활용법을 소개하겠습니다. 비슷한 업무를 하고 있다면 참고가 되었으면 하는 바람입니다.

함께 소개하는 굿노트 서식은 DT굿노트의 업무 다이어리입니다. 이 서식은 상품화되었지만, 각자 본인의 업무 스타일에 맞게 서식을 만든 후 업무를 관리해나갈 수 있습니다. 엑셀파일이나 PPT가 아닌, 굿노트에 애플 펜슬로 적으면 좋은 이유는 유동적인 사고를 할 수 있기 때문입니다. 창의적인 아이디어는 추상적이고 여러 가지 재료들이 만나 불현듯 떠오릅니다. 따라서 딱딱한 틀에 맞춰서 제한되지 않는 유연한 사고가 가능합니다.

5-1 직장인의 필수 시간 관리 스킬 ▶

회사는 우리에게 주어진 에너지와 시간에 비해 120%를 해내길 바랍니다. 그러나 우리는 칼퇴를 바라죠! 주어진 업무 시간을 효율적으로 사용하고 같이 칼퇴해봅시다!

| 데일리 페이지의 업무 활용 |

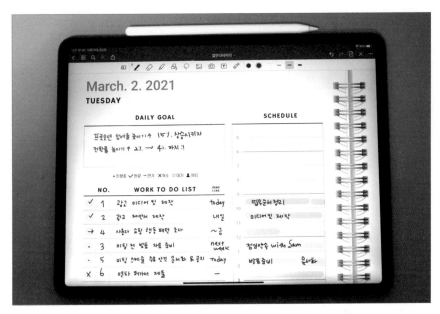

〈그림 5-1〉 데일리 페이지 활용의 예

출근하면 먼저 메일을 확인하고, 오늘 주어진 업무의 우선순위를 파악합니다.

- 우선순위를 정합니다.
- 생산적인 시간대를 파악해서 그때 머리 쓰는 일을 합니다.
- 반복적인 일은 단순화해서 모아 처리합니다.
- 할 일을 작성할 때는 상사의 입장에서 나에게 기대하는 일을 적습니다.
- 정해진 데드라인보다 조금 앞당겨 나만의 데드라인을 정합니다.
- 위임할 때는 위임하는 사람의 이름을 적어둡니다.

그리고 일을 맡길 때는 기대치까지 전달하면서 그 일에 대한 같은 결과를 서로 예상할 수 있어야 합니다. 회사 생활은 부탁을 잘하는 것이 거의 다라고 생각합니다. 혼자서 하는 일이 아니라, 협업해나가야 하는 일이기 때문이죠. 혼자서만 잘한다고 되는 것이 아니라, 구성원들과 계속해서 같은 목표와 결과를 공유하고, 함께 나아가고 있는지 중간 점검을 해가며 진행해야 합니다.

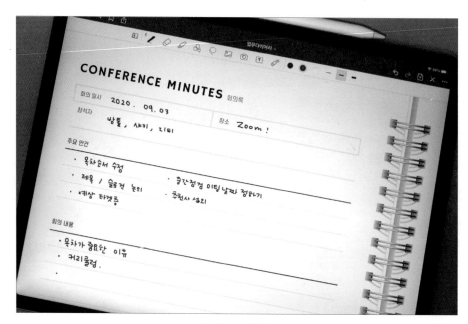

〈그림 5-2〉 회의록

회사 생활하면서 모든 의견과 정보는 '경청'에서 오는 듯합니다. 한국 사람들은 대체로 말을 좋게 돌려서 하는 듯합니다. 상대방의 의도를 파악하기 힘들 때 그렇게 말하는 이유와 결과로 나누어서 생각하면 이해가 조금 쉽습니다. 상대방이 왜 그렇게 얘기하는지 이유를 생각해보면 원하는 결과가 무엇인지 파악하기 쉽습니다. 그리고 회의가 끝나고 나서, 그것을 내가 바로 행동으로 실천할 수 있는 게 뭔지 떠올릴 수 있어야 합니다. 내가 그 일을 했을 때 부족한 정보가 뭔지 파악하고 바로 추가 정보를 요청할 수 있어야 합니다. 그래서 회의란 바로 옆에 회의를 마친 후 내가 바로 실천해야 할 일을 따로 적어 업무의 효율을 높일 수 있습니다.

TIP 회의록은 DT굿노트 공식 홈페이지 [무료속지]에서 다운로드할 수 있습니다.
www.dtgoodnote.com

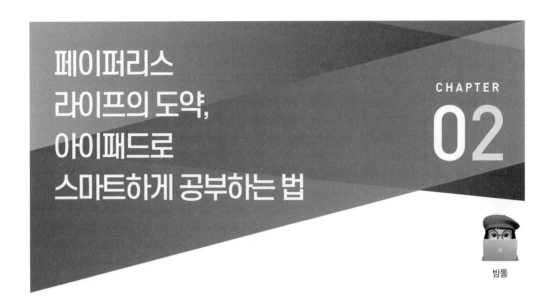

페이퍼리스 라이프의 도약, 아이패드로 스마트하게 공부하는 법

CHAPTER
02

밤톨

공부하려고 아이패드를 구매했지만, 현실은 넷플릭스만 보고 있진 않은가요? 아직도 공부할 때 어떻게 아이패드를 활용할지 고민된다면 잘 따라오세요! 한 번 산 아이패드로 효율적인 공부까지 할 수 있다면 정말 좋겠죠? 이번 장에서는 아이패드를 통해 생산적으로 공부하는 방법을 소개할게요. 현명한 페이퍼리스 공부법, 이제 시작합니다.

한 번 뽑을 때마다 10장은 우습게 넘기는 모의고사, 50장이 넘는 강의안에 300쪽의 전공서적들, 너무 무겁죠. 이 모든 걸 아이패드 안에 담을 수 있습니다. 전공 수업을 듣는 날이면 예쁜 에코백을 포기하고 백팩 안에 전공책을 가득 담아 힘겨운 등굣길을 경험한 적 있으신가요? 이제 무거운 책가방, 안녕! 한 손에 아이패드와 주머니 속 애플 펜슬 하나면 충분합니다.

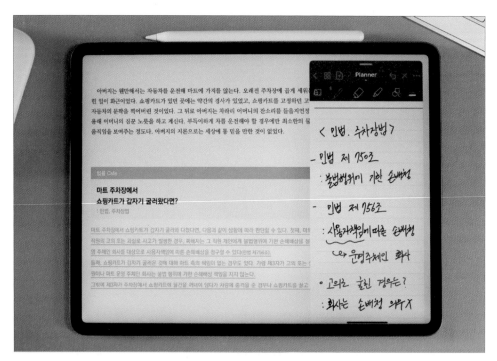

〈그림 5-3〉 아이패드로 책을 읽고 필기도 해결!

이번 활용기는 대학생에 초점이 맞춰져 있지만, 공부에는 나이가 없습니다. 학생이 아니더라도 직장인부터 주부까지, 우리는 오늘도 쉬지 않고 자기계발을 합니다. 자격증 시험, 영어 공부, 운전면허, 승진시험 등 끊임없이 공부하는 스스로에게 특별한 아이패드 활용법을 선물해보는 건 어떨까요? 꾸준히 공부에 대한 열정을 잃지 않는 당신에게 말입니다.

2-1 대학생편_두꺼운 전공서적은 아이패드 하나로 충분! ▶

특히 대학생이라면 수업 시간에도 패드를 사용할 수 있어 아이패드의 기능들을 200% 활용할 수 있습니다. 많은 사람이 그렇듯 저 또한 유튜브를 보다가 '아이패드 활용기' 알고리즘에

빠져 일명, 구입하기 전까지 낫지 않는다는 '아이패드병'에 걸려 오랜 시간 고민하지 않고 공부를 핑계로 결제했습니다. 알바를 하며 용돈벌이를 하는 대학생에게 아이패드 결제는 쉽지 않은 선택이었죠. 그렇지만 결제까지 하게 된 이유는 '정말 잘 활용할 자신'이 있었기 때문이었습니다.

그중에서도 제가 아이패드를 사게 된 결정적 이유는 '휴대성'이었습니다. 전공이 법학이다 보니 300페이지가 넘는 전공서적이 대부분인데, 하루에 전공수업이 세 과목 있는 날이면 제 어깨는 남아나질 않았습니다. 특히 많은 책을 들고 다녀야 하는 시험 기간에는 도서관에 등산을 가듯 보부상처럼 많은 짐을 싸기도 했죠. 그 많은 전공서적과 강의안, 필기노트까지 아이패드 하나에 담아 패드만 들고 다니는 상상을 하니 너무나도 신이 났습니다. 전공이 두 과목 이상 있는 날에는 에코백을 포기하고 백팩을 짊어지는 경험을 하셨다면, 지금부터 제가 어떻게 아이패드를 활용하는지 잘 살펴봐주세요.

2-1-1 아이패드 공부의 장점

| 다양한 서식과 펜 종류의 사용이 가능 |

필자는 어렸을 때부터 필기구에 관심이 많고 특히 노트 욕심이 많아 용돈이 생기면 제일 먼저 문방구에 들러 각종 문구류를 구경하는 것을 즐겼습니다. 하지만 매 학기 새 노트를 쓰고 싶은 욕심에 끝까지 쓰지 못한 노트는 결국 책장 어딘가에 봉인되어 버리곤 했죠. 남은 노트의 종이들이 아까워 꾸역꾸역 수학을 푸는 공책으로 쓴 기억이 있습니다. 남은 속지들이 아깝지만 매번 새 학기에 공부를 시작할 때에는 새로운 노트를 사용하고 싶은 욕심은 버릴 수가 없었죠. 또한 인덱스 노트를 사용하기에는 필기 양이 많은 과목과 그렇지 않은 과목이 확연하게 차이 나서 인덱스 노트 사용에 의미가 없었고, 과목별로 노트를 따로 만들기에는 다 쓰지 못한 경우가 대다수였습니다. 그렇다고 속지를 자유롭게 추가할 수 있는 6공 바인더 노트를 사용하기에는 일반 노트 두께의 3~4배로 부피를 차지하기에 휴대성이 크게 떨어졌습니다.

이렇듯 일반 종이 노트를 종류별로 구매하려면 여러 노트에 필기가 나눠져 있어 한 번에 보기 어렵기도 하고 노트 구입 지출 비용도 무시할 수 없죠. 필기노트도 상황에 따라 양식을 바꿰야 하는 경우가 있습니다. 수업 시간 중 필기를 할 때는 교수님의 말씀을 빠르게 적어내려 가기에 용이한 줄이 없는 무지나 모눈노트가 적절하고, 복습을 할 때는 코넬노트나 줄노트가 편리합니다.

아이패드에서 필기를 하면 상황과 필요에 따라 속지를 자유자재로 변경할 수 있고 취향에 따라 다양한 디자인 속지의 사용도 가능합니다. 특히 이미 필기를 한 노트의 템플릿을 변경하거나 필기본의 페이지 복사와 폴더 간 이동은 아이패드 필기의 큰 장점입니다.

〈그림 5-4〉 한 학기 수강 계획

또한 더욱 효율적인 시간 관리를 위해서 스터디 플래너를 작성하는데 인터넷에서 무료로 다운받을 수 있는 속지가 다양하기 때문에, 기분이나 필요에 따라 속지를 바꿔주면서 공부하면 노트 부자가 된 기분을 느낄 수 있죠.

여러 시간표 앱이 있지만 직접 시간표를 그려보며 각 강의의 다짐을 해보는 것은 어떨까요?

학기 초 캘린더에 적어놓았지만 매번 헷갈리는 일정 때문에 난처한 적이 있다면, 학사 일정만 따로 정리해 한눈에 보기 쉽게 일정들을 정리하고, 한 학기 목표를 계획해보세요.

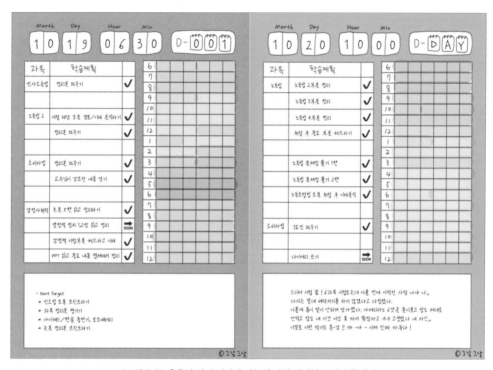

〈그림 5-5〉 효율적 시간 관리가 가능한 타임 테이블 스터디 플래너

아이패드 필기의 또 다른 장점은 수백 가지 색깔의 볼펜과 형광펜 색깔을 지정하고, 여러 종류의 펜을 쓸 수 있다는 겁니다. 굿노트를 포함한 여러 필기 앱이 다양한 펜 종류와 색깔을 직접 지정할 수 있어 색깔 볼펜과 형광펜, 수정 테이프와 지우개를 들고 다니지 않아도 되니 매우 편리합니다. 지금 생각하니 조금 부끄러운 이야기지만, 필자는 필기구에 관심이 많아 항상 볼펜과 형광펜을 색깔별로 구매하고 용도에 따라 샤프를 바꿔쓴 탓에 고등학교 때는 필통을 2개씩 가지고 다녔습니다. 이 정도까지는 아니더라도 필기구를 다양하게 바꿔쓰는 분들이라면 항상 빵빵한 필통을 들고 다녔던 기억이 있을 듯합니다. 하지만 아이패드로 필기를 하면 애플 펜슬 딱 한 자루면 충분하다는 사실은 너무나도 매력적으로 다가옵니다.

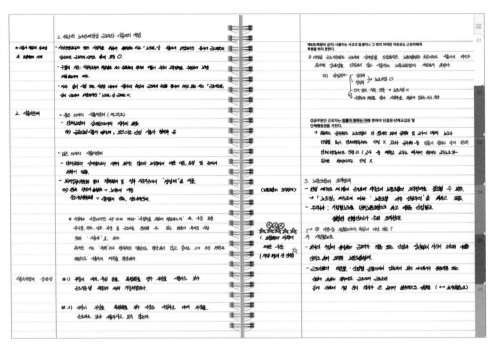

〈그림 5-6〉대학교 전공 노트 필기 (1)

정성 들여 필기했는데 수정 테이프로 지워야 할 때면 그렇게 난감할 수가 없습니다. 기껏 필기했는데 수정 테이프로 지우면 자국도 남고, 그 위에 글씨를 쓰면 울퉁불퉁할 뿐만 아니라, 자칫하면 볼펜이 번져 필기를 알아보기 힘들어지기 때문입니다.

바로 이것이 아이패드로 필기하는 가장 큰 이유이기도 합니다. 종이에다 필기를 하다 보면 잘못 쓰는 경우도 있고 필기를 다 끝냈는데, 교수님의 설명이 추가되는 경우엔 어디에 필기를 해야 할지 난감한 경우도 있죠. 하지만 아이패드로 필기하면 틀린 부분은 빠른 실행 취소 기능으로 더 깔끔한 필기를 할 수 있고, 선이 빗나가는 경우나 필기가 중앙이 맞지 않는 경우에도 올가미 툴을 이용해 이미 헤놓은 필기를 원하는 위치에 재이동시킬 수 있습니다.

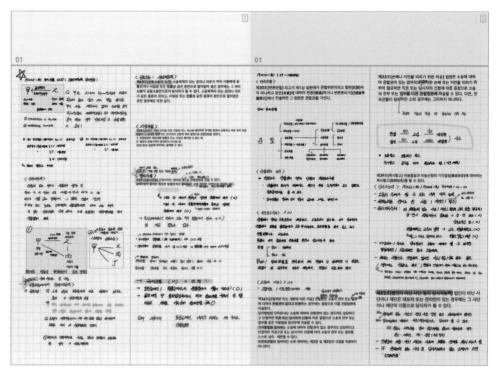

〈그림 5-7〉 대학교 전공 노트 필기 (2)

필기가 다 끝난 후에도 설명이 추가되는 경우, 올가미 툴을 이용해 잘라내기 후 붙여넣기를 하면 원하는 위치에 추가 설명을 작성할 수 있습니다. 이러한 점들이 필기를 더욱 깔끔하게 돕습니다.

| 노타빌리티의 녹음 기능 |

교수님의 한 말씀도 놓치고 싶지 않은 우리는 항상 귀로는 교수님의 말씀을 듣고, 손으로는 필기하고, 눈으로는 책을 읽습니다. 그런데 집에 가서 책과 필기본을 맞춰볼 때 어느 부분의 설명인지 기억을 하지 못해서 당황한 기억이 한 번쯤 있을 겁니다. '노타빌리티' 필기 앱에는 녹음 기능이 있어서 실시간 녹음과 필기를 동시에 진행할 수 있습니다. 기억이 나지 않을 때 는 녹음과 필기를 동시에 보면서 더욱 공부의 효율을 높일 수 있습니다.

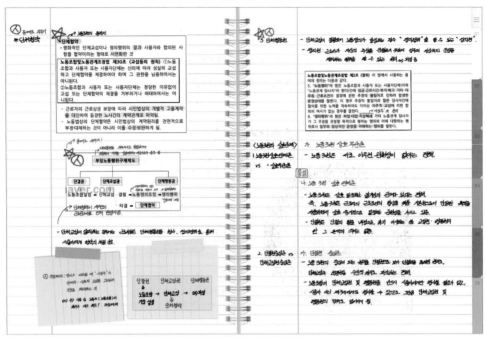

〈그림 5 8〉 노트에 이미지를 불러와 필기하기

의학 등의 이과 계열에서는 이해를 돕기 위한 이미지가 많고, 수업 중에 PPT를 통해 추가 이미지를 보여주는 경우가 많습니다. 아이패드는 이미지를 쉽게 스캔하여 필기본에 삽입하고 사진을 찍어 바로 아이패드 속으로 저장하여 필기할 수 있다는 장점이 있습니다.

뿐만 아니라, 인터넷 강의 같은 경우에도 영상 속 칠판 필기를 캡처하여 바로 필기본으로 불러와 손쉽게 필기할 수 있습니다.

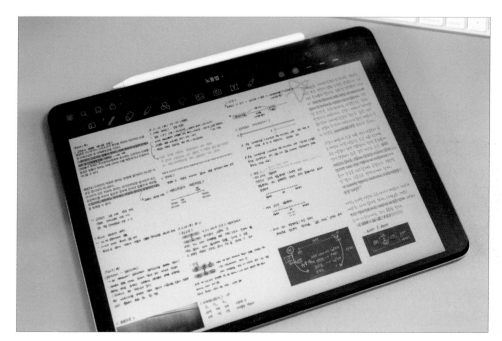
〈그림 5-9〉 바로 화면을 캡처해서 필기를 할 수 있는 인터넷 강의

| 페이퍼리스 |

매주 교수님들이 나눠주는 강의안을 뽑느라 아침 일찍 나와 프린터실에서 줄을 서본 적이 있나요? 아이패드가 있다면 매일 아침 프린터를 하기 위해 줄을 설 필요가 없습니다. 수업 전 프린트할 필요 없이 강의실에서 PDF를 다운로드하고 필기 앱으로 불러와 바로 필기가 가능하기 때문입니다. 또한 프린트할 필요가 없어 경제적으로도 절약할 수 있고, 환경에도 이로운 페이퍼리스 라이프에 한 발짝 가까워질 수 있습니다.

| 휴대성과 편리함 |

전공서적과 강의안을 들고 다니느라 어깨에 무리가 가는 일은 이제 없을 거예요. 아이패드 안에 전공서적과 강의안, 필기노트까지 넣어 다닐 수 있기 때문이죠. 물론 스캔을 해야 된다는 번거로움이 있지만, 한 번 스캔하면 책가방도 가벼워지고 중요한 내용은 책 페이지 일부분을 스크린샷하여 손쉽게 필기노트로 불러올 수 있습니다.

더욱이, 이미 진도가 끝난 강의안들도 필요에 따라 쉽게 열어볼 수 있어서 수업 시간에 기억이 안 나는 부분이 있다면 빠르게 지난 강의 파일을 열어보며 상기할 수 있어 편리합니다.

| 멀티태스킹을 이용한 드래그 앤 드롭 |

필자의 경우 한 쪽에는 굿노트 필기를 다른 한쪽에는 법조문을 검색하며 공부하는 편입니다. 중요한 조문이 있다면 '드래그 앤 드롭' 기능을 통해 바로 조문을 필기노트로 복사하면서 공부하여 조문을 일일이 손으로 적을 필요가 없고, 복습하면서 따로 법전을 펼쳐보지 않아도 되니 공부하면서 효율성이 극적으로 향상되었습니다.

법조문뿐만 아니라, 사파리에서 검색한 내용을 손쉽게 '드래그 앤 드롭'으로 굿노트 텍스트로 변환시켜 줄 수도 있고 이미지 복사 및 붙여넣기, 캡처 기능을 통해 더욱 효율적인 필기가 가능합니다.

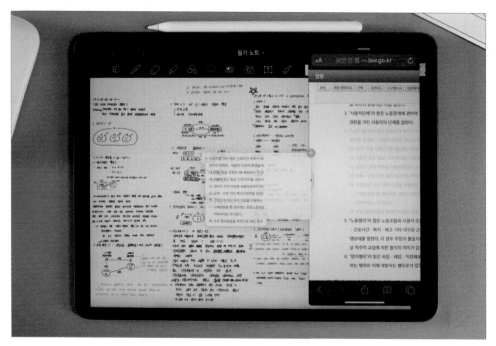

〈그림 5-10〉 드래그 앤 드롭으로 이미지와 텍스트 가져오기

지금까지 아이패드로 강의 중에 필기를 하며 공부하면서 느낀 장점에 대해 이야기했습니다. 장점이 있으면 단점도 있기 마련이죠. 약 2년간 아이패드로 공부하면서 느낀 단점들에 대해 이야기해보겠습니다.

2-1-2 아이패드 공부의 단점

| 종이책의 아날로그 감성 부재 |

종이책 특유의 질감과 사각거리는 소리의 아날로그적 감성을 느끼지 못한다는 것이 개인적으로 많이 아쉬웠습니다. 오직 아이패드만으로 필기하다 보니 종이책을 손에서 놓은 지 꽤 되었는데 한 번 종이에 필기를 해봤다가 너무 느낌이 좋아 깜짝 놀랐던 기억이 있을 정도입니다. 디지털로 스마트하고 효율적인 공부가 가능하지만, 종이에서만 느낄 수 있는 특유의 감성을 느낄 수 없다는 게 단점 중 하나입니다. 또한 지금은 적응했지만 종이 질감 필름도 실제 종이에서 느껴지는 사각거리는 필기감을 재현해내지 못해 다소 미끌거리는 필기감이 아쉬울 때가 있습니다.

| 초기 구입 비용 |

당장 공책과 펜을 사면 큰 돈이 들지 않겠지만 아이패드로 필기를 하기 위해선 아이패드가 필요하죠. 그만큼 값비싼 아이패드를 구입해야 하니 초기 투자 비용이 많이 듭니다. 게다가 펜슬까지 별도 구매를 해야 하고 아이패드 케이스와 펜슬 케이스, 보호 필름, 펜촉까지 소모적으로 드는 액세서리 비용이 생각보다 꽤 부담이 된답니다.

| 필기 소음 |

이 단점은 공부하는 주요 장소가 어디냐에 따라 큰 스트레스로 다가올 수도 있습니다. 액정과 펜슬의 펜촉이 닿는 소음이 생각보다 커서 독서실이나 조용한 도서관 열람실 같은 경우에는 필기 소리로 주변의 눈총을 받을 수도 있어요. 실제로 필자는 시험 기간 때 필기 소음이 커서 카페에서만 공부했습니다. 하지만 애플 펜슬의 펜촉 보호캡을 구매해 펜촉의 마모 속도와 소음도 줄일 수 있으니 참고하세요.

| 콘센트와 와이파이를 찾아 떠나는 방랑자 |

당연하게도 아이패드는 IT 기기이기 때문에 충전이 되어 있지 않으면 사용이 불가능하고, 이는 애플 펜슬도 마찬가지입니다. 주변에 충전할 수 있는 콘센트가 없으면 장시간 공부는 상상조차 할 수 없죠. 또한, 셀룰러 모델이 아니라면 와이파이를 찾아다니는 방랑자가 될 수 있습니다. 아이패드는 핸드폰보다 완충에 시간이 더 소요되기 때문에 장시간의 공부를 한다면 미리미리 충전을 하는 것이 좋습니다.

| 장시간의 공부 시 눈의 피로도 |

IT 기기를 가까이서 오래 보고 있다 보면 눈이 아픈 것은 당연합니다. 일반 종이책보다도 눈의 피로도가 쉽게 쌓이고 장시간 바라보고 있으면 눈 건강에도 좋지 않겠죠? 필자는 시험 기간 내 12시간씩 공부를 하면서 눈이 많이 피로함을 느끼곤 합니다. 사람마다 다르겠지만 6시간 이상 장시간 공부를 할 때는 화면 밝기를 최대로 하는 경우를 줄이고, 블루라이트 차단 필름을 부착하거나 전용 앱을 설치하시는 것을 추천합니다. 흰색 속지의 경우 눈의 피로도가 빠르게 오기 때문에 장시간의 공부로 눈이 아플 때는 흰색이 아닌 노란색 혹은 검정색으로 속지 색을 바꿔주시는 것도 하나의 방법입니다.

2-2 외국어 공부편_효율적이고 즐거운 영어 회화와 토익 ▶

2-2-1 영어 회화를 공부하고 싶을 땐, Cake

필자는 영어 회화에 관심이 많아 'Cake'라는 앱으로 영어 회화를 공부하고 있습니다. 'Cake'

는 영화나 드라마, 유튜브를 통해 실제 활용되는 유용한 회화 표현을 배울 수 있는 앱으로, 이미 많이 알려진 만큼 영어 회화 공부에 유용합니다.

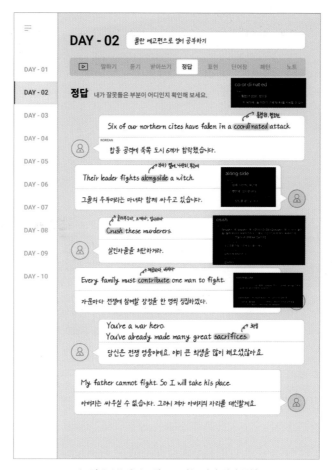

〈그림 5-11〉 Cake 앱으로 하는 영어 회화 공부

영어 문장과 한국어 뜻을 적고 모르는 단어는 바로 꾹 눌러 '찾아보기' 기능을 통해 바로 뜻을 검색할 수 있어 편리합니다. 종이로 공부할 때는 하나씩 뜻을 검색하면서 받아적었지만 아이패드로 공부할 때는 터치 한 번으로 단어의 뜻을 검색할 수 있어서 검색하는 데 드는 시간을 절약할 수 있습니다.

2-2-2 영어 기사 읽고 해석하기

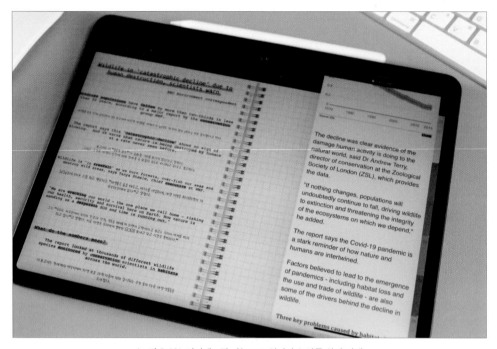

〈그림 5-12〉 멀티태스킹 기능으로 읽기와 쓰기를 함께 진행

필자는 영어 독해 실력을 기르기 위해서는 영어로 된 기사나 논문을 읽으면서 공부하곤 합니다. 자신이 관심있는 영어 기사를 선택한 후 받아적으며 해석도 추가해보는 것은 어떨까요? 실생활에서 자주 쓰이는 영어 표현과 문법을 공부함과 더불어 관심 주제의 전문 단어를 알 수 있어 많은 도움이 됩니다. 아이패드로 공부하면 한 쪽에는 필기노트를, 한 쪽에는 영어 기사를 멀티태스킹으로 펼쳐 놓고 텍스트를 바로 붙여넣기 하면서 공부해보세요. 자신이 관심 있는 주제로 영어 공부를 하면 시사의 폭을 넓힐 수도 있어 자기계발에 큰 도움이 됩니다.

2-2-3 나만의 영어 단어장 만들기

'영어 공부에 8할은 단어'라는 말이 있을 정도로 단어 공부는 매우 중요합니다. 영어 공부를 한 뒤 모르는 단어는 단어장에 적고 핸드폰으로 저장해 공부해보세요. 종이나 포스트잇은 잃어버리고 쉽고 잘 찢어져 매번 가지고 다니기 어렵지만, 잘 정리해놓은 나만의 단어장이 있다면 한결 수월할 겁니다. 특히 PDF의 경우 OCR 기능이 있다면, 문자를 인식하여 바로 검색을 통해 단어의 뜻을 찾을 수 있습니다. 물론 핸드폰으로도 가능하지만 아이패드로 필기를 하며 검색까지 동시에 진행할 수 있다는 점에서 공부의 질과 효율을 높입니다. 뿐만 아니라, 애플 펜슬의 '텍스트 인식 기능'을 통해 영어 단어를 손으로 필기하면 바로 텍스트로 변환해주어 깔끔한 필기본을 완성할 수 있습니다.

DAY - 03 스터디 영어 단어 1강 ~ 20강 단어 정리

말하기 | 듣기 | 받아쓰기 | 정답 | 유형 | **단어장** | 패턴 | 노트

단어장 암기한 후, 단어 가리개를 이용해 테스트 해보세요.

affordable	coverage	railroad track
cashier	injection	property
exchange	prescription	resident
flyer	pharmacy	unoccupied
grand opening	pharmaceutical	convention center
warranty	insurance	videoconference
vendor	attendant	give a presentation
banquet	direct flight	finalize
specialty	withdraw	be in charge of
amusement park	interest	colleague
applaud	expedite	promote
crowded	junction	recruit
humid	pedestrian	training session
stroll	under construction	participate
square	detour	give an award
stream	block off	replacement
scenery	alternate	assemble
appointment	accessible	bulk

토익 기본기 탄탄 단어 1강~20강

단어	뜻
affordable	줄 수 있는, 가격이 알맞은
railroad track	철로
prescription	처방전, 처방된 약
pharmacy	약국, 병원의 조제실
unoccupied	비어 있는, 점령되지 않은
finalize	마무리짓다, 완결하다
amusement park	놀이공원
junction	교차로, 나들목, 지점
pedestrian	보행자 <-> motorist
strike	파업, 치다, 때리다
expedite	더 신속히 처리하다
under construction	공사중인, 건설 중
be in charge of	~을 담당하다

〈그림 5-13〉 아이패드 영어 단어장(왼쪽), 스마트폰 영어 단어장(오른쪽)

필자는 <그림 5-13>과 같이 아이패드에서 단어를 검색하거나 외우는 것에 집중하고, 미처 외우지 못한 단어는 스마트폰에서 볼 수 있도록 별도의 노트를 생성하여 정리합니다. 언제 어디서든 볼 수 있는 나만의 단어장이 완성된 것입니다. 여러분도 아이패드의 활용성과 스마트폰의 휴대성이 주는 시너지를 경험해보세요.

PART

6

굿노트만
사용해야 할까?
목적에 따라 더 나은
다른 노트앱 소개

이번 파트에서는 굿노트 외에 유용하다고 생각되는 필기 앱을 몇 가지 소개하겠습니다. 앱 전체의 기능을 모두 하나하나 설명하려면 내용이 너무 길어져서, 지면이 부족하여 기본 메뉴와 앱의 특징 그리고 장단점에 대해서만 이야기하겠습니다. 앱에 대한 상세한 설명과 본서 출간 이후 업데이트되는 부분들은 '샤키코리아'의 유튜브 채널에 계속 올리겠습니다.

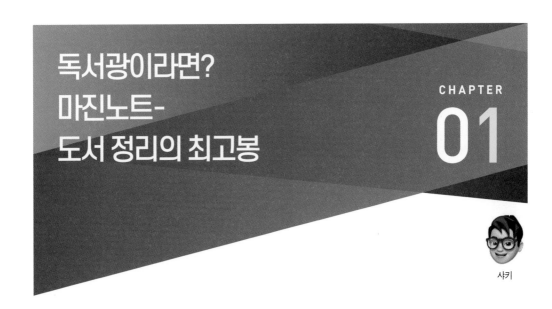

독서광이라면?
마진노트-
도서 정리의 최고봉

CHAPTER
01

샤키

독서를 할 때 중요한 내용에 밑줄을 긋고 읽는 분들이 많을 겁니다. 학창 시절부터 생긴 일종의 습관이 아닌가 싶은데요, 저 역시 그러합니다. 그리고 어떻게 하면 책을 다시 통독하지 않고 밑줄 쳤던 부분만 다시 볼 수 없을까 생각하다가 'iThoughts'라는 마인드맵에 정리하기 시작했습니다.

〈그림 6-1〉 마인드맵으로 복잡하게 정리한 도서 일부분

그러나 이 방법에는 장단점이 있었습니다. 그중 단점은 책의 내용을 일일이 키보드를 이용해서 직접 쳐야 하고, 그래서 정리하는 데 시간이 오래 걸린다는 것이었습니다. 그래서 키보드로 치다가 애플의 시리를 이용하여 받아쓰기 기능을 이용하여 정리하는 등 더 빠르고 효과적인 방법을 연구했습니다. 하지만 다른 방법을 찾지를 못하였고, 시간이 걸리더라도 키보드로 내용을 입력하든가 아니면 시리를 이용하여 내용을 입력했습니다. 그러던 중 어느날 '마진노트'라는 앱을 알게 되었고, 잠깐 기능을 살펴보고 사용해보았는데 이제 더는 마인드맵을 어렵게 만들 필요가 없겠다는 생각이 들었습니다.

마진노트가 왜 도서 정리의 최고봉인지 설명하겠습니다. 먼저, 마진노트는 앱스토어에서 여러 개가 존재합니다. 이전 버전인 무료로 다운로드할 수 있는 마진노트 2와 유료인 마진노트 2 프로 그리고 이제 설명하려고 하는 버전인 마진노트 3이 다운로드 가능하며, 금액은 정책에 따라 계속 바뀌고 있어서 구매하는 시점에 확인해야 합니다. 마진노트는 도서 구독 서비스에서 전용 앱으로 관리하는 파일은 불러낼 수 없고, 본인이 책을 구매하여 스캔한 PDF 파일이나 학교나 회사 등에서 자료로 받은 PDF 파일 등만 사용이 가능합니다. PDF 파일 이외에 전자책 파일인 ePub이라는 파일 형식이 있는데, 전용 앱에서만 볼 수 있는 ePub이 아닌 open ePub 파일은 불러내기가 가능합니다. 먼저, 마진노트에 파일 불러오는 방법을 설명하겠습니다.

1-1 파일 불러오기 ▶

화면 우측 상단의 Import를 누르면 어디에서 불러올지 선택하게 되는데, 이때 Add Documents from Files를 선택합니다.

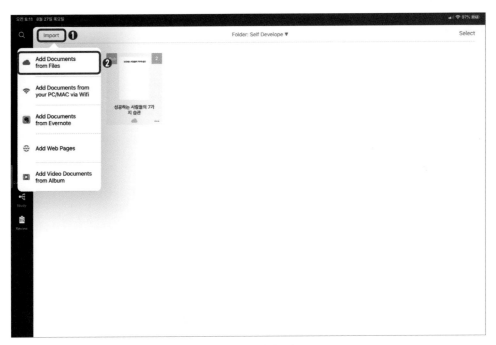

〈그림 6-2〉 파일 불러오기 (1)

| 마진노트 파일 불러오기 01 |

Recents라고 뜨면서 최근에 사용한 파일들이 나옵니다. 이때, 맨 아래 Browse를 눌러서
iCloud Drive를 열고 저장한 PDF 폴더를 찾아보겠습니다.

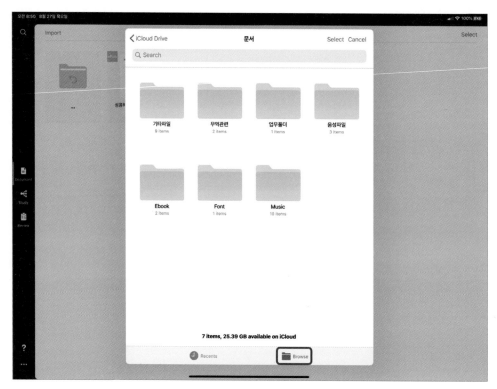

〈그림 6-3〉 파일 불러오기 (2)

| 마진노트 파일 불러오기 02 |

필자의 경우 '문서'에 저장하였으므로 문서에 들어가서 해당 폴더를 선택해서 불러옵니다.

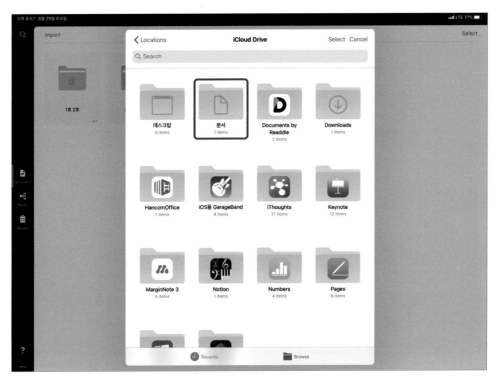

〈그림 6-4〉 파일 불러오기 (3)

| 마진노트 파일 불러오기 03 |

파일을 선택하면 문서가 열리면서 사용할 수 있습니다. 이제 메뉴에 대해 알아보겠습니다. 자칫 헷갈릴 수 있으나, PC에서 파일을 불러내는 방식과 동일하다고 생각하시면 됩니다.

1-2 Document 메뉴 ▶

Document 영역은 여러분이 가지고 있는 PDF 파일을 모아놓는 공간입니다. 일종의 서재라고 생각하면 됩니다. 그래서 서재에 영역별로 구분 없이 보관을 할 수 있고, 필자와 같이 구분하여 폴더별로 관리할 수도 있습니다.

1-2-1 폴더 생성

폴더 관리는 중간에 Folder에서 관리합니다. Folder를 선택하면 현재 구성한 폴더를 볼 수 있습니다.

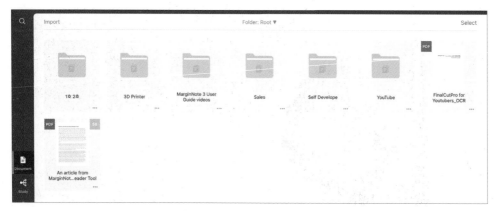

〈그림 6-5〉 폴더 생성

│ 마진노트 폴더 생성 │

폴더를 추가하려면 좌측에 폴더 모양의 아이콘을 누르면 됩니다. 그 다음 폴더명을 정하고, [OK]를 누릅니다.

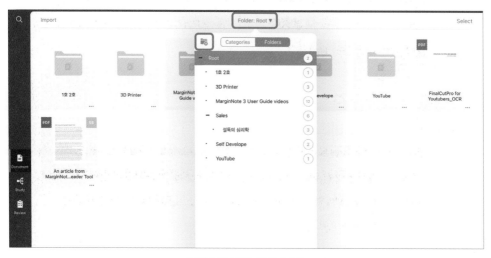

〈그림 6-6〉 마진노트 폴더 추가

1-2-2 폴더 수정

우측 상단에 [Select]를 누르고 수정하고 싶은 폴더를 선택한 다음 다음 메뉴처럼 원하는 작업을 선택 후 실행하면 됩니다.

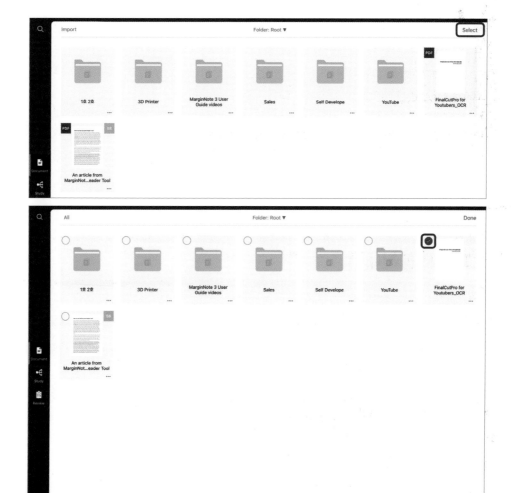

〈그림 6-7〉 마진노트 폴더 수정

폴더 하단의 점 3개를 터치하면 이동, 아이클라우드 업로드, 이름 바꾸기, 삭제를 할 수 있습니다.

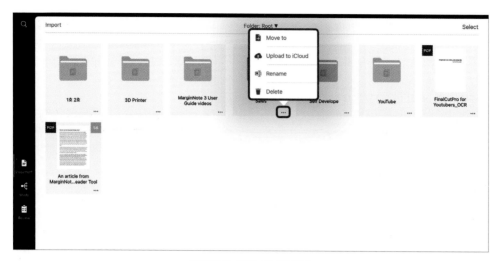

〈그림 6-8〉 마진노트 파일 관리

1-3 도서 불러내기 ▶

공부할 책을 불러내서 그 위에 글씨를 쓰고 형광펜을 칠할 수 있습니다. 이제, 책을 선택해서 공부할 메뉴를 살펴보겠습니다. 연필 모양을 선택하면 이후에 여러 아이콘들이 나오는데, 순서대로 설명하면 다음과 같습니다.

❶ 실행 취소: 마지막 실행을 취소할 때 사용

❷ 되돌리기: 실행 취소를 되돌리고 싶을 때 사용

❸ 화면 이동: 페이지를 확대한 후 그 안에서 화면을 이동하고 싶을 때 사용

❹ 다기능 형광펜: 형광펜을 사용할 수 있습니다. 추가적인 작업 선택 가능

❺ 영역 선택: 영역을 선택하여 추가 작업을 하고 싶을 때 사용

❻ 매뉴얼 영역 선택: 사각형이 아닌 사용자 마음대로 영역을 선택할 때 사용

❼ 발췌 세팅: 다양한 발췌 세팅을 할 때 사용

❽ 펜 기능: 글씨를 쓸 때 사용

❾ 형광펜 기능: 일반 형광펜

⑩ 지우개: 펜 글씨나 형광펜을 지울 때 사용

⑪ 텍스트 추가: 텍스트를 추가하고 싶을 때 사용

⑫ Annotate 선택: 글씨, 형광펜, 텍스트를 선택 후 옮기는 기능

⑬ 마인드맵 선택: 마인드맵 모드로 바꿀 때 사용

⑭ 검색 기능

⑮ 북마크 기능

⑯ 기타

〈그림 6-9〉 마진노트 펜 메뉴

기타는 다음과 같은 메뉴로 구성되어 있습니다.

⑯-1 마인드맵 모드로 변경

⑯-2 보내기(공유) 기능

⑯-3 음성 출력

⑯-4 읽기 옵션

⑯-5 가로, 세로 보기 옵션

⑯-6 두 페이지 보기 모드

⑯-7 페이지 이동

⑯-8 북마크 추가

⑯-9 페이지 크롭

⑯-10 PDF 삽입, 삭제

⑯-11 히든 툴바

⑯-12 애플 펜슬 사용 중지

〈그림 6-10〉 기타 메뉴 구성

1-4 Study 메뉴

Study는 Document에 있는 도서의 내용을 마인드맵으로 정리한 것을 모아놓는 공간입니다. 다시 말해, 마인드맵을 정리해놓은 곳이라고 생각하면 이해가 쉽습니다. Study 메뉴는 Document 메뉴와 거의 흡사합니다. 카테고리로 분류할 수 있고, 우측 상단의 Select를 눌러서 파일을 선택하여 삭제, 복제, 마인드맵 합병, 카테고리 수정을 할 수 있습니다.

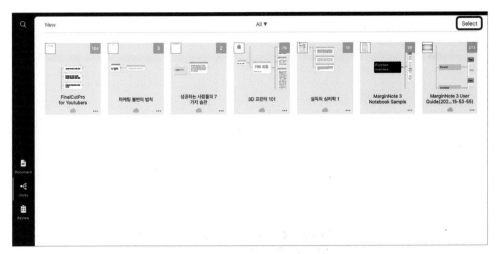

〈그림 6-11〉 마진노트 스터디노트 메뉴 (1)

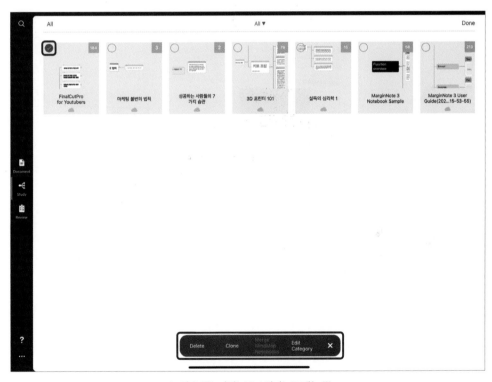

〈그림 6-12〉 마진노트 스터디노트 메뉴 (2)

1-5 마인드맵 만드는 방법 ▶

Document에서 파일 하나를 선택합니다. 파일을 열었으면 우측 상단에 USB 아이콘을 선택하면 마인드맵으로 진입할 수 있습니다.

〈그림 6-13〉 마진노트 마인드맵 진입

마인드맵은 불러온 책의 Excerpt 메뉴에서 선택 기능을 이용하여 만듭니다.

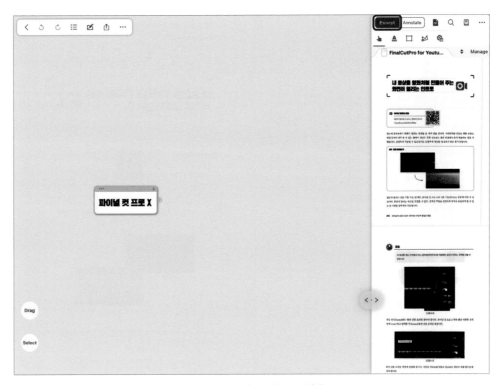

〈그림 6-14〉 마진노트 Excerpt 선택

마인드맵 Root 하나를 만들고, 그 하위로 계속 만들어갑니다. Root는 사용자의 편의에 맞게 한 개 혹은 여러 개를 만들어서 만들 수 있습니다. 필자는 단일 Root를 좋아해서 예제는 단일 Root로 보여드리겠습니다. 예제로 쓰인 책은 파이널 컷 프로 강의 영상을 전문으로 다루는 유튜버 남시언 님의《파이널 컷 프로 X으로 시작하는 유튜브 동영상 편집》(비제이퍼블릭)에서 발췌했습니다.

좌측은 마인드맵 영역이고 우측은 도서 영역입니다. 이는 좌우를 세팅에서 바꿀 수 있습니다. 오른손잡이는 펜슬을 이용하여 영역을 설정해줘야 하니 도서 부분이 오른쪽에 있는 것이 더 편합니다.

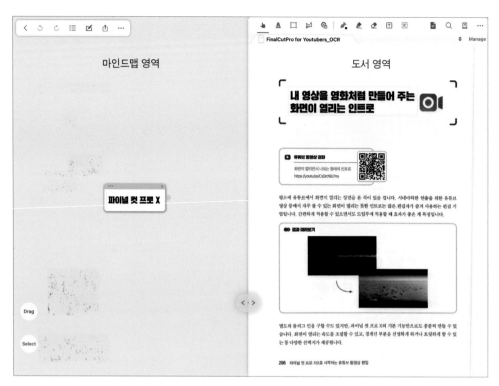

〈그림 6-15〉 마진노트 영역

도서 영역의 부분을 마인드맵으로 보내고 싶으면 상단 아이콘의 영역 선택을 선택하고 마인드맵으로 지정하고 싶은 영역을 펜슬로 지정합니다. 펜슬을 떼면 자동으로 마인드맵 영역으로 이동됩니다.

〈그림 6-16〉 마진노트 마인드맵 영역 설정 (1)

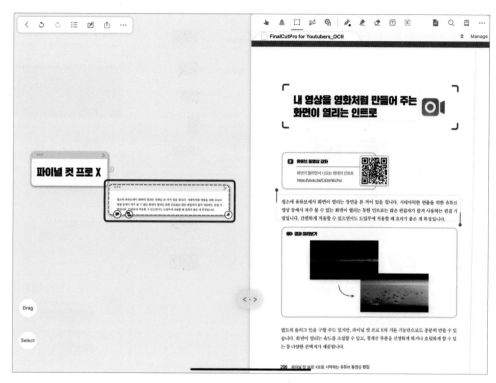

〈그림 6-17〉 마진노트 마인드맵 영역 설정 (2)

영역을 선택하면 마인드맵 영역 쪽에 바로바로 생깁니다. 영역을 설정한 다음 본인의 스타일에 맞게 마인드맵을 꾸며주면 됩니다.

예제 이미지와 같이 필자는 챕터별로 나누는 것을 선호합니다. 목차와 같이 순서를 나열한다면 편하게 책을 한눈에 볼 수 있기 때문이죠. 하지만 정해진 룰이 없으니, 자신의 방식대로 정리하면 됩니다.

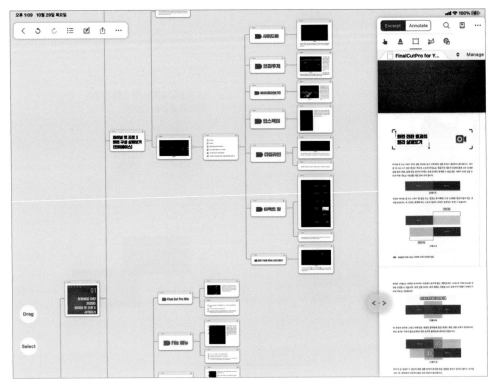

〈그림 6-18〉 완성이 된 마인드맵

| 동영상으로 마인드맵 만들기 |

마진노트는 마인드맵으로는 드물게 동영상도 마인드맵을 만들 수 있습니다. 먼저 Import에서 원하는 영상을 불러냅니다. 단일 혹은 여러 개의 영상을 선택할 수 있습니다. 불러냈으면 새로운 마인드맵으로 만들 수 있고, 혹은 기존의 마인드맵에 추가할 수 있습니다.

먼저 원하는 동영상을 불러냅니다. 동영상을 불러내는 법은 PDF 파일 불러내는 방법과 동일합니다. 다만 메뉴에 'Add Video Documents from Album'에 들어가서 아이패드 기기 내의 동영상을 선택한 뒤 Done을 누르면 Document에 동영상을 불러온 것을 확인할 수 있습니다.

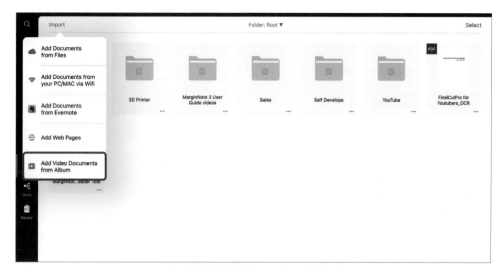

〈그림 6-19〉 동영상으로 마인드맵 만들기 (1)

〈그림 6-20〉 동영상으로 마인드맵 만들기 (2)

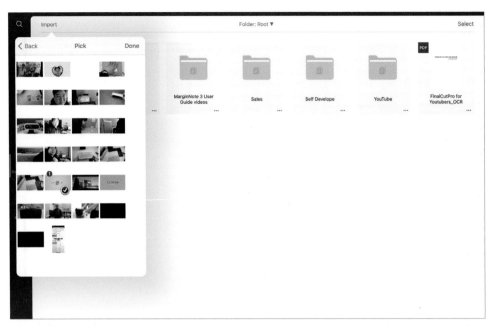

〈그림 6-21〉 동영상으로 마인드맵 만들기 (3)

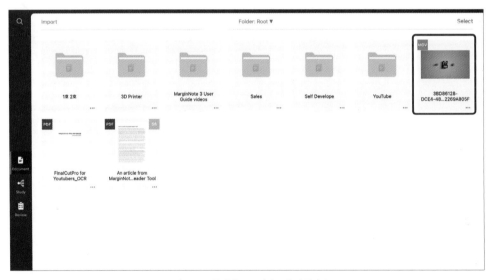

〈그림 6-22〉 동영상으로 마인드맵 만들기 (4)

동영상을 선택했으면 이전의 마인드맵 방식과 같이 USB 모양의 아이콘을 선택하면 마인드
맵 모드로 전환이 됩니다. 신규 노트북명을 설정합니다.

〈그림 6-23〉 마진노트 노트북명 설정

이제 펜슬이나 손가락으로 원하는 영역만큼을 지정한 뒤 마인드맵 영역으로 드래그 앤 드롭을 해줍니다. 그리고 같은 방법으로 다른 영역을 선택하여 드래그 앤 드롭을 하되 원하는 이전 영역에 가져다 놓으면 서로 연결이 되며 마인드맵이 생성됩니다.

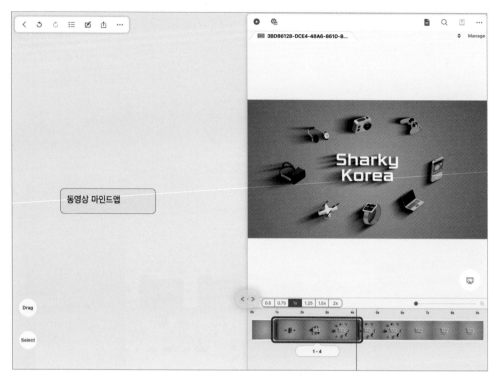

〈그림 6-24〉 마진노트 마인드맵 설정 (1)

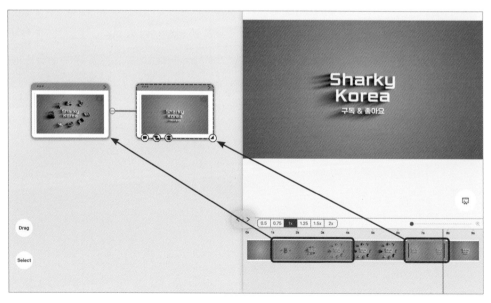

〈그림 6-25〉 마진노트 마인드맵 설정 (2)

다음은 이전에 만들었던 맵에 추가하는 방법입니다. 도서 부분 우측에 Manage를 선택하면 라이브러리에 있는 모든 파일을 볼 수 있습니다. 동영상을 선택하면 상단에 탭이 늘어나며 새로 생긴 탭을 선택하면 동영상이 나옵니다. 거기에서 위에 설명한 방법과 동일하게 추가를 하면 됩니다.

또한 이 기능은 다른 도서를 불러내어 여러 권의 도서를 한 마인드맵에 정리할 수 있습니다. Manage 옆의 삼각형 위아래로 된 아이콘을 누르면 상단에 1 view, 2 view, 3 view가 있는데, 이것은 라이브러리의 내용을 1단, 2단 혹은 3단 층별로 볼 수 있는 옵션입니다. 따라서 층별로 다른 책을 불러낼 수 있습니다.

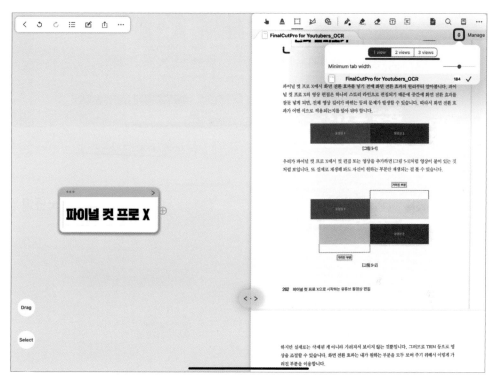

〈그림 6-26〉 마진노트 분할 뷰 (1)

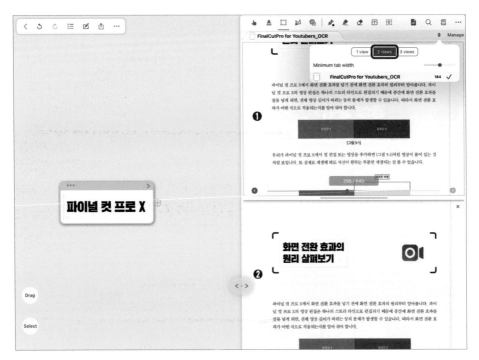

〈그림 6-27〉 마진노트 분할 뷰 (2)

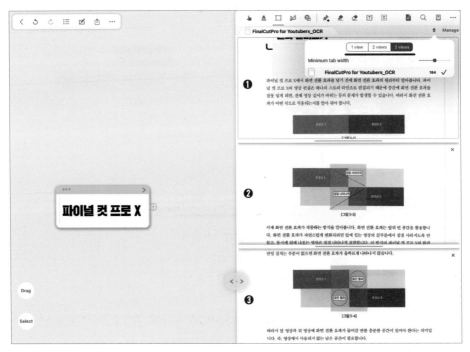

〈그림 6-28〉 마진노트 분할 뷰 (3)

1-6 Review ▶

Review의 인터페이스도 Document와 Study와 동일하므로 생략하겠습니다. 마진노트가 학습에도 도움되는 것이 마인드맵을 만들면 플래시 카드 형식으로 복습을 할 수 있는 Review 섹션이 있습니다. 실제로 파이널 컷 프로 X 권장 사양에 대한 질문과 답변 형식으로 만든 예시를 확인할 수 있습니다.

〈그림 6-29〉 마진노트 리뷰

상단에 재생 모양의 삼각형을 누르면 마인드맵을 데이터 베이스로 한 플래시 카드가 재생됩니다.

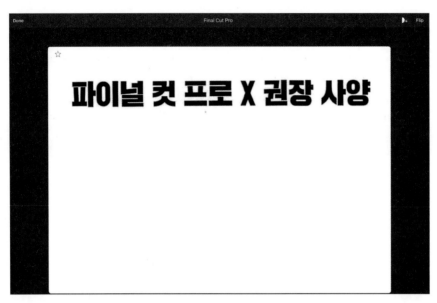

〈그림 6-30〉 마진노트 리뷰 문제

그러면, 질문과 비슷한 형식으로 나오고 터치를 하거나 우측 상단에 Flip을 누르면 해답이
나오는 방식으로 파이널 컷 프로의 권장 사항 내용이 나타납니다.

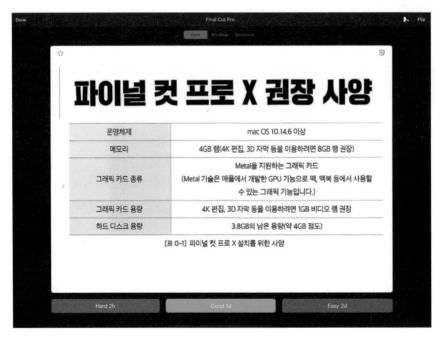

운영체제	mac OS 10.14.6 이상
메모리	4GB 램(4K 편집, 3D 자막 등을 이용하려면 8GB 램 권장)
그래픽 카드 종류	Metal을 지원하는 그래픽 카드 (Metal 기술은 애플에서 개발한 GPU 기능으로 맥, 맥북 등에서 사용할 수 있는 그래픽 기능입니다.)
그래픽 카드 용량	4K 편집, 3D 자막 등을 이용하려면 1GB 비디오 램 권장
하드 디스크 용량	3.8GB의 남은 용량(약 4GB 정도)

[표 0-1] 파이널 컷 프로 X 설치를 위한 사양

〈그림 6-31〉 마진노트 리뷰 답

이런 식으로 학습용으로도 상당히 신경 쓴 것을 볼 수 있으며, 실제 공부하는 학생에게 좋은 기능이라고 생각합니다.

1-7 마진노트의 장단점 ▶

지금까지 마진노트의 기본 메뉴와 사용법에 대해 간단하게 살펴보았습니다. 마진노트의 장점과 단점에 대해 간단하게 필자가 생각한 점을 알려드리고 마무리하겠습니다.

| 장점 |

- 마인드맵 형식으로 도서를 정리할 수 있습니다.
- 마인드맵 형식이 아니더라도 도서에 필기를 하거나 형광펜을 사용할 수 있습니다.
- 동영상도 마인드맵으로 만들 수 있습니다.
- 플래시 카드 형식으로 정리한 내용을 복습할 수 있습니다.
- 여러 권의 도서를 한 마인드맵에 정리할 수 있습니다.
- 맥OS 버전도 있어서 PC에서도 사용할 수 있고 iCloud를 통해 연동됩니다.
- 다른 마인드맵 앱 그리고 에버노트와 워드 파일로 공유가 가능합니다.
- 파일에 OCR이 안되어 있어도 자체 OCR 인식이 9개 국어로 가능합니다(영어, 프랑스어, 독일어, 이탈리아어, 일본어, 한국어, 중국어, 포르투갈어, 스페인어).
- 무제한 폴더 생성이 가능합니다.
- 싱글 페이지, 더블 페이지 선택이 가능합니다.

| 단점 |

- 마인드맵이 한 방향으로만 향할 수 있습니다.
- OCR 기능은 월간 혹은 연간 구독으로만 사용 가능합니다.

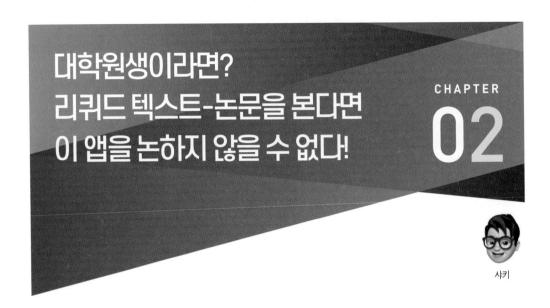

대학원생이라면?
리퀴드 텍스트-논문을 본다면
이 앱을 논하지 않을 수 없다!

CHAPTER
02

사키

리퀴드 텍스트의 특징은 연결성에 있습니다. 도서와 도서 사이, 도서와 메모 사이, 메모와 메모 사이를 서로 연결에 연결을 하여 공통된 주제를 추적할 수 있습니다. 이 좋은 기능은 공부를 할 때나 논문을 볼 때 빛을 발하는 것 같습니다. 본격적으로 리퀴드 텍스트에 대해 알아보겠습니다.

2-1 리퀴드 텍스트 기본 메뉴 ▶

리퀴드 텍스트의 메뉴는 한 페이지에서 모든 것이 끝납니다. 우측에는 도서 파일을 불러내는 Open Document 그리고 중앙에는 현재 불러온 도서 파일입니다. 지금부터 하나씩 차근차근 보겠습니다. 좌측 불러오기는 다음과 같은 기능을 가집니다.

❶ 파일에서 불러오는 기능
❷ 웹 사이트의 내용을 불러오는 기능

❸ 사진첩이나 파일 브라우저에 있는 사진을 불러내는 기능

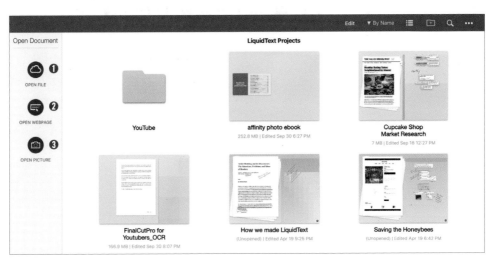

〈그림 6-32〉리퀴드 텍스트 불러오기 메뉴

우측 상단에는,

❶ 파일을 공유하거나 삭제하거나 이동을 하는 Edit

❷ 이름 정렬 혹은 날짜 정렬 선택

❸ 아이콘 보기 리스트 보기 선택

❹ 폴더 추가

❺ 검색

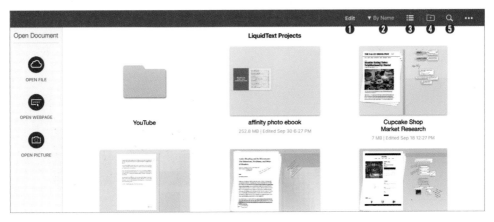

〈그림 6-33〉리퀴드 텍스트 상단 메뉴

그리고 상단 우측의 점 3개를 터치하면 추가 옵션이 있습니다.

❶ 고객센터와 채팅

❷ FAQ

❸ 설정

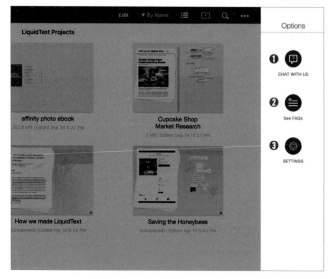

〈그림 6-34〉 리퀴드 텍스트 추가 옵션

파일을 열면 다양한 기능들이 있는데 하나씩 보기로 하겠습니다. 좌측 메뉴는 텍스트와 문서 관련 메뉴들입니다.

❶ 하이라이트 모아보기 기능

❷ 텍스트 삽입 기능

❸ 파일명 수정/페이지 회전

❹ 문서 검색

❺ 문서 모아 보기

❻ 해당 문서의 상세 페이지
　파일명

❼ 문서 추가

〈그림 6-35〉 기능 메뉴 (1)

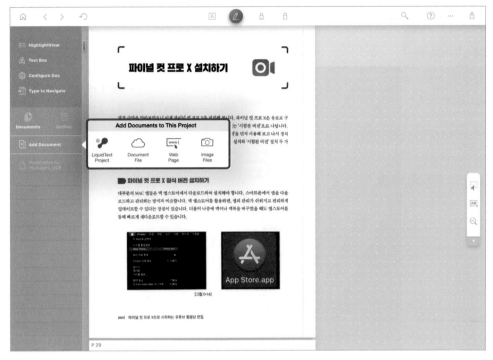

〈그림 6-36〉 기능 메뉴 (2)

상단 메뉴는 일반적인 설정과 필기에 관련된 메뉴들입니다.

❶ 홈으로 돌아가기   ❼ 지우개 기능

❷ 앞 페이지/뒷 페이지   ❽ 찾기

❸ 실행 최소   ❾ 도움

❹ 텍스트 삽입   ❿ 옵션 기능

❺ 펜기능   ⓫ 문서 공유

❻ 형광펜 기능

〈그림 6-37〉 리퀴드 텍스트 상단 메뉴

옵션 기능은 앱을 사용하면서 세부사항을 설정할 수 있는 설정들입니다.

❶ 왼손잡이 옵션

❷ 화면 분할 설정

❸ 손가락으로 그리기 설정

❹ 펜슬 더블 탭 설정

❺ 잉크 종류 설정

❻ 펜 스크롤 옵션 설정

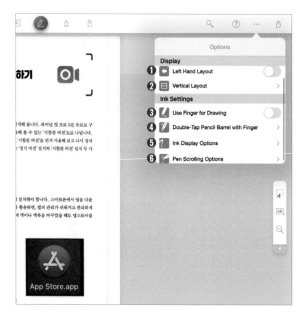

〈그림 6-38〉 리퀴드 텍스트 옵션 메뉴

맨 오른쪽 메뉴는 기타 설정들인데 손이 제일 잘 안가는 메뉴들을 모아 놓은 설정입니다.

❶ 자유영역 설정

❷ 텍스트 영역 삽입

❸ 워크 스페이스 설정

❹ 화면 축소

〈그림 6-39〉 리퀴드 텍스트 추가 옵션

이제 리퀴드 텍스트를 실제로 사용하는 방법에 대해 알아보겠습니다. 리퀴드 텍스트의 기본은 드래그 앤 드롭에 있습니다. 원하는 도서의 영역을 선택하여 노트에 드래그앤 드롭을 하는 것부터 시작합니다.

| 발췌 만들기 |

발췌는 위에 언급했듯이 원하는 도서의 영역을 지정하여 드래그한 뒤에 노트 영역에 드롭을 하면 됩니다. 발췌한 영역은 자유롭게 이동을 할 수 있으며 다른 발췌한 부분과 연결을 시킬 수도 있습니다. 또한 발췌한 부분의 왼쪽 삼각형을 누르면 발췌한 페이지 호출 기능이 있습니다.

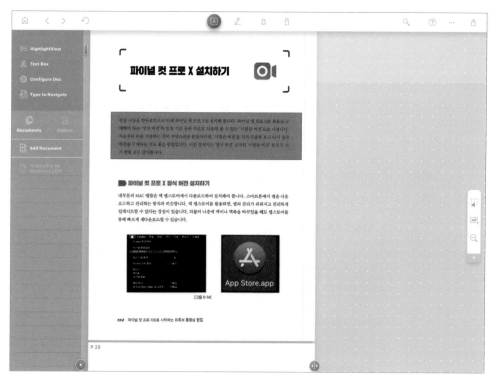

〈그림 6-40〉 리퀴드 텍스트 발췌 만들기 (1)

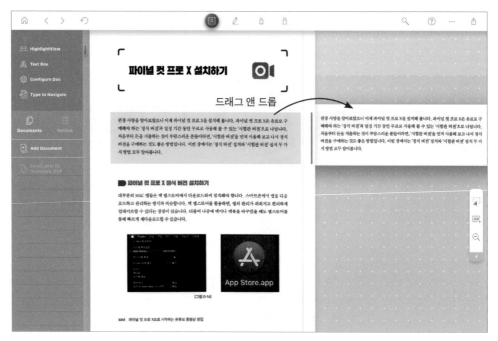

〈그림 6-41〉 리퀴드 텍스트 발췌 만들기 (2)

| 링크 |

리퀴드 텍스트의 가장 큰 기능 중에 하나가 링크 기능입니다. 펜이나 손을 이용해서 선을 긋고 도서 부분과 발췌한 부분을 연결하거나 발췌한 부분끼리 연결을 할 수 있습니다. 이렇게 연결을 하면 나중에 링크 부분을 터치했을 때 서로 연결한 부분들을 손쉽게 찾을 수 있습니다.

〈그림 6-42〉 리퀴드 텍스트 링크 기능

| 핀치 기능 |

다른 필기 앱에 없는 기능 중에 하나가 바로 핀치 기능입니다. 원하는 곳을 두 손가락으로 오므리듯 핀치를 하면 그 사이에 있는 내용이 없어지는 듯하면서 내가 한 화면에 보고 싶어하는 두 페이지를 한 화면에서 볼 수 있습니다. 이렇게 하면 위와 아래의 내용을 찾아서 왔다 갔다 하지 않아도 되는 정말 편리한 기능입니다.

핀치 하는 장면을 사진으로 보여드리기 힘들기 때문에 아래 이미지의 쪽수를 보시면 23페이지에서 33페이지로 바로 넘어간 것을 볼 수 있습니다. 이는 24페이지부터 32페이지를 핀치로 오므려서 숨긴 결과입니다.

〈그림 6-43〉 리퀴드 텍스트 핀치 기능

| 하이라이트 |

하이라이트는 특별한 것이 아니지만 리퀴드 텍스트의 하이라이트는 특별합니다. 하이라이트를 표시한 뒤에 나중에 하이라이트만 골라서 볼 수 있는 기능이 있습니다. 좌측에 하이라이트 모아보기 기능을 선택한 뒤 핀치를 하게 되면 하이라이트 된 부분만 모이게 되어 쉽게 볼 수 있습니다. 이해가 안되면 하단 이미지의 페이지를 보면 이해에 도움이 됩니다.

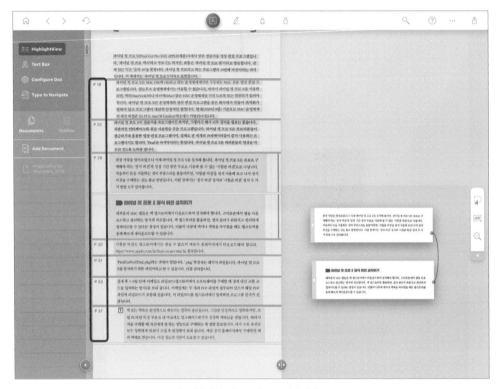

〈그림 6-44〉 리퀴드 텍스트 하이라이트

이상 리퀴드 텍스트에 대해 알아봤습니다. 리퀴드 텍스트는 발췌하여 본문과 링크를 하고 중요한 부분은 하이라이트한 뒤에 핀치 기능을 활용하여 문서를 쉽게 확인할 수 있으며, 하이라이트된 부분을 모아서 핵심 내용들을 파악할 수 있는 기능을 통해 손쉽게 도서나 논문을 쉽게 확인하고 정리할 수 있습니다. 이렇게 좋은 앱을 잘 활용하면 도서 정리 시 시간을 많이 절약할 수 있습니다.

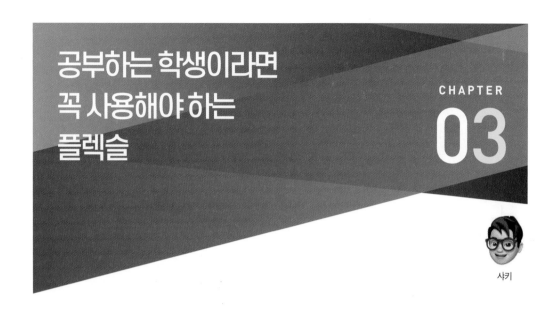

공부하는 학생이라면
꼭 사용해야 하는
플렉슬

CHAPTER
03

사키

플렉슬은 이 책에서 다루고 있는 앱 중에 유일하게 국내 업체에서 개발한 앱입니다. 우리나라 업체에서 개발했기 때문에 우리나라 학생들의 공부에 최적화되어 만들어놓았다고 해도 과언이 아닙니다. 최근 플렉슬에서 플렉슬 2로 메이저 업데이트 중이어서 베타테스터를 선발하여 기능 테스트 및 안정화 테스트 중입니다. 필자는 베타테스터 버전의 새로운 기능들과 업데이트 된 부분들을 미리 사용해보고 있습니다(2020년 10월 기준). 본 내용은 플렉슬 2에 맞춰서 집필되었으며 아직 베타 버전이기 때문에 추후 정식 버전과 상이한 부분이 있을 수 있다는 점 미리 알립니다.

플렉슬 2로 업데이트되면서 추가되거나 향상된 기능들을 정리하면, 새로워진 UI & 향상된 UX, 아이폰 지원 및 iCloud 동기화, 텍스트 뒤 형광펜 기능, 세로 스크롤, 문서 템플릿, 전체 화면 보기/문서 탭, 개선된 펜 툴바, 멀티 페이지 보기, 직선 펜 & 직선 형광펜, 자유선 올가미, PDF 아웃라인 편집 & 페이지 회전, 하이퍼링크, 노트와 PDF의 개념 통합 외 많은 기능들을 추가했습니다. 그래서 이 책에서는 아직 완벽하진 않지만, 플렉슬 2의 UI(User Interface)로 내용을 설명하겠습니다.

3-1 파일 불러오기 ▶

파일 불러오기는 크게 2가지로 나뉩니다. 아이패드의 파일 앱에 저장되어 있는 파일을 불러 내는 방법과 이번에 새로 추가 기능이 탑재된 클라우드 스토리지에서 불러내는 방법입니다. 클라우드 스토리지는 크게 Box, Dropbox, Google Drive, OneDrive 그리고 WebDav에 서 불러낼 수 있습니다.

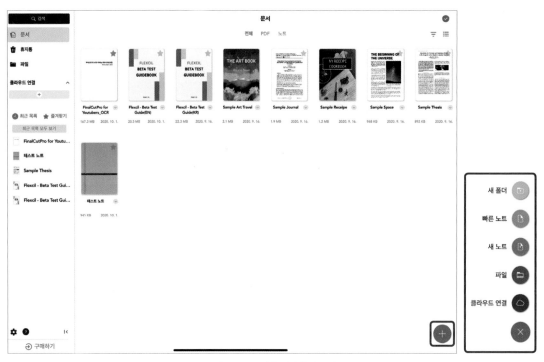

〈그림 6-45〉 플렉슬 파일 불러오기

3-2 기본 UI ▶

플렉슬의 기본 UI는 매우 직관적입니다. 국내 업체에서 개발을 해서 그런지, 필자가 원하는 UI로 깔끔하면서도 별도의 설명이 없어도 이해가 될 수 있게 개발했습니다.

❶ 검색 : PDF 파일이나 노트를 검색할 때 사용합니다.

❷ 문서 : 플렉슬에 저장되어 있는 모든 문서(PDF 파일 & 노트)를 볼 수 있습니다.

❸ 휴지통

❹ 파일 : 애플의 파일 앱에 있는 문서들을 불러낼 수 있습니다.

❺ 클라우드 연결 : Box, Dropbox, Google Drive, Onedrive, WebDav에서 문서를 불러낼 수 있습니다.

❻ 최근 목록 : 최근에 실행한 PDF나 노트 리스트

❼ 즐겨찾기 : 즐겨찾기를 해놓은 PDF 파일이나 노트 리스트

❽ 설정

❾ 도움말

❿ 메뉴 가리기 : 메뉴를 가리고 문서 전체를 더 넓게 보고자 할 때 사용합니다.

⓫ 전체 보기, PDF 파일이나 노트만 확인

⓬ PDF 파일, 노트의 이름을 수정, 복제, 이동, 공유, 삭제

⓭ 정렬 옵션

⓮ 리스트 보기, 썸네일 보기 설정

⓯ 새 폴더, 빠른 노트 생성, 새 노트, 파일 불러내기, 클라우드 연결

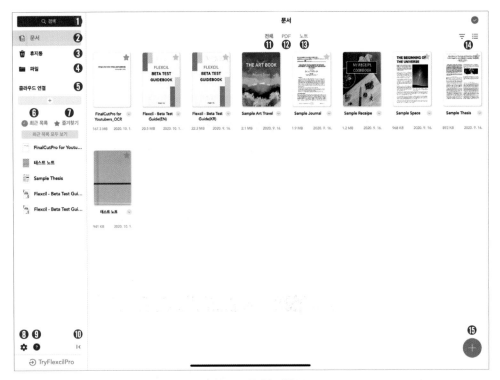

〈그림 6-46〉 플렉슬 기본 UI

3-3 PDF 파일 UI ▶

PDF 파일을 불러냈을 때의 UI를 보도록 하겠습니다. 공부하기에 정말 최적화된 UI라고 생각합니다. 그럼 하나씩 하나씩 보겠습니다.

❶ 뒤로 가기 : 파일을 모두 사용하고 처음 UI로 되돌아갈 때 사용합니다.

❷ 페이지 추가 삭제 : 도서의 파일을 추가 삭제할 수 있으며, 다른 문서에서 파일을 불러올 수 있습니다.

❸ 노트 불러내기

❹ 펜 모드/제스쳐 모드 선택

❺ 검색 기능 : 문서 내 텍스트 검색할 때 사용합니다.

❻ 보기 설정 : 스크롤 방향, 페이지 보기 선택, 읽기 설정, 제스처를 설정할 때 사용합니다.

❼ 페이지 탐색, 파일명 보기, 북마크, 주석 등 확인

〈그림 6-47〉 플렉슬 PDF 파일 UI

3-4 글씨 쓰기와 제스처 기능 ▶

앞에서 기본 UI에 대해 설명을 드렸습니다. 이제, 글씨 쓰기와 제스처 기능에 대해 알아보겠습니다.

❶ 펜 모드 : 최대 40개의 펜과 형광펜을 등록할 수 있습니다.

❷ 지우개

❸ 자(Ruler) 모드 : 펜으로 선을 그으면 자로 잰 듯이 반듯하게 그려집니다.

❹ 텍스트 모드

❺ 사진 촬영 및 이미지 삽입

❻ 올가미 모드 : 글씨나 형광펜, 텍스트를 선택하여 이동을 시키는 기능입니다.

<그림 6-48> 플렉슬 펜 모드 메뉴

우측 상단의 줄 3개를 터치할 때 기능을 보겠습니다.

❶ 페이지 탐색 : 썸네일 보기

❷ 개요 : 리스트 보기

❸ 북마크

❹ 주석

<그림 6-49> 플렉슬 추가 메뉴

3-5 플렉슬의 기능

플렉슬만이 가지고 있는 기능은 학습 노트 기능입니다. 메뉴에서 불러내거나 세 손가락을 위로 쓸어 올리면 노트가 나옵니다. 이때, 학습 파일에 텍스트를 선택해서 노트로 드래그 앤 드롭을 하면 노트에 복사됩니다.

이때 복사한 텍스트의 좌측에 보면 파란색의 링크 모양이 생기는데, 이 링크를 터치하면 다른 페이지에서 본 내용이 있는 페이지로 이동하게 됩니다. 노트는 무제한으로 생성이 가능하여 PDF 파일에 필기할 공간이 부족하다면, 노트에 필기하면 됩니다.

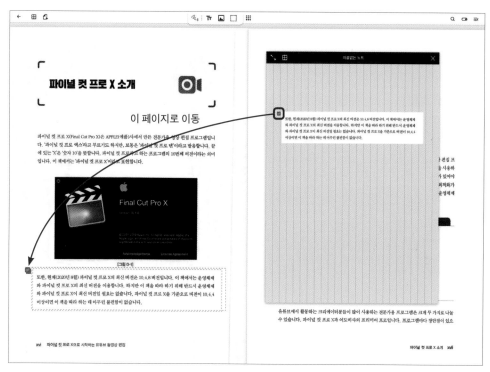

〈그림 6-50〉 플렉슬 노트 링크

3-6 마무리 ▶

플렉슬은 공부를 위한 목적으로 사용하기에 좋은 앱입니다. 특히 우리나라 중고생 그리고 대학생들이 공부할 때 사용하기 좋습니다. 40개의 펜과 형광펜을 설정할 수 있어서 깔끔하면서도 가독성 있는 노트 필기를 원하시는 분들에게 추천드립니다. 또한 PDF 파일 외에 노트를 정리하여 주석을 달아 나중에 추적하고, 따로 필기된 페이지만 선택하여 볼 수 있는 기능도 분명 유용할 것입니다.

또한 조만간 아이클라우드를 통한 동기화 지원 예정이며, 안드로이드 버전도 출시한다고 합니다(아마 이 책을 읽고 계실 때쯤이면 이미 되어 있을지도 모릅니다). 마지막으로 필자가 생각했을 때 만약 플렉슬에서 녹음 기능까지 넣어준다면 정말 완벽한 앱이 될 것이라고 생각합니다.

수업, 미팅 때
빛을 발하는
노타빌리티

CHAPTER

04

샤키

필자는 노타빌리티를 많이 사용합니다. 특히 설명회, 미팅 등 추후 다시 들어봐야 하는 내용이 있을 경우엔 꼭 노타빌리티를 사용합니다. 노타빌리티만의 강력한 녹음 기능 때문이죠. 다른 단점들이 이 녹음 기능으로 모두 용서될 정도로 강력한 녹음 기능이 돋보이는 노타빌리티의 메뉴 구성에 대해 본격적으로 살펴보겠습니다.

4-1 기본 메뉴

먼저 앱을 실행했을 때의 기본 메뉴를 보겠습니다. 화면 왼쪽이 카테고리를 나타내주는 창이고, 오른쪽은 해당 카테고리에 있는 노트를 보여줍니다. 다른 앱들과는 다르게 무제한 폴더 기능이 없습니다. 그래서 카테고리를 정할 때 필자가 원하는 방식으로 정할 수 없기 때문에 최대한 적게 만들어 사용하고 있습니다.

❶ 편집 : 카테고리를 편집할 때 사용합니다.

❷ 공유 : 노트 공유 시 사용됩니다. 멀티 선택도 가능합니다.

❸ 카테고리 추가 : 카테고리를 추가하거나 디바이더를 만들고 싶을 때 사용합니다.

❹ 검색 : 검색할 때 사용합니다.

❺ 파일 가져오기 : 파일을 클라우드에서 가져오거나 문서를 스캔할 때 사용합니다.

❻ 새 문서 작성 : 새로운 노트를 작성할 때 사용합니다.

❼ 설정 : 각종 설정을 할 때 사용합니다.

❽ 상점 : 노타빌리티 자체 상점으로 테마나 노트 등을 구매할 수 있습니다.

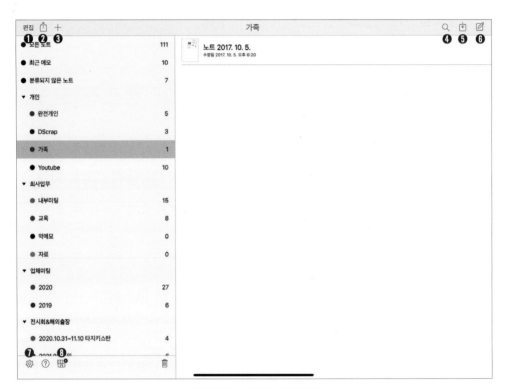

〈그림 6-51〉 노타빌리티 기본 메뉴

아마도 이 책에서 소개된 필기 앱 중 기본 메뉴가 가장 간단하다고 생각됩니다.

4-2 노트 메뉴

이제 노트를 열었을 때의 메뉴를 살펴보겠습니다.

❶ 돌아가기 : 초기 메뉴로 돌아갈 때 사용합니다.

❷ 공유 : 노트를 공유할 때 사용합니다. 노트 공유에는 파일 형식, 이미지 형식 등 여러 가지 옵션들이 있습니다.

❸ 되돌리기 : 이전 동작으로 되돌릴 때 사용합니다.

❹ 텍스트 모드 : 텍스트를 삽입할 때 사용합니다.

❺ 펜슬 모드 : 글씨를 쓸 때 사용합니다.

❻ 형광펜 모드 : 형광펜을 사용할 때 사용합니다.

❼ 지우개 : 글씨나 형광펜을 지울 때 사용합니다.

❽ 올가미 : 글씨나 형광펜을 선택할 때 사용합니다.

❾ 선택 모드 : 애플 펜슬이나 손가락으로 페이지를 위로 올리거나 아래로 내릴 때 사용합니다.

❿ 녹음 기능 : 음성을 녹음할 때 사용합니다.

⓫ 미디어 삽입 : 다양한 미디어를 삽입할 때 사용합니다.

⓬ 옵션 : 용지 보기 방식 등 옵션을 설정할 때 사용합니다.

⓭ 페이지 검색 : 모든 페이지를 보거나 북마크 혹은 검색할 때 사용합니다.

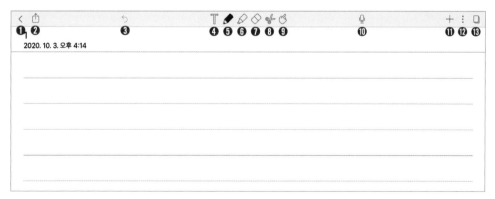

〈그림 6-52〉 노트 메뉴 (1)

미디어 삽입은 다음과 같은 메뉴로 구성되어 있습니다.

⓫-1 포토 라이브러리 : 사진첩에 있는 사진을 불러낼 때 사용합니다.

⓫-2 카메라 : 카메라로 직접 촬영해서 사용할 때 사용합니다.

⓫-3 문서 스캔 : 문서나 명함 등 스캔 작업을 해서 사용할 때 사용합니다.

⓫-4 GIF : GIF 파일을 불러낼 때 사용합니다.

⓫-5 웹 클립 : 원하는 웹 사이트를 불러내서 사용할 수 있습니다.

⓫-6 스티커 노트 : 포스트잇처럼 스티커 메모를 추가할 때 사용합니다.

〈그림 6-53〉 노트 메뉴(2)

노타빌리티가 가진 특유의 핵심 기능이 있습니다. 바로 녹음 기능입니다. 수업 중 필기와 녹음을 동시에 사용하기에 특화되어 있어 수업 필기, 회의록 필기 시 사용하기 좋습니다. 녹음 기능을 조금 더 자세히 알아보겠습니다.

〈그림 6-54〉 노타빌리티 녹음 기능

4-3 녹음 기능

노트할 때 상단에 있는 마이크 아이콘을 누르면 바로 녹음됩니다. 녹음되는 시점에 필기한 정보가 같이 저장됩니다. 녹음을 하면 마이크 옆에 아래 방향의 화살표 모양 아이콘이 생깁니다. 그 아이콘을 누르면 아래에 재생할 수 있는 창이 뜹니다. 재생 버튼을 누르면 녹음했던 내용이 재생됩니다.

또한 0.7~2배속까지 재생됩니다. 10초 전의 내용만을 다시 듣기가 가능하여 듣다가 놓치는 부분이 있으면 10초 전으로 다시 돌려 듣기가 가능합니다. 재생바에서는 동그란 점으로 조정하여 녹음된 시점을 보여줍니다. 녹음되는 시점에 쓰인 필기 내용이 나타납니다. 이 기능이 노타빌리티의 핵심 기능으로 볼 수 있습니다. 이 기능이 다른 노트앱을 사용하지 못하고 노타빌리티만을 이용하는 이유이기도 합니다. 스피커 아이콘을 통하여 볼륨의 높낮이를 조절할 수 있는데, 맨 우측의 [⋯] 아이콘을 클릭하여 녹음된 파일을 시간순대로 1, 2, 3 저장되어 있어 관리가 가능합니다.

4-4 녹음 기능의 활용

수업 필기

수업 시 필기만큼 복습 때 유용한 것은 없습니다. 복습할 때는 빠른 배속으로 틀어놓고 활용할 수 있습니다. 반대로, 더 필기한 내용을 보충할 때는 느린 배속으로 보충해나갑니다. 그리고 수업 때는 몰랐는데 다시 복습하다 보니 놓친 내용이 들리는 경우도 있어 유용합니다.

4-5 노타빌리티 노트 메뉴 ▶

4-5-1 노타빌리티의 장단점

| 장점 |

- 녹음 추적 기능 : 노타빌리티를 사용하는 제일 큰 이유 중 하나로, 이것 때문에 노타빌리티를 사용한다고 해도 과언이 아닙니다. 녹음을 하고 글씨를 쓴 후 녹음을 재생할 때 녹음했을 당시의 글씨를 추적할 수 있는 기능이 있습니다.
- 세로 보기 : 세로 방향으로 스크롤이 가능하여 앞 페이지 혹은 뒷 페이지의 내용을 한 화면에서 볼 수 있습니다.
- 파일 이동 시 드래그 앤 드롭으로 이동이 가능합니다.
- PC와 맥 버전도 출시되어 아이패드와 연동해서 사용할 수 있습니다.
- 여러 기기 간의 연동 속도가 빠릅니다.

| 단점 |

- 폴더 안에 폴더를 만들지 못하는 제약으로 인해 폴더 관리가 용이하지 않습니다.
- 굿노트에서 하이퍼링크 기능이 있는 서식을 노타빌리티에서 사용할 경우 굿노트에서 터치 한 번으로 되는 것이, 노타빌리티에서는 터치를 두 번 해야 합니다.

| 결론 |

필기할 때 녹음했던 부분을 바로 찾아줄 수 있는 막강한 녹음 기능으로 녹음이 절대적으로 필요한 사업가나 영업사원 그리고 학생분들에게 강력하게 추천합니다. 앞에서도 언급했지만 노타빌리티는 녹음 기능 하나 때문에 사용하고 있다고 해도 과언이 아니라고 생각합니다.

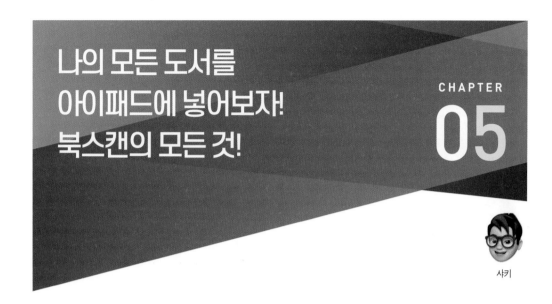

나의 모든 도서를
아이패드에 넣어보자!
북스캔의 모든 것!

CHAPTER
05

샤키

이제 휴대폰이나 태블릿으로 독서를 하는 분들이 많아졌습니다. 무거운 책을 들고 다니지 않아도 언제 어디서나 동시에 여러 도서를 읽을 수 있는 장점이죠. 필자는 스마트폰이 나오기 전 PDA로 이미 책을 읽기 시작하여 아이패드가 처음 나왔을 때 이미 자가 북스캔으로 모든 책을 스캔하여 아이패드에 넣고 독서를 했습니다.

이처럼 도서(Book)를 스캔(Scan)한다고 하여 '북스캔'이라고 합니다. 현재까지도 필자는 도서를 직접 종이책으로 구매하여 재단을 하고 아이패드에 넣어서 봅니다. 왜 번거롭게 책을 구매하여 재단을 하고 스캔을 해서 아이패드에 넣을까요?

제일 큰 이유는 필자가 구매하고자 하는 도서가 전자책으로 발행이 되지 않아서입니다. 전자책으로 구매한 도서는 판매한 업체의 전용 앱으로만 읽어야 하기 때문에 필기 앱으로 불러들여서 사용을 할 수 없는 문제도 있습니다. 또한 언제 어디서든 제약 없이 책을 읽을 수 있고, 아이패드의 용량이 허용하는 한 수십 권 혹은 수백 권의 책을 모두 담을 수 있습니다. 종이책처럼 찢어지거나 더러워지지 않는다는 것도 장점입니다.

필자의 유튜브 채널에서 많이 받는 질문 중 하나가 출판사에서 구매한 전자책을 굿노트 등의 앱에 못 불러오는지에 혹은 어떻게 해야 필기 앱에서 사용이 가능한지입니다. 결론은 불가능합니다. 그것이 재단, 스캔 등의 수고를 하면서 북스캔을 하는 이유입니다.

5-1 자가 북스캔 vs 스캔 대행

스캔은 본인이 직접 재단기와 스캐너를 구매하여 스캔하는 '자가 북스캔' 이 있고, 북스캔을 대행해서 해주는 스캔 대행이 있습니다. 아이패드 개발 이후 스캔 대행 업체들이 많이 생겨났으며 필자도 중요한 서적이나 전문성이 필요한 스캔은 아직도 스캔 업체에 의뢰하여 스캔합니다.

스캔 대행 업체에 의뢰를 하면 우선 전문 스캐너와 프로그램을 이용하여 스캔하기 때문에 스캔의 품질이 집에서 하는 것과는 비교가 많이 됩니다. 또한 스캔 후 책이 필요하다면 책 복원까지 해주는 복원 서비스도 같이 해줍니다.

복원 서비스를 받으려면 꼭 스캔 대행을 해야 할까요? 그렇지는 않습니다. 필자도 자가 스캔 후 책이 필요해서 복원한 책들이 꽤 있습니다. 이럴 경우엔 재단할 때 표지가 잘 찢기지 않게 뜯어내고 스캔한 뒤에 동네 복사집에 가서 책 복원을 요청하면 일정 금액을 받고 해줍니다 (표지가 찢기지 않게 뜯어내는 방법은 뒤에서 살펴보겠습니다). 자가 북스캔을 하느냐 아니면 스캔 대행업체에 맡기느냐는 지금부터 스캔에 대해 알아보고 결론을 내도록 하겠습니다.

5-2 재단기 선택 ▶

스캔 대행을 맡기지 않고 자가 북스캔을 하기로 결심했다면, 먼저 구매해야 할 것이 두 가지가 있습니다. 바로, 재단기와 스캐너입니다. 먼저, 재단기는 본인의 스캔 환경에 따라 결정하면 됩니다. 소설이나 작은 크기의 책을 읽는 분들은 일반적인 크기의 재단기를 구매하면 되고, 두껍고 큰 전문 도서를 읽는 분들은 큰 재단기를 구매하면 됩니다. 하지만 작업실이나 사무실이 아닌 일반 가정집에서 큰 재단기를 구매하기는 부담이 될 수 있으니 적당한 크기를 구매하여 두꺼운 책들은 여러 번에 나눠서 스캔하는 것이 좋습니다.

하지만 너무 작은 재단기를 구매하면 재단하는 데 상당한 시간이 소요되니 적당한 크기의 재단기를 찾아야 합니다. 재단기 검색할 때 재단 최대 크기와 최대 두께가 나오니 본인의 책에 가장 알맞은 재단기를 찾아 구매하면 됩니다. 여기서 팁을 알려드리자면, 본인의 재단 환경보다 살짝 오버스펙의 재단기를 구매하는 것입니다. 그래야 재단 시 무리 없이 오래 사용할 수 있습니다. 필자는 다음과 같은 이미지의 현대 오피스에서 나온 재단기를 사용합니다. 여유 있게 A3 모델을 사용하고 있습니다.

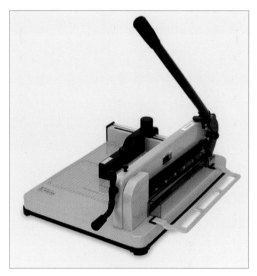

〈그림 6-55〉 현대 오피스 재단기

5-3 스캐너의 종류 ▶

스캐너는 필자가 생각하기로는 파괴 스캐너(접촉식 스캐너)와 비파괴 스캐너(비접촉식 스캐너) 이렇게 크게 2가지로 나뉩니다. 파괴 스캐너는 말 그대로 책을 파괴해서 직접 센서에 접촉시켜 스캔하는 방식이고, 비파괴 스캐너는 책을 재단하지 않고 펼친 상태에서 멀리 떨어진 센서가 스캔하는 방식입니다.

본인이 직접 구매하여 재단이 가능하다면 책을 파괴해서 스캔이 가능하지만 한정판이거나 절판 또는 대여한 책이라면 비파괴식 스캐너를 이용해 스캔해야 합니다.

| 파괴식 스캐너 |

보통 우리가 스캐너라고 부르는 스캐너가 파괴식 스캐너입니다. 낱장을 넣어 단면 혹은 양면으로 스캔합니다. 이런 파괴식 스캐너는 크게 양면 스캐너와 단면 스캐너로 나뉩니다. 요즘 단면 스캐너는 특수 목적의 평판 스캐너를 구매할 이유가 없다면 보통 양면이 가능한 스캐너 혹은 복합기를 구매하는 것이 좋습니다.

파괴 스캐너의 장점은 낱장을 자동으로 스캔하기 때문에 스캔 속도가 빠르고 스캐너 센서와 직접 닿아서 스캔 결과물의 화질이 좋습니다. 독서를 많이 하는 분들은 전문 양면 스캐너를, 어쩌다 한 번씩 스캔하고 프린트까지 원하는 분들은 양면 스캔이 가능한 복합기 구매를 추천합니다.

〈그림 6-56〉 양면 스캐너와 양면 스캔이 가능한 복합기

| 비파괴식 스캐너 |

비파괴식 스캐너는 오래 전에 출시되었지만, 높은 가격과 한 페이지씩 사람의 손을 이용하여 스캔해야 한다는 불편함이 있어서 잘 알려지지 않았습니다. 그러나 아이패드의 보급과 자가 스캔에 대해 관심이 높아지며, 책 손상 없이 스캔을 원하는 수요가 늘어나자 인기가 높

아지고 있습니다. 또한 스캐너의 기술은 상향 평준화가 되고 가격은 낮아져 자가 스캔을 원하는 입문자가 늘어나 판매량도 매해 늘어나는 추세를 보이고 있습니다.

〈그림 6-57〉 시저 아우라

〈그림 6-58〉 시저 ET2000

5-4 본격 스캔하기 ▶

| 재단하기 |

재단하기에 앞서 결정을 해야 할 점이, 스캔 후 도서를 폐기할 것이냐 아니면 다시 복원할 것이냐 하는 문제입니다. 폐기를 생각한다면 그냥 표지를 뜯어내면 되는데, 복원을 할 목적이라면 표지를 손상 없이 뜯어야 합니다.

〈그림 6-59〉 손상 없이 표지 뜯기

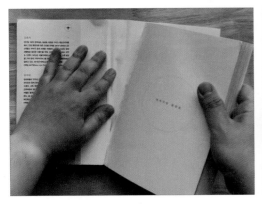
〈그림 6-60〉 책 재단 (1)

〈그림 6-61〉 책 재단 (2)

손상 없이 뜯고자 한다면 책을 뜯을 때 맨 앞 장에 책을 펼친 다음 책에 한 손을 올리고 다른 손으로 표지를 누릅니다. 그리고 책을 뒤집어 같은 방법으로 뒷면도 해주면 표지 겉면만 빠지게 됩니다. 이제 재단기를 준비하여 책을 재단해줍니다. 이때 재단기가 책 전체를 한번에 재단할 수 있는 용량이라면 한번에, 아니라면 책을 뜯어내서 차례로 잘라줍니다. 참고로 유튜브에서 '샤키코리아 스캔'으로 검색하면 표지 찢는 방법을 동영상으로 볼 수 있습니다.

5-5 PDF vs JPG

재단이 완료되었으면 스캐너에 넣어서 스캔을 하면 되는데, 이때 결정해야 하는 것이 스캔 파일을 바로 PDF로 할지 아니면 JPG 파일로 스캔할지의 문제입니다. 필자는 JPG로 스캔하여 PDF로 변환하는 것을 선호합니다.

이유는 전에 쓰던 E社의 양면 스캐너로 스캔할 경우 한 장씩 급지가 되어야 하는데 2장씩 급지가 되는 경우가 종종 있었기 때문입니다. 그럴 경우 PDF로 바로 변환하면 처음부터 다시 스캔을 해야 하기 때문에 JPG로 스캔을 하고 빠져 있는 부분을 채운 뒤에 PDF로 변환을 했습니다. 그리고 나중에 특정 페이지만 따로 필요할 때 해당 이미지 파일에서 불러오는 게 편하기 때문이죠.

5-6 파일명

스캔 시 스캔 파일명을 직접 정할 수 있습니다. 필자 같은 경우 도서명을 기재해주고 뒤에 숫
자를 3자리로 정한 뒤 책의 페이지와 맞춰서 파일명을 정합니다. 즉, 실제 책의 1페이지이면
파일명도 001로 지정합니다. 그러면 실제 책의 페이지와 파일명의 숫자가 똑같으면 나중에
찾기 더 쉽습니다.

5-7 스캔 설정

스캐너 제조사별로 스캔 프로그램이 다르지만 스캐너의 기본 설정은 모두 유사합니다. 스캔
전에 설정해야 할 것들은 저장 위치, 컬러 모드(흑백/컬러/자동), 스캔할 면(단면/양면), 이미
지 화질 그리고 형식(PDF/JPG)입니다. 필자의 경우 저장 위치는 스캔 폴더를 따로 만들어
거기에 저장합니다. 컬러 모드는 무조건 컬러, 스캔은 필요에 따라 단면/양면을 설정하고, 화
질은 무조건 최상으로 합니다.

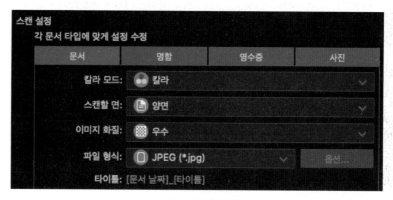

〈그림 6-62〉 스캔 설정

5-8 JPG to PDF ▶

스캔을 완료했고, JPG로 저장했다면 이 파일들을 PDF로 바꿔야 합니다. .JPG 파일을 PDF 파일로 변환해주는 프로그램은 상당히 많으니 본인에게 맞는 유료 혹은 무료 프로그램을 선택하여 사용하면 됩니다. 필자의 경우 맥북을 주 컴퓨터로 사용하고 있어서 앱 스토어에 RootRise Technologies Pvt. Ltd에서 개발한 JPG to PDF 유료 프로그램을 사용하고 있습니다

프로그램이 유사하기 때문에 하는 기본 방법은 비슷합니다. 변환하고자 하는 JPG 파일을 선택한 뒤 하나의 PDF 파일로 합치는 옵션으로 선택하여 Export해주면 하나의 합쳐진 PDF 파일이 완성됩니다.

〈그림 6-63〉 PDF 변환 프로그램

윈도우 사용자들은 포털사이트에 JPG to PDF로 검색하면 무료 프로그램이 많이 나옵니다. 필자는 윈도우에 무료이면서 무설치 방식인 프로그램을 사용합니다. 여러 프로그램이 많이

나오기 때문에 맥용처럼 본인에게 제일 맞는 프로그램을 선택하여 사용하면 됩니다.

5-9 OCR ▶

OCR은 'Optical Character Reader'의 줄임말로, 스캔한 PDF 파일에서 텍스트를 문자로 인식해주는 기능입니다. OCR이 되어 있는 파일이라면 우리가 컴퓨터에서 PDF 파일을 드래그하고 다른 문서에 붙여놓기를 했을 때 텍스트로 붙여놓기가 가능하게 만들어줍니다. 마찬가지로 아이패드에서도 OCR이 인식되어 있는 파일은 형광펜 긋기, 밑줄 치기 등 여러 가지 작업을 할 수 있습니다.

OCR을 하기 위해서는 OCR 변환 프로그램이 있어야 합니다. 필자는 아직 맥북에서 사용할 OCR 변환 프로그램을 찾지 못했고, 구독 형식인 Adobe 서비스를 별로 선호하지 않아 십여 년 전에 구매했던 윈도우용 Adobe Acrobat Pro를 지금까지 사용하고 있습니다. 그래서 맥북에서 스캔한 뒤 윈도우로 옮겨서 거기서 OCR 변환을 해주고 다시 맥으로 가져오는 과정을 거치고 있습니다.

제가 설명드릴 OCR은 책의 텍스트를 따오는 방식이 아닌 나중에 필기 앱에서 텍스트를 인식해서 형광펜 및 밑줄 등을 사용할 수 있게 해주기 위함입니다. 따라서 수십만 원의 프로그램 비용 혹은 몇만 원의 월 구독료를 내는 것이 아닌, 무료로 사용할 수 있는 OCR 변환 프로그램을 설명하겠습니다. 알툴즈에서 OCR 변환 프로그램을 무료로 배포 및 사용할 수 있게 해주고 있습니다. 알PDF는 맥 버전이 없기 때문에 윈도우 버전으로 설명하겠습니다. 먼저, 알툴즈 홈페이지에 가서서 알PDF를 다운로드하고, 설치합니다.

〈그림 6-64〉 알툴즈에서 PDF 다운로드하기

설치 후 다시 홈페이지에 알PDF에서 문자인식(OCR)에 본인이 다운로드한 알PDF 버전에 맞게 OCR 프로그램을 설치하면 됩니다. 이 책을 읽고 알PDF를 설치했다면 가상 최신(높은 숫자) 버전을 다운로드한 후 설치하면 됩니다.

〈그림 6-65〉 최신 버전 PDF 다운로드

설치가 완료되었으면 알PDF를 실행시킨 후 [열기]를 클릭하고 스캔한 PDF를 선택합니다. 문자 인식(OCR) 실행을 누르고 기다리면 됩니다.

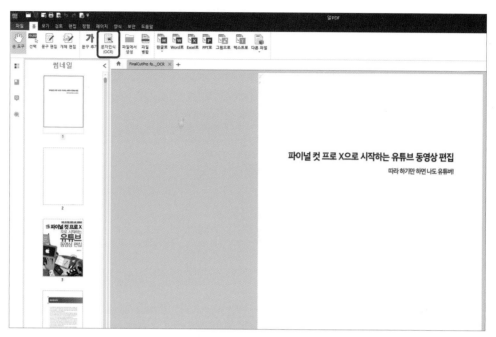

〈그림 6-66〉 OCR 실행

이때 책의 페이지 양에 따라 다르겠지만, 인식 속도가 굉장히 느립니다. 많은 인내를 가지고 기다리셔야 합니다. 제일 좋은 방법은 회사라면 퇴근 전에 작업을 걸고 퇴근했다가 아침에 와서 확인하는 방법, 자택이라면 저녁에 자기 전에 작업 걸어놓고 아침에 확인하는 방법입니다. 이렇게 OCR 인식이 되었다면 이제 여러분의 파일을 아이패드에서 사용할 수 있는 준비가 모두 끝났습니다.

PART 7

책을 마치며

나가는 글 닫혀있는 희망

꾸준히 작성해 나갈 수 있는 요령- 다자 소통의 힘

밤톨

'현생'이 바빠 일기는 살짝 미뤄두다 매번 포기하는 당신에게, 새로운 취미를 만들고 소통하고자 하는 당신에게 추천할게요.

소통하고 공유하며 꾸미는 다이어리의 세계에 오신 걸 환영해요. 꾸준히 다이어리를 쓰는 게 벅차다면 함께 다이어리를 꾸며봐요.

아이패드 다이어리 시장은 매년 무섭게 성장하고 있고, 디지털 다꾸러의 유입은 매년 증가하고 있어요.

SNS를 통한 다자 소통의 힘, 함께 공유하고 소통하며 우리의 다이어리 라이프를 채워나가요.

1-1 공유하고 소통하며 꾸미는 다이어리 라이프, 아굿다 ▶

처음 패드어리에 입문한 필자는 모르는 것도, 궁금한 것도 넘쳐났습니다. 그러다, 공통 관심사를 가진 사람들과 즉각적인 소통을 하고 싶은 마음을 담아 오픈채팅 '아굿다'를 개설했습니다. 2019년 6월 개설된 '아이패드 굿노트 다이어리 공유방(#아굿다)'는 아이패드 다이어리 부문 오픈채팅 1위로 약 300명의 아이패드 유저들이 함께하고 있습니다.

항상 이렇다 할 취미 생활도 없고, 무엇을 시작하든 금방 질려버리는 성격 때문에 뭐든지 꾸준히 해본 적 없는 제가 1년이 넘는 기간 동안 오픈채팅을 운영하고 꾸준히 다이어리를 쓸 수 있게 된 건 SNS를 통한 다자 소통 덕분이었습니다. 아굿다에서는 기본적인 굿노트 관련 질문부터 다양한 무료 서식과 스티커를 링크를 통해 공유하고 있어요. 다이어리를 꾸며보고 싶은데 막상 방법을 몰라 시작하지 못하는 유저들이 모여 소통합니다.

다양한 스티커와 다이어리 속지 등의 많은 링크들이 오가고 정기적인 공유 모음집 분류를 통해 참여자들이 원하는 정보를 언제든지 다운로드할 수 있게 준비해두었습니다. 처음에는 많은 인원을 수용하고 지속적인 공유를 하며 방을 운영한다는 것이 쉽지는 않았지만, 여러 참여자의 응원과 격려 덕분에 여기까지 올 수 있었어요. 같은 취미와 공통의 관심사를 가진 사람들이 모이면 좋은 시너지를 발휘하고 새로운 것에 도전할 수 있는 용기와 아이디어가 솟아납니다!

| 다꾸왕 선발대회 |

뿐만 아니에요. 아굿다 참여자를 대상으로 '다꾸왕 선발대회'를 열어 콘셉트별로 1명씩 총 5명의 다꾸왕을 선발하여 협찬받은 디지털 서식들을 제공하는 이벤트를 열기도 했습니다. 다꾸로 대회에 지원하면 아굿다 참여자들끼리 익명 투표를 통해 다꾸왕을 투표하는 아굿다만의 재미있는 이벤트입니다.

〈그림 7-1〉 다꾸왕 대회 우승자 'Soyuzzz'님의 다이어리

| 아굿다 퍼즐 챌린지 |

또한 각자의 그림을 퍼즐에 담아 하나의 작품을 완성하는 '아굿다 퍼즐 챌린지'도 비정기적으로 진행하고 있습니다. 어떤 그림이든 자신이 생각하는, 표현하고 싶은 그림을 주제에 맞게 퍼즐 조각에 그려 총 9명이 한 조각씩 맡아 총 9조각의 퍼즐을 완성했어요.

〈그림 7-2〉 9개의 빈 퍼즐 조각에 9명의 그림으로 하나가

한 사람당 한 조각이기 때문에 부담스럽지 않고 그림에 자신이 없는 참여자들도 오픈채팅을 통해 방법을 알려드리며 포기하지 않고 진행해서 만족스러운 결과물이 나올 수 있었습니다. 이렇게 완성된 퍼즐은 png 형태로 배포해 굿노트에서 스티커로 사용할 수 있게 공유하기도 했습니다.

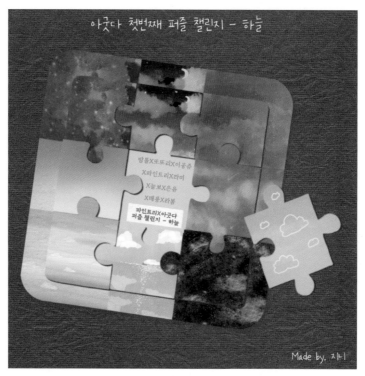

〈그림 7-3〉 9개의 색다른 조각처럼 우리의 다이어리는 모두 매력적입니다!

어디서부터 시작해야 할지 고민이신 분들, 다이어리를 꾸준히 쓰고 싶은 분들에게 SNS를 통한 다자 소통의 장, 아굿다로 초대할게요.

1-2 매주 다른 콘셉트로 다이어리 인증의 장, 아컨다 ▶

뭐든 처음은 어렵죠. 아이패드 다이어리에 입문했는데 어떤 식으로 꾸며야 할지 감이 잡히지 않는다면, 매주 다른 콘셉트로 색다른 다이어리 라이프를 즐겨보세요! 아컨다는 '아이패드 콘셉트 다꾸 크루'의 줄임말로, 매주 다른 주제로 다이어리를 꾸미고 인증하는 카카오톡 오픈채팅입니다.

참여자가 미리 제출한 콘셉트 아이디어를 바탕으로 매주 다른 콘셉트로 주제에 맞는 다꾸를 제출합니다. 콘셉트를 정하는 데 어려움을 느끼신다면 자유 다꾸로도 대체 가능합니다. 일주일간 하나의 다꾸를 제출하는 방식으로 이루어지며 최대 4주 연속 Pass가 가능합니다. 'Pass!'라고 외치면 정상 제출 처리되니 너무 걱정하지 마세요. 다이어리를 잘 꾸미지 못해 자신이 없어도 상관없습니다. 아컨다 크루는 서로의 다이어리를 칭찬하고 서로에게 영감을 얻으며, 긍정적인 소통 방식을 지향합니다. 다이어리에 부담을 느끼신다면 스터디 플래너, 먼슬리, 위클리 한 칸도 괜찮습니다.

이렇듯 아컨다는 굿노트 다이어리를 사용하시고 자신이 직접 꾸민 다이어리를 공유하면서 서로에게 시너지 효과를 줍니다. 다이어리를 꾸준히 쓰면서 편하고 몽글몽글한 이야기를 하고 싶은 분들에게 안성맞춤인 곳이죠. 아컨다 갤러리는 크루들이 해당 주의 콘셉트에 맞게 꾸민 다이어리를 모아 볼 수 있는 인스타그램 계정이에요. 그동안 크루원들이 매주 콘셉트에 맞추어 꾸민 다이어리가 궁금하시다면 인스타그램에 '아컨다 갤러리'를 검색해보세요. 아컨다 크루들이 꾸민 9가지 콘셉트의 다꾸 사진을 구경해볼까요?

| Black&White |

〈그림 7-4〉 이공주님의 Black_White 다이어리

〈그림 7-5〉 늘보님의 Black_White 다이어리

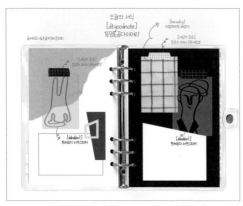

〈그림 7-6〉 또또리님의 Black_White 다이어리

〈그림 7-7〉 KENSOLOG님의 Black_White 다이어리

〈그림 7-8〉 밤톨님의 Black_White 다이어리

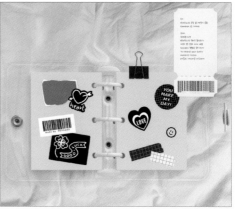

〈그림 7-9〉 참이슬이님의 Black_White 다이어리

| 여름 |

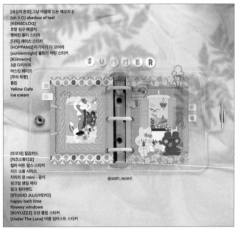

〈그림 7-10〉 늘보님의 여름 다이어리

〈그림 7-11〉 쿠의취향님의 여름 다이어리

〈그림 7-12〉 순이님의 여름 다이어리

〈그림 7-13〉 또또리님의 여름 다이어리

〈그림 7-14〉 여름님의 여름 다이어리

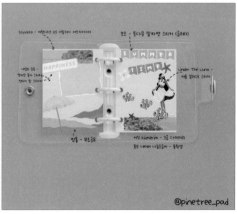

〈그림 7-15〉 파인트리님의 여름 다이어리

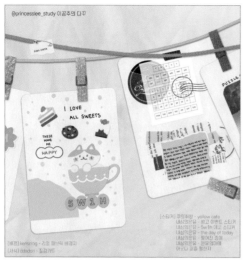

〈그림 7-16〉 이공주님의 여름 다이어리

〈그림 7-17〉 지니님의 여름 다이어리

| 파티 |

〈그림 7-18〉 늘보님의 파티 다이어리

〈그림 7-19〉 순이님의 파티 다이어리

〈그림 7-20〉 한나님의 파티 다이어리

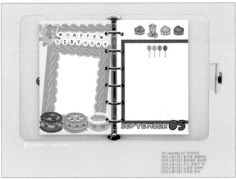

〈그림 7-21〉 여름님의 파티 다이어리

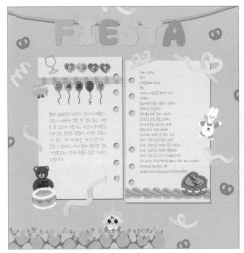

〈그림 7-22〉 참이슬이님의 파티 다이어리

〈그림 7-23〉 쿠의취향님의 파티 다이어리

〈그림 7-24〉 모니캣님의 파티 다이어리

| 캐릭터 |

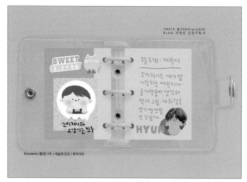

〈그림 7-25〉 지잉님의 캐릭터 다이어리

〈그림 7-26〉 은유님의 캐릭터 다이어리

〈그림 7-27〉 쿠의취향님의 캐릭터 다이어리

〈그림 7-28〉 굿다꾸님의 캐릭터 다이어리

〈그림 7-29〉 이공주님의 캐릭터 다이어리

〈그림 7-30〉 김매림님의 캐릭터 다이어리

〈그림 7-31〉 김매림님의 포토데이 다이어리

〈그림 7-32〉 지니님의 포토데이 다이어리

〈그림 7-33〉 지잉님의 포토데이 다이어리

〈그림 7-34〉 참이슬이님의 포토데이 다이어리

〈그림 7-35〉 순이님의 포토데이 다이어리

〈그림 7-36〉 한나님의 포토데이 다이어리

| 하늘 |

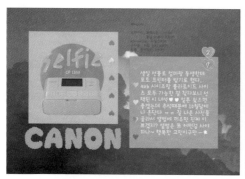

〈그림 7-37〉 감자님의 하늘 다이어리

〈그림 7-38〉 참이슬이님의 하늘 다이어리

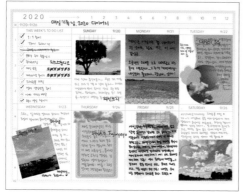

〈그림 7-39〉 모니캣님의 하늘 다이어리

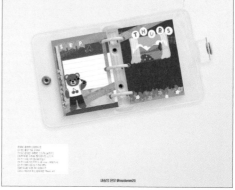

〈그림 7-40〉 은유님의 하늘 다이어리

〈그림 7-41〉 또또리님의 하늘 다이어리

〈그림 7-42〉 쿠의취향님의 하늘 다이어리

〈그림 7-43〉 지잉님의 하늘 다이어리

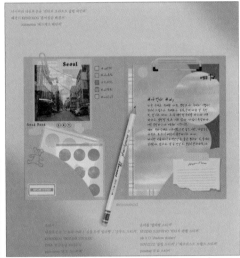

〈그림 7-44〉 지니님의 하늘 다이어리

〈그림 7-45〉 KENSOLOG님의 식물 다이어리

〈그림 7-46〉 또또리님의 식물 다이어리

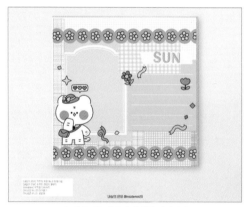

〈그림 7-47〉 은유님의 식물 다이어리

〈그림 7-48〉 파인트리님의 식물 다이어리

〈그림 7-49〉 한나님의 식물 다이어리

〈그림 7-50〉 모니캣님의 식물 다이어리

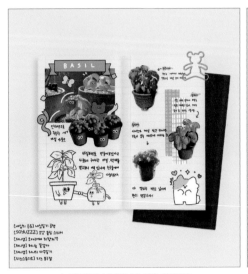

〈그림 7-51〉 김매림님의 식물 다이어리

〈그림 7-52〉 여름님의 식물 다이어리

| 집 & 인테리어 |

〈그림 7-53〉 KENSOLOG님의 집 & 인테리어 다이어리

〈그림 7-54〉 김매림님의 집 & 인테리어 다이어리

〈그림 7-55〉 여름님의 집 & 인테리어 다이어리

〈그림 7-56〉 참이슬이님의 집 & 인테리어 다이어리

〈그림 7-57〉 쿠의취향님의 집 & 인테리어 다이어리

〈그림 7-58〉 감자님의 집 & 인테리어 다이어리

| 어린시절 |

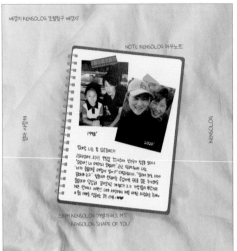

〈그림 7-59〉 KENSOLOG님의 어린시절 다이어리

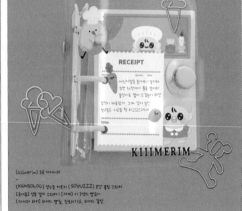

〈그림 7-60〉 김매림님의 어린시절 다이어리

〈그림 7-61〉 모니캣님의 어린시절 다이어리

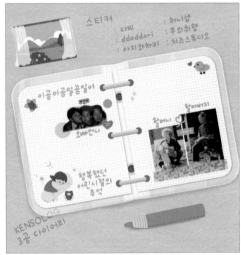

〈그림 7-62〉 한나님의 어린시절 다이어리

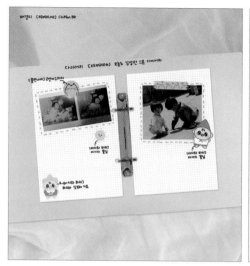

〈그림 7-63〉 또또리님의 어린시절 다이어리

〈그림 7-64〉 파인트리님의 어린시절 다이어리

〈그림 7-65〉 이공주님의 어린시절 다이어리

〈그림 7-66〉 쿠의취향님의 어린시절 다이어리

이 책을 읽고
변화된 모습

샤키   밤톨   DT굿노트

│ 서식을 내게 맞게 만들어본 후 변화된 모습: DT굿노트 │

저의 삶은 정리 징돈되지 않은 방처럼 여러 할 일이 정신없이 쌓여있었고, 시간이 흐르는 대로 따라 살면서 할 일을 잊어버리고 쫓기는 듯한 삶을 살고 있었어요. 제게 주어진 일들과 역할들도 너무 많았고요. 하지만 그러면서도 이 책까지 집필할 수 있었던 것은 바로 제 라이프 스타일에 맞게 분류하여 저의 할 일들을 관리해준 아이패드 다이어리 덕분이었습니다. 시간이 없다고 투덜거릴 것이 아니라 주어진 시간을 빈틈없이 제대로 체계적으로 활용할 수 있게 해준 아이패드 다이어리. 그리고 주변에 지저분한 필기 도구들과 널부러져 있던 노트들을 한번에 하나로 아이패드에 집어넣게 되었습니다!

│ 아이패드를 사용하며 업무 향상된 내 모습: 샤키 │

아이패드를 사기 전 책상 위 벌려져 있던 문서들, 그리고 미팅 후 잊어버리던 명함들 모두 아이패드 속으로 들어왔습니다. 그리고 회의를 할 때 노타빌리티로 녹음을 하면서 중요한 내용을 적고 나중에 다시 확인해야 하는 부분은 녹음된 부분을 확인해서 정리 후에 굿노트 회의록에 옮겨 적어 굿노트 회의록과 함께, 회의 시 필요한 자료는 아이패드로 바로바로 찾아

볼 수 있고, 외부 미팅에도 언제 어디서든지 메일을 주고받으며 메일의 필요한 사항을 아이패드로 정리합니다. 그리고 서류의 피드백을 보낼 땐 굿노트로 교정 사항을 표시해서 보내면 딱 좋습니다.

특히 해외 영업인인 저에게 신청 서류 등은 필수적이라 출력을 해서 볼펜으로 작성한 후 그걸 다시 스캔해야 했는데, 노타빌리티나 굿노트에 그 서식을 가져와서 바로 손글씨로 작성 후 보내기를 하니 종이를 아낄 수 있고 스캔하는 번거로움이 없고 시간을 절약할 수 있었습니다. 주요 해외 고객사들을 관리할 땐 노타빌리티에 명함과 미팅 히스토리를 적어두며 다음 미팅에서 바로바로 꺼내봅니다. 이 모든 일이 아이패드 하나로 가능합니다!

│ 아이패드를 만나고 변화된 나의 삶: 밤톨 │

처음엔 단순 호기심과 재미로 시작한 패드어리는 오픈채팅 운영을 통해 사람들과 소통하는 방법을 배웠고, 이후 더 많은 분들에게 직접 서식과 스티커를 공유하고 싶은 마음에 블로그와 인스타그램을 시작하게 되었어요. '프로가 아닌 내가 프로크리에이트를 잘 활용할 수 있을까?' 반신반의하며 결제한 프로크리에이트로 스티커를 만드는 일은 생각보다 재밌었고 블로그를 통해 공유한 자료를 매번 찾는 분들의 응원에 부응하기 위해 계속 그림을 그리다 보니 디지털 스티커 제작자가 되었답니다.

어쩌면 저는 꿈을 그려나가고 있었는지도 몰라요. 처음엔 모든게 스노우볼처럼 굴러가는 상황이 믿기지 않기도, 신기하기도 했어요. '아이패드병'에 걸려 아르바이트를 뛰고, 손을 떨며 결제한 평범한 대학생은 어느덧 오픈채팅을 운영하면서 스티커 작가로 활동하고 있답니다. 사실 혼자라면 진작에 그만두었을지도 몰라요. 하지만 사람들과 함께 소통하는 과정 속에서 지루함 대신 행복함이 자리 잡았고 지금 이렇게 여러분에게 전해질 책까지 쓰고 있는지도 모르죠.

뭐든지 시작은 주저하기 쉽고 도전은 망설여지고 꾸준히 하는 건 힘들어요. 하지만 아이패드가 당신의 삶 깊숙한 곳까지 들어와 사소한 부분부터 삶을 변화시킨다면 믿을 수 있나요? 디지털 다이어리 라이프에 도전하고 싶은 당신에게 그 소중한 첫걸음을 이 책과 함께 하는 것은 어떨지 묻고 싶어요. 스마트한 패드어리, 이제부터 시작해볼까요? 우리, 함께.

[책에 도움을 주신 분들]

오픈채팅 〈아컨다〉 크루	크루를 협찬해주신 Tordy 작가님	협찬 외 작가님
굿다꾸/@gooddakku	내심의 은유님	그날그날님
감자/@chip_p0tat0	다찌님	레이나님
김매림/@kiiimerim	B.b님	리콜렉트유어님
늘보	매일기록님	소무소무 스튜디오님
또또리/@ddoddori_	뭉언니야님	수영님
모니캣/@monicat_journal	밤톨님	에이홍님
방장/@bamtol_padary	소피의오월님	주미니티님
순이/@sooni_goodnt	아지와 하리님	차차님
여름/@summer_loveorhate	온여름님	토몽실님
은유/@insidemm20	지잉님	해별님
이공주/@princesslee_study	초오님	해프리님
지니/@zinizinis2s2	츄미어리님	aurora님
지잉/@326diary506	치즈스튜디오님	DT굿노트님
참이슬이@c_zenni_lily	쿠의취향님	HOPPANG님
쿠의취향/@Kooo.note	파인트리님	oh it O님
파인트리/@pinetree_diary	허니샵님	our own night님
한나	ddoddori님	Soom_in_l ife님
KENSOLOG/@kensolog	JUJUYEYO님	yu records님
	KENSOLOG님	ZINA님
	Kiiimerim님	
	Lunaret님	
	SOYUZZZ님	

[제품 이미지 사용 협조 업체]

- 랩씨: http://www.dmacshop.co.kr
- 바이퍼럭스: https://smartstore.naver.com/vapaluxit
- Adonit: https://www.adonit.net
- 모키보 키보드: https://www.mokibo.com
- Baseus: http://www.baseus.com
- 시저스캐너: https://www.themuje.co.kr
- 한국 후지쯔: www.fujitsu.com/kr

찾아보기 ————

나의 첫 아이패드 다이어리

오늘부터 내 손도 금손? 굿노트와 프로크리에이트 사용법부터 다이어리 꾸미기까지

초판 1쇄 발행 ㅣ 2021년 2월 26일

지은이 ㅣ 샤키, 밤톨, DT굿노트
펴낸이 ㅣ 김범준
기획·책임편집 ㅣ 이동원
교정교열 ㅣ 최현숙
편집디자인 ㅣ 한지혜
표지디자인 ㅣ 이승미

발행처 ㅣ 비제이퍼블릭
출판신고 ㅣ 2009년 05월 01일 제300-2009-38호
주소 ㅣ 서울시 중구 청계천로 100 시그니처타워 서관 10층 1011호
주문/문의 ㅣ 02-739-0739   **팩스** ㅣ 02-6442-0739
홈페이지 ㅣ http://bjpublic.co.kr   **이메일** ㅣ bjpublic@bjpublic.co.kr

가격 ㅣ 26,800원
ISBN ㅣ 979-11-6592-051-7
한국어판 © 2021 비제이퍼블릭

예제 파일 다운로드 ㅣ https://github.com/bjpublic/diary